课题指导

张国宝

课题组成员

吴越涛　王　刚　曾少军　景春梅　张　斌　欧训民　苗　韧

中国能源生产与消费革命

CHINA'S REVOLUTION OF
ENERGY PRODUCTION AND CONSUMPTION

中国国际经济交流中心课题组 著

社会科学文献出版社
SOCIAL SCIENCES ACADEMIC PRESS (CHINA)

总　序

　　智库是生产知识和思想的组织,是公共决策的参与者、战略谋划的提供者,体现了一个国家的软实力。许多国家的智库直接影响国家政治、经济、社会、军事、外交、科技等方面的重大决策,被誉为继立法、行政、司法和媒体之后的"第五权力中心"。

　　在我国,随着党和政府对完善决策机制的重视程度不断提升,智库在决策体系中占据着越来越重要的位置。智库最重要的功能是服务决策,正是基于这样的目的,中国国际经济交流中心(China Center for International Economic Exchanges,CCIEE)于 2009 年 3 月成立,国务院前副总理曾培炎同志担任理事长,多位在国家战略和政策研究方面有着丰富实践经验的同志担任副理事长。作为智库,CCIEE 把为党中央和国务院提供决策支持作为重要目标,同时也为各级地方政府和企业提供战略咨询服务。

　　CCIEE 的研究特色突出,以国家重大战略问题研究为主攻方向,坚持全局性、战略性、长远性和前瞻性,牢牢树立精品意识,力求形成具有较高价值、较大影响力和较强应用性的研究成果,发挥智库在决策中的重要作用。CCIEE 成立之时就设立了中国国际经济研究交流基金,每年安排 20 多个研究题目,支持中心内外的专业人员开展研究。这些研究题目主要是根据我国当前发展阶段面临的新形势、新特点、新任务提出来的，选题范围涉及政治、经济、社会、文化、生态、外交等领域，既有发展问题，又有改革问题，既有国内问题，又有国际问题，既有近期必须解决的问题，又有长远发展需要预为之谋的问题。为了使这些研究产生更大的社会影响，我们每年都公开出版其中的一部分成果。《CCIEE智库丛书》是我中心推出的全新品牌，每年由CCIEE学术委员会从众多研究成果中评选出一批优秀成果，出版成册，以期对国家和部门决策及社会舆论产生积极影响。

序

粮食、水、能源是人类赖以生存的三个最基本的物质条件。回顾人类社会的发展，和先进能源的开发使用有很大的关系。十八世纪以来，由于瓦特发明蒸汽机，化石燃料大量使用，告别了以薪柴能源为主的时代，生产力发展跃入了一个高度，各项科学技术蓬勃发展。

人类近200年的发展远超过了过去几千年，和化石能源不无关系，但是随着化石燃料的大量使用，人们对温室气体大量排放带来气候变化的担忧；化石燃料逐渐昂贵和枯竭的担忧；围绕能源资源的争夺引发的战争、外交冲突；绿色能源、可再生能源、可持续发展、全球能源治理等概念逐渐成为世界各国的共识。人类社会正处于一个研究重视新能源来替代传统化石能源的躁动期，尽管这一天或早或晚，但迟早会到来，未雨绸缪才能争取主动，所以世界各国都把新能源放在国家创新发展战略的重要位置。谁掌握了新能源就会在未来发展的竞争中掌握先机。

美国剑桥能源研究所世界知名能源专家丹尼尔·耶金先生发表了《能源重塑世界》，未来学家里夫金发表了《第三次工业革命》，都对当前能源形势和未来能源技术进行了探索。国内相关政府机构、科研院所、大学、媒体和智库也纷纷就能源发展战略开展研究。国家能源局研究提出了《能源发展战略行动计划（2013～2020）》，中国工程院与国务院发展研究中心发表了《中国中长期能源发展战略研究》，各种围绕能源问题的研讨会令人目不暇接，各种能源研究机构也应运而生。在这种背景下，作为一个全国性的新型智库，中国国际经济交流中心来研究能源问题必须有全新的视角，全球的视野，全面的分析，博众家之长，也要敢于提出自己的新看法、新思路、新观点、新提法，有所创新。

中国国际经济交流中心参加研究和写作的是一批相对年轻的学者，比起其他智库来可能名望和资历不够高，但是他们框框少，思路敏锐，接受新事物快，了解国际的研究动向。《中国能源生产与消费革命》一书有些提法可能不同于已发表过的诸多能源论述，可作为"百花齐放"中的一朵小花，为繁荣的学术研究增色添景。

2014 年 5 月 16 日

目 录

引 言 …………………………………………………… 001

第一章　中国能源革命的国际大背景 ………………… 003
　一　能源革命是历史发展的驱动轮 ………………… 003
　二　化石能源将成为人类不可承受之重 …………… 010
　三　页岩气革命：撼动世界能源版图的新因素 …… 020
　四　后福岛时代的核电不能因噎废食 ……………… 026
　五　第三次工业革命期待可再生能源技术的新突破 … 029

第二章　中国能源革命目标：建立现代能源体系 …… 034
　一　能源结构"多元重叠发展"趋势 ……………… 034
　二　问题之一：能源需求饥渴症不可持续 ………… 041
　三　问题之二：生态环境的"天花板" ……………… 046
　四　中国能源发展的第三条道路 …………………… 053
　五　革命目标：建立现代能源体系 ………………… 056
　六　革命路线图：加法、减法与乘法 ……………… 058

第三章　减量革命之一：能源消费观念转变 ………… 065
　一　树立新的能源消费观是关键 …………………… 065

二　政府：正确舞动指挥棒 …………………………………… 069
　　三　企业：能效就是竞争力 …………………………………… 078
　　四　社会：勿以善小而不为 …………………………………… 082

第四章　减量革命之二：技术节能大有可为 ………………………… 086
　　一　技术节能的方法论与工作矩阵 …………………………… 086
　　二　进一步挖掘工业节能潜力 ………………………………… 089
　　三　发展绿色建筑 ……………………………………………… 095
　　四　提高交通领域能效 ………………………………………… 097
　　五　重视量大面广的节能工作 ………………………………… 101
　　六　节能潜力测算 ……………………………………………… 105

第五章　增量革命之一：传统能源重在"转型" …………………… 107
　　一　传统能源在发展新阶段的作用不可或缺 ………………… 107
　　二　积极推进煤炭"绿化"行动 ……………………………… 109
　　三　天然气是未来化石能源的新希望 ………………………… 118
　　四　千方百计力争石油稳产 …………………………………… 125
　　五　积极有序开发水电 ………………………………………… 127
　　六　在确保安全的前提下积极发展核电 ……………………… 131

第六章　增量革命之二：用发展的眼光支持新能源 ………………… 137
　　一　风力发电：初具规模，走势看好 ………………………… 140
　　二　太阳能：方兴未艾，迎头赶上 …………………………… 145
　　三　生物质能：潜力巨大，尚待开拓 ………………………… 152
　　四　其他新能源：探索前沿，期待突破 ……………………… 156
　　五　走分布式与集中式相结合的路子 ………………………… 158
　　六　培育新能源产业集群 ……………………………………… 162

第七章　增量革命之三：实施积极有为的国际能源合作战略 …… 168
- 一　国际合作是中国能源未来发展的大趋势 …… 168
- 二　在国际能源大格局中规划好中国能源对外战略棋局 …… 173
- 三　积极主动开展能源外交 …… 182
- 四　通过国际技术合作打造新能源产业新优势 …… 186

第八章　效率革命之一：构建安全高效智能绿色的能源网络 …… 189
- 一　现代能源网络重塑方向 …… 189
- 二　先进电网是现代能源网络的核心 …… 195
- 三　用智能电网推动需求侧能源革命 …… 201
- 四　建设互联互通的全国油气管网 …… 205
- 五　调整优化煤运通道建设和运行 …… 209

第九章　效率革命之二：让市场在能源配置中起决定性作用 …… 212
- 一　还原能源的商品属性 …… 213
- 二　培育企业竞争主体地位 …… 215
- 三　坚持由市场形成能源价格 …… 220
- 四　转变政府对能源的管理方式 …… 223
- 五　健全能源法律法规体系 …… 226
- 六　构建现代能源市场体系 …… 228

后　记 …… 234

Contents

Introduction / 001

Chapter I. Background of China's Energy Revolution / 003

　i. Energy Revolution: the Driver of Progress / 003

　ii. Fossil Fuels: Unsustainable Sources / 010

　iii. Shale Gas Revolution: Reshaping Global Energy Map / 020

　iv. Nuclear Power in Post Fukushima Era / 026

　v. The Third Industrial Revolution: Breakthroughs in Renewable Energy Technologies / 029

Chapter II. The Goal for China's Energy Revolution: to Establish Modern Energy Structures / 034

　i. Diversification: the Evolution of Energy / 034

　ii. The First Problem: the Insatiable Demand for Energies / 041

　iii. The Second Problem: an Impediment to Ecological Well Being / 046

　iv. A Third Road for China's Energy Development / 053

v. The Goal of Revolution: Establish Modern Energy Structures / 056

vi. Route Map: Additions, Subtractions and Multiplications / 058

Chapter III. Subtraction No. 1: Change the Consumption Concept / 065

i. The Key: Establish a New Consumption Concept / 065

ii. The Government: Use the Conducting Baton in a Correct Way / 069

iii. Enterprices: Energy Efficiency is the Core Competitive Force / 078

iv. The Public: Starting Small / 082

Chapter IV. Subtraction No. 2: Energy Conservation Technology / 086

i. Approaches and Working Structures of Energy Conservation Technology / 086

ii. Release the Full Potential of Industrial Energy Conservation / 089

iii. Green Buildings / 095

iv. Increase Energy Efficiency in Transportation / 097

v. Promote Energy Conservation in a Larger Scope / 101

vi. Measure the Potential of Energy Conservation / 105

Chapter V. Addition No. 1: the Transformation of Traditional Energy Resources / 107

i. An Indespensible Ingredient in the New Phase of Development / 107

ii. Promote the Action of "Green Coal" / 109

iii. Natural Gas: a New Hope / 118

iv. Steady Oil Production / 125

v. Exploit Hydropower in an Orderly Manner / 127

vi. Develop Safe Nuclear Power / 131

Chapter VI. Addition No. 2: Support the Development of New Energies with Far Sight / 137

i. Wind Power: Taking Shape with a Promising Future / 140

ii. Solar Power: Under Development with Strong Momentums / 145

iii. Biomass Energy: Great Potentials to be Released / 152

iv. Other New Resources: Exploring the Way and Possible Breakthroughs / 156

v. Combine Intensive Approaches with Extensive Ones / 158

vi. Cultivate New Energy Industrial Clusters / 162

Chapter VII. Addition No. 3: Adopt Effective International Energy Cooperation Strategies / 168

i. International Cooperation is the Main Trend of China's Energy Development / 168

ii. Design China's External Energy Strategies in Consideration of International Energy Patterns / 173

iii. Actively Engaged in Energy Diplomacy / 182

iv. Find Out Advantages in New Energy Industries Via Technological Cooperation / 186

Chapter VIII. Multiplication No. 1: Build an Efficient Intelligent Safe Green Energy Network / 189

i. Modernization of Energy Networks / 189

ii. Advanced Power Grid: the Core of Modern Energy Networks / 195

iii. Put Forward Demand – side Energy Revolution Via Smart Grid / 201

iv. Build Up an Interconnecting and Interworking Domestic Oil and Gas Pipeline Networks / 205

v. Adjust and Optimize Coal Transportation Networks / 209

Chapter IX. Multiplication No. 2: Let Market Play a Decisive Role in Energy Distribution / 212

i. Restore the Commodity Attribute of Energies / 213

ii. Let Companies be the Main Players in Competitions / 215

iii. Energy Price Should be Decided by the Market / 220

iv. Modify Energy Management Approaches of the Government / 223

v. Improve Energy Laws and Regulations / 226

vi. Establish Modern Energy Market System / 228

Postscript / 234

引 言

党的十八大报告指出,要推动能源生产和消费革命,控制能源消费总量,加强节能降耗,支持节能低碳产业和新能源、可再生能源发展,确保国家能源安全。这是在准确分析国内外能源形势的基础上做出的科学决策。

从国际上看,全球能源资源供给长期偏紧的矛盾日益突出,各国能源资源竞争日趋激烈;西亚、北非地区局势持续动荡,日本福岛核事故影响世界核电发展进程,美国页岩气革命取得突破,可再生能源加快发展,全球能源消费重心逐步东移,推动世界能源格局深刻调整;国际能源价格总体呈现上涨态势,金融资本投机炒作频繁,全球能源市场波动风险加剧;围绕气候变化的博弈错综复杂,能源科技市场竞争加剧。

从国内看,我国能源需求增长过快,已成为世界上最大的能源消费国,资源约束日益凸显;能源结构以煤为主,煤消费总量占一次能源消费总量的近70%,主要污染物和温室气体排放总量居世界前列,生态环境压力加大;能源发展方式粗放,能源密集型产业比重偏大、水平较低,单位国内生产总值能耗不仅高于发达国家,也高于巴西、墨西哥等发展中国家;能源基础设施建设滞后,自主创新能力不足，能源产业总体大而不强。

面对新形势、新情况，如何兼顾需要与可能，设定既顺应世界能源发展潮流和趋势，又符合中国国情且切实可行的改革目标和实现路线图，正是课题的主旨。我国迫切需要开展一场深刻的"自觉式"能源革命，采取新思路、新举措，走出第三条道路，将建立现代能源体系作为革命目标，使经济社会发展、能源消耗与生态环境三者之间实现良性平衡稳定。本课题提出推动我国能源生产与消费革命的三条路径，即"增量革命""减量革命""效率革命"，并分别就转变观念、提高能效、传统能源转型、新能源发展、国际合作、能源网络构建、市场机制等七项重点内容进行了具体分析，提出有针对性的政策建议。

第一章　中国能源革命的国际大背景

能源是自然界为人类提供某种形式能量的物质资源总称，是人类生产生活的物质基础和生产力发展的重要驱动力。在人类社会中，无论是人们日常的吃穿住行，还是从事工农业生产，须臾离不开能源。能源革命则是能源生产和利用方式的飞跃性变革，它一方面是社会生产力发展到一定阶段的必然要求，另一方面也为生产力的大发展和生产方式的大变革提供支撑和可能。从全球角度看，中国的能源生产和消费革命是新一轮世界能源革命的重要组成部分，是在当今人类面临能源新形势、新挑战、新动向背景下发生的。从历史维度看，中国的能源生产和消费革命应当建立在人类几千年能源发展历史和现实基础之上，尊重客观规律，顺应历史潮流。因此，研究中国的能源生产和消费革命，应从了解和把握世界能源发展的历史、基本规律和最新动向开始。

一　能源革命是历史发展的驱动轮

人类生产力每一次大的飞跃都伴随着一场能源利用方式的革命。能源的发展历程，无疑深深影响着人类的过去、现在和未来。按人类利用的主要能源划分，能源发展的历史可以粗略地分为"薪柴时代""煤炭时代"和"油气时代"。

从早期人类祖先掌握用火到19世纪中叶第一次工业革命完成，人类主要利用树枝、干柴、木炭等燃料生火作为能源，我们称这一时期为"薪柴时代"。火是人类掌握的第一种重要能源，从保存和利用天然火，到人工取火，原始人逐步脱离了蛮荒时代，开始了刀耕火种的农业文明社会。从煮食、取暖、照明到制陶炼丹、锻造工具，随着人类用火技术的发展，社会生产力发生了几次飞跃，经历了石器时代、青铜时代、铁器时代等历史阶段。这一时期，人类逐渐掌握了畜力、风力、水力等作为动力从事农业生产和驱动车船的技术，一定程度上替代了人力劳动。

从18世纪60年代开始，以蒸汽机的大规模使用为标志，特别是1785年瓦特改良蒸汽机，拉开了人类历史上第一次工业革命的序幕。此后直到20世纪上半叶第二次工业革命完成，煤炭成为驱动庞大工业机器的主要能源，世界各地工厂烟囱林立，浓烟滚滚，机器生产代替手工操作，人类进入"蒸汽时代"。蒸汽机的广泛使用促进了煤炭的大规模勘探开采，也极大提高了能源利用效率。从此，煤炭供应成为整个大机器时代的动力源，使工业革命得以推进和发展。因此，从能源发展的角度，我们可以把这一时期称为"煤炭时代"。

从19世纪70年代开始，科学技术突飞猛进，各种新技术、新发明层出不穷，并被迅速应用于工业生产，以电力的广泛应用、内燃机和新交通工具的发明、新通信方式的出现为主要标志的第二次工业革命由此拉开序幕。随着发电机、电动机、电力远距离输送技术及各种电器的应运而生，电力作为重要的二次能源被广泛应用于生产生活。因此，从第二次工业革命以来的时期常被称为"电气时代"。而这一时代另一伟大发明——内燃机及在此基础上发明的汽车则促进了石油工业的大发展,继而带动石油化工和天然气行业的发展。此后,石油、天然气逐步成为继煤炭之后最重要的能源品种和化工原料来源,现代工业越来越依赖油气资源。从这个意义上说,能源发展的第三阶段又可以被称为"油气时代",人类至今仍处于这个时代。

从薪柴到煤炭,再到石油、天然气,是人类历史上经历的三次能源革命,它与社会生产力发展紧密联系在一起,以人类前两次工业革命的完成为重要时间节点。由能源革命导致的时代演进,可以从世界能源结构变化上明显看出(见图1-1、图1-2)。① 虽然三次能源革命跨越的历史时期和时间长短不同,但是它们有一个共同特点,就是都推动了社会生产力的快速发展,构成人类文明进步的驱动力量。特别是在现代社会,农业、工业和交通物流系统,以及生活设施和服务体系,越来越依赖能源的支撑,使能源消费总量节节攀升。可以说,没有能源的发展作为支撑,就没有人类文明的进步。

不管人类消费能源的种类、数量、效率、强度如何变化,其都遵循一定的规律,特别是进入工业化和后工业化社会,这种规律性更加明显。认识和掌握能源发展规律,对客观评估世界能源形势、科学预测未来能源需求、合理制定能源发展战略等都具有深远意义。

从能源消费总量看,在工业化过程中,总能源消费随着国内生产总值(GDP)的增长呈线性模式增长。经济增长与能源消费之所

---

① 江泽民:《对中国能源问题的思考》,《上海交通大学学报》2008年第3期。

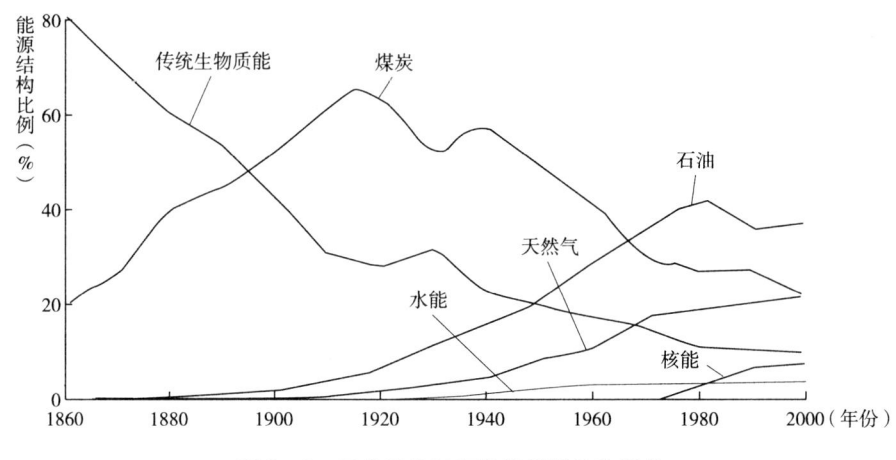

图 1-1 工业革命以来世界能源结构变化

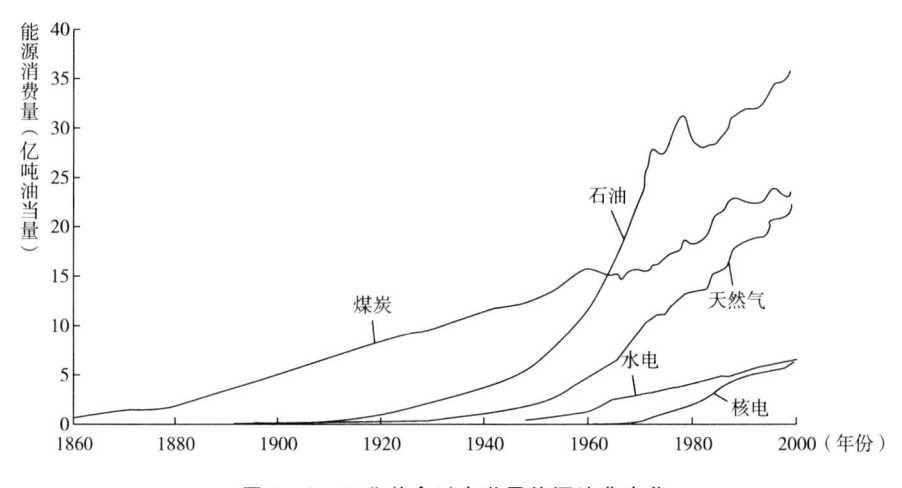

图 1-2 工业革命以来世界能源消费变化

以紧密关联,是因为几乎所有经济活动都离不开能源。经济增长与能源(特别是石油)消费增长之间的线性关系如图 1-3 所示。经历快速工业化的国家,如日本、韩国等,其总能耗增长速度较快,工业化高峰期之后增速相对减缓。经历缓慢工业化的国家,如美国、英国、德国等,其总能耗增长速率比快速工业化国家要小,即便进入后工业化阶段也是如此。工业化高峰期和后工业化阶段,快速工业化国家比缓慢工业化国家需要更多的能源消耗(见图 1-4)。一一般来说，当一个国家处于工业化前期和中期时，能源消费通常经历一段快速增长期，能源消费弹性系数一般大于1。到了工业化后期或后工业化阶段，能源消费进入低增长期，能源消费弹性系数一般小于1。

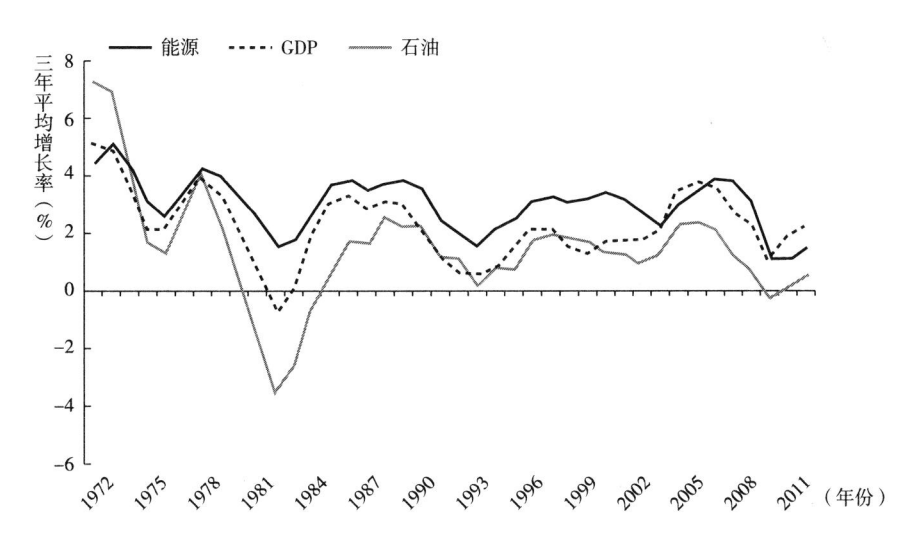

图1-3 GDP、能源、石油三者关系

资料来源：Gail Tverberg, "Ten Reasons Why High Oil Prices are a Problem", http://www.finan-cialsense.com/contributors/gail-tverberg/。

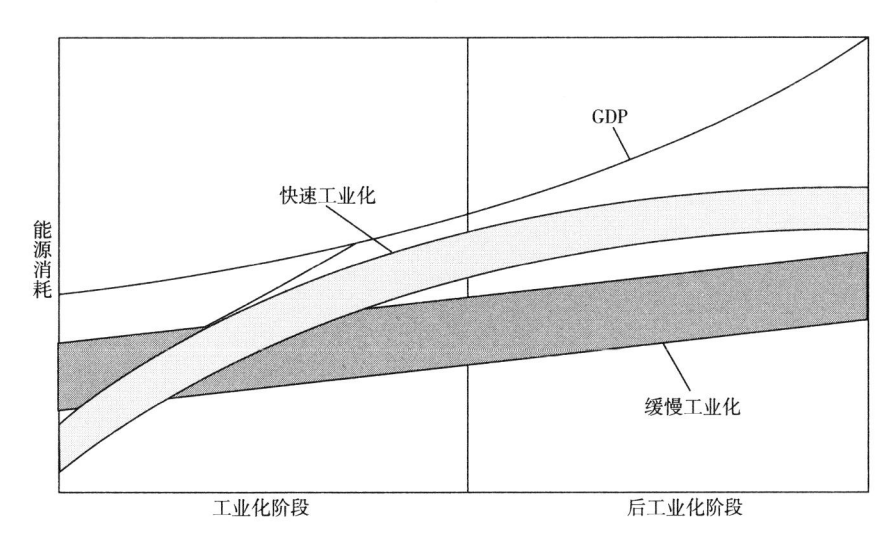

图1-4 总能耗与经济发展的关系

从人均能源消费看，无论是工业化还是后工业化阶段，人均GDP与人均能耗之间均呈明显的线性关系。这表明在经济发展过程中，人均GDP的增长要求人均能耗随之以较大比例增加，经济发展到一个较高水平需要一个人均能耗的最低基准，低于这个基准，经济的发展很难发生大的飞跃（见图1-5）。在能源消费领域和经济增长方式发生重大质的变革之前，任何一个国家的经济发展都很难超越这一规则。分析不同国家的数据，人均能源消耗与人均GDP之间的线性关系，在中低收入国家更为明显，而高收入国家的人均GDP增长与人均能源消耗呈现脱钩趋势（见图1-6）。

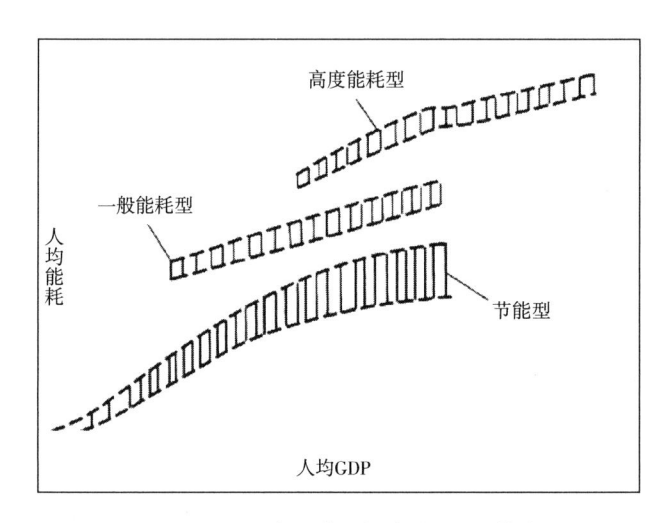

图1-5 人均能耗与人均GDP的关系

从能源消费强度看，随着工业化进程的发展，能源消费强度一般呈缓慢上升趋势，当经济逐渐成熟进入后工业化阶段，经济增长方式发生重大变革，能源消费强度开始下降。在工业化早中期阶段，由于各个国家的能源效率和产业结构差距较大，能源消费强度也具有很大差别，而后工业化阶段，伴随能源利用技术的进步与成熟，各国能源消费强度总体降低并趋于一致（见图1-7）。对中国、

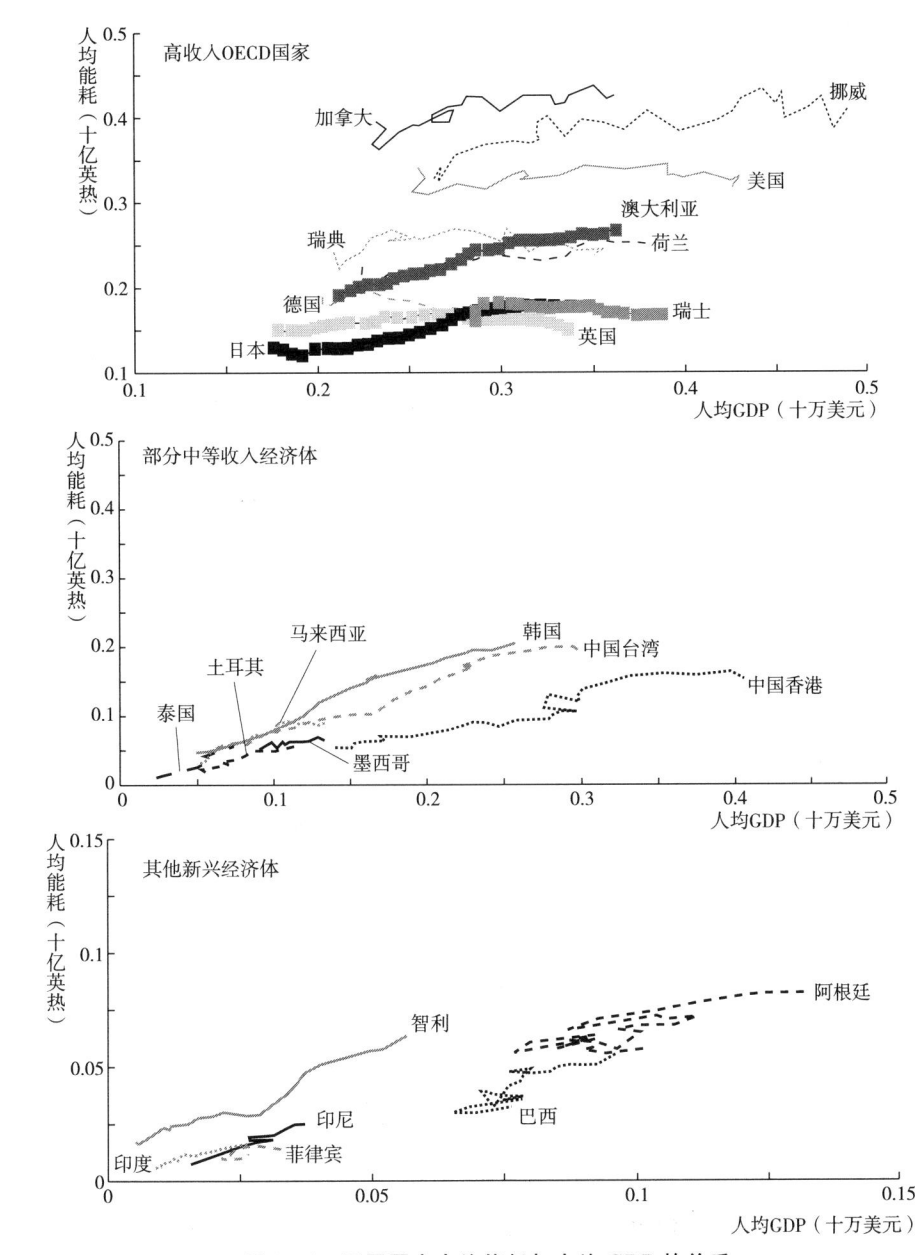

图 1-6 不同国家人均能耗与人均 GDP 的关系

资料来源：参见国际货币基金组织《世界经济展望》，2011 年 4 月，http://www.imf.org/external/pubs/ft/weo/2011/01/pdf/text.pdf。

美国、印度和世界能源消费强度的分析，可以看出各国能源消费强度逐步下降并逐步趋于一致（见图 1-8）。

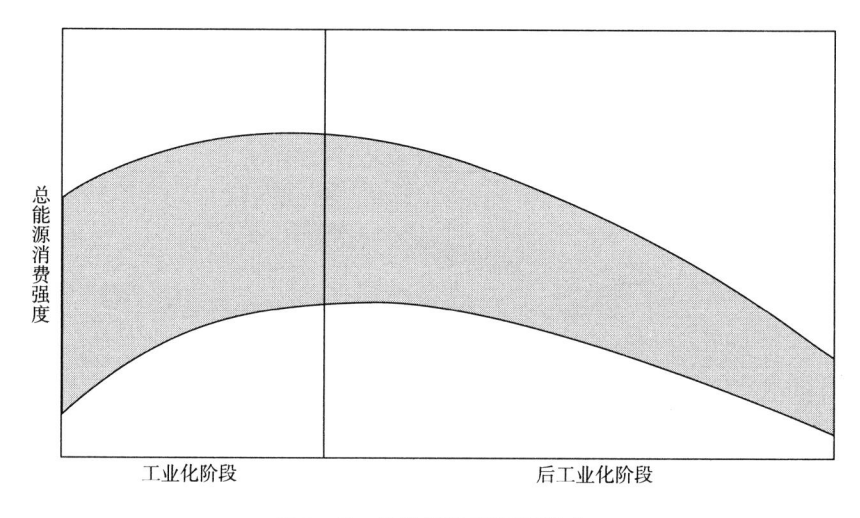

图 1-7 总能源消费强度模式

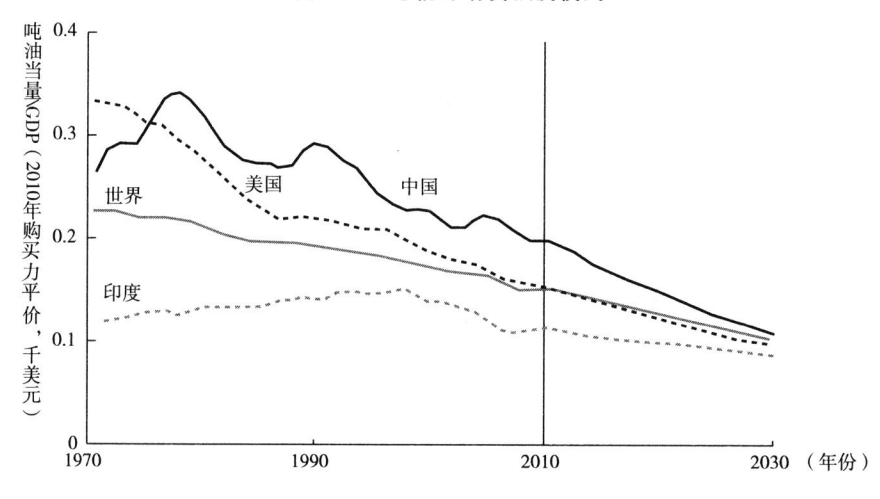

图 1-8 部分国家能源消费强度

资料来源：参见英国石油公司《2030年世界能源展望》，http://www.bp.com/statisticalreview。

二 化石能源将成为人类不可承受之重

人类跨入工业文明两百多年来，煤炭、石油、天然气等化石燃料成为能源中的主力。近几十年来，随着核电和可再生能源的发展，传统能源比例虽有所下降，但仍占80%以上。据国际能源署（IEA）统计，2011年，全球一次能源供应中石油占31.5%，煤炭占28.8%，天然气占21.3%，三者合计占81.6%（见图1-9、图1-10）。未来几十年，石油和煤炭的比重将进一步下降，但天然气比重将上升，化石燃料仍将是人类的主要能源。正如有些学者指出的，人类近现代以来的工业文明是建立在碳基上的。若干年后，当人们回顾这段历史时，可能将这个时期的人叫作"化石燃料人"，将这个时代叫作"碳时代"。

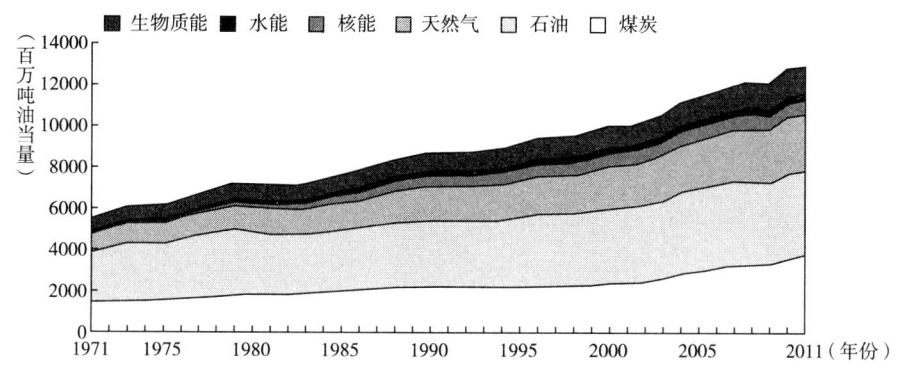

图1-9 全球一次能源供应

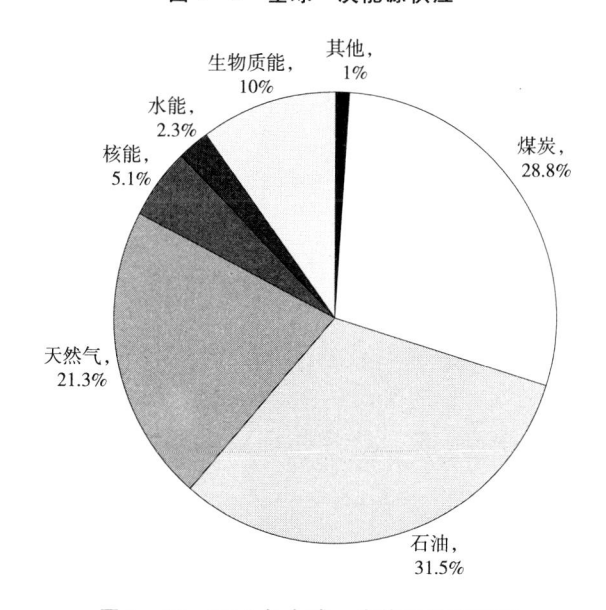

图1-10 2011年全球一次能源供应结构

资料来源：参见国际能源署《2013年世界能源重要统计数据》，http：//www.iea.org/publications。

对"碳时代"还能繁荣多久这一问题,各界历来争论不休。有学者提出,化石燃料正濒临枯竭,"碳时代"即将结束。有人则反对称,几十年来,随着探明可采储量的不断增长,石油、煤炭和天然气的储采比始终没有发生大的变化,没有迹象表明化石燃料即将枯竭。有科学家认为,化石燃料燃烧释放的二氧化碳(CO_2)制造了温室效应,正在导致全球气候变暖,如不采取措施,地球环境将发生不可逆转的灾难性变化。反对者则认为,地球有其自身的运动变化规律,人类活动对地球环境的影响微乎其微,气候变化纯粹是伪命题。众说纷纭,莫衷一是,但可以肯定的是,世界各国已经普遍认识到,人类赖以生存的地球环境正在因为人类的活动而面临越来越大的风险,一个绿色、健康、可持续发展的地球的维持需要全世界付出共同的努力,其中很重要的一点就是能源的可持续问题。以化石燃料为主的能源体系正面临三大挑战。

(一)世界能源供需矛盾日渐突出

现在看来,能源供应总体趋紧在未来很长一段时间将成为趋势,能源安全形势严峻。工业化以来,世界能源消费总量快速增长。据英国石油公司统计,仅1986~2011年,世界一次能源消费总量就增长了近七成,年均增长约2%;进入21世纪以来,这一增速进一步加快,从2001年的9434百万吨标油(Mtoe)到2011年的12275 Mtoe,年均增长率达2.7%(见图1-11)。今后一段时间,世界经济复苏,特别是新兴经济体持续保持快速增长,将继续拉动世界能源消费整体增长。英国石油公司预计,2010~2030年,世界一次能源消费将增加39%,年均增长1.6%。

与此同时,化石能源的不可再生性和有限储量却是不争的事实。

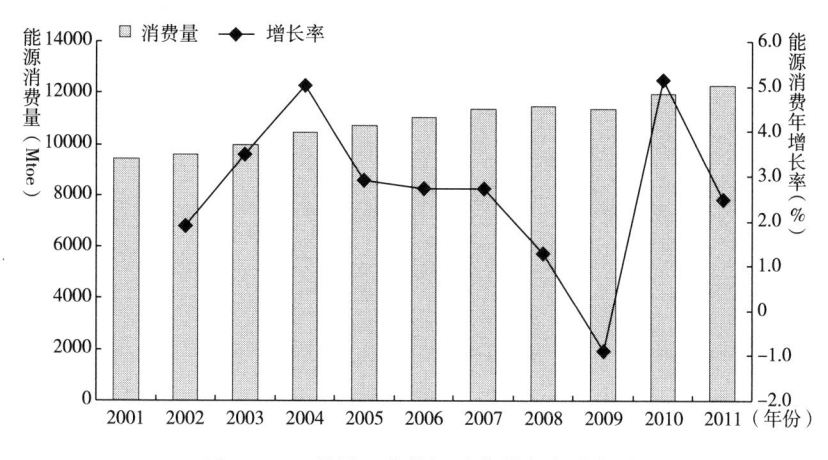

图 1-11 世界一次能源消费量与年增长率

资料来源：参见英国石油公司《BP 世界能源统计年鉴》(2012)，http://www.bp.com/statisticalreview。

尽管对石油峰值的说法还有争论，但就连 IEA 也承认这一峰值正在迫近。目前，世界大部分油田都进入了成熟期，许多大型油田的产量出现了超出预期的下降。新发现的石油资源越来越少，近几年发现的较大规模油田大都在海上，且大部分在深海，勘探开发的难度越来越大。虽然近年来国际油价持续高企，但全球石油产量却未见大的增长（见图 1-12）。据英国石油公司统计，截至 2011 年底，全球煤炭储采比为 112，天然气为 63.6，而石油仅为 54.2。[①]

世界经济高度依赖石油，居高不下的国际油价不利于世界经济的可持续发展。根据英国石油公司的数据，进入 21 世纪，国际油价快速上涨，2008 年国际金融危机爆发前，突破每桶 100 美元，按可比价格计算，已超过 20 世纪 70 年代石油危机时的价格（见图 1-13）。

2011 年，国际油价更是突破每桶 110 美元，创下历史第二高价，仅次于 1864 年。国际油价除受供求关系影响外，还受经济形势、地

---

① 英国石油公司：《BP 世界能源统计年鉴》(2012)，http://www.bp.com/statisticalreview。

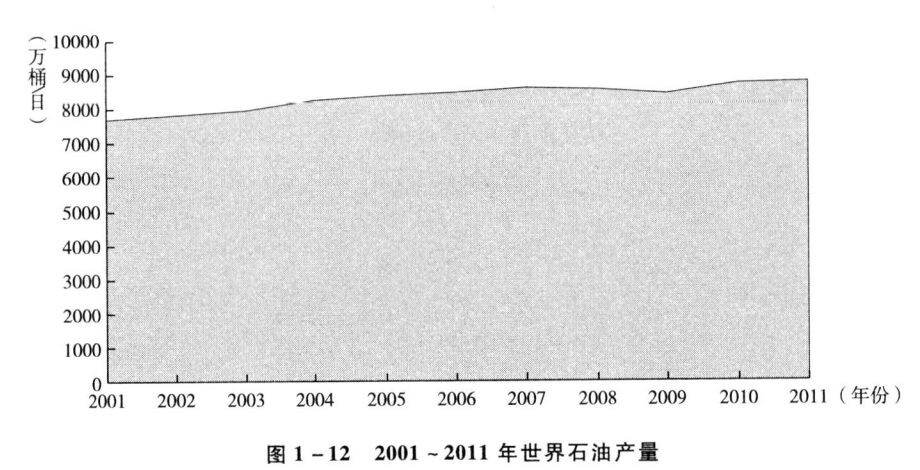

图 1-12　2001~2011 年世界石油产量

资料来源：参见英国石油公司《2030 年世界能源展望》，http://www.bp.com/statisticalreview；英国石油公司《BP 世界能源统计年鉴》(2012)，http://www.bp.com/statisticalreview。

缘政治（特别是中东地区政治局势）、投机等因素影响。最近一段时间以来，新兴市场需求持续快速增加、中东地区政局动荡、国际游资投机炒作频繁等导致国际油价持续高位运行，对世界经济复苏和增长的不利影响将长期存在。

（二）环境污染

工业化伴随的环境污染侵蚀着人类的家园，而化石能源是空气污染的重要源头。化石燃料燃烧释放出二氧化硫、氮氧化合物、一氧化碳、粉尘等大气污染物，是造成酸雨、雾霾、浮尘天气的主要原因。发达国家在工业化早中期都出现过严重的空气污染，例如20世纪中期发生的"伦敦烟雾事件"（见专栏1-1）和"洛杉矶光化学烟雾事件"（见专栏1-2）都曾震惊世界。历史上，这些国家都曾花费大量人力物力治理环境污染，后来随着能源消费结构的变化和能源利用技术的进步，污染问题才变得不那么突出。现在，包括中国在内的一些发展中国家处在快速工业化过程，似乎正在重蹈发

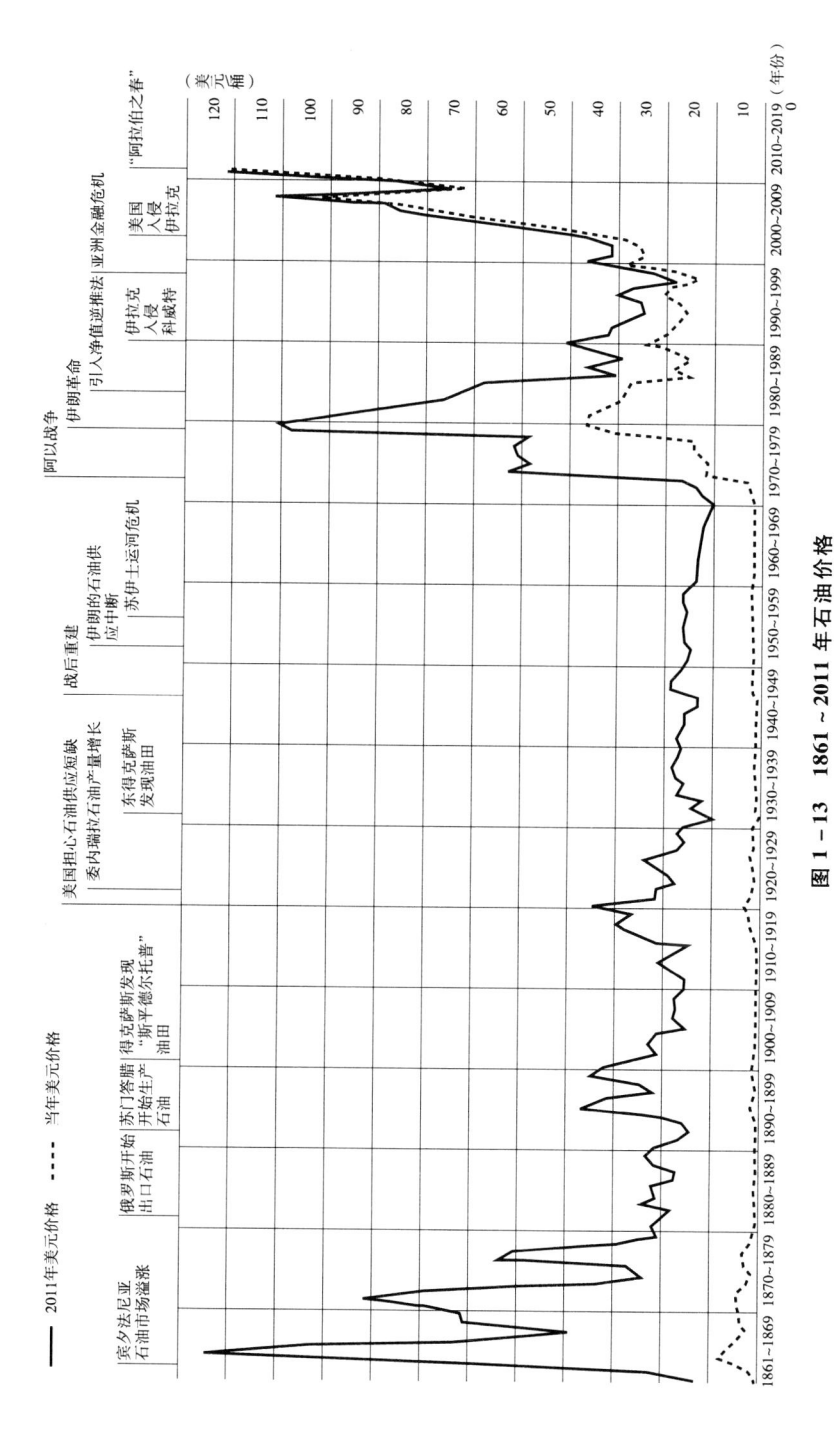

第一章 中国能源革命的国际大背景 | 015

图 1-13 1861~2011 年石油价格

注：1861~1944 年为美国平均价格；1945~1983 年为阿拉伯轻质原油价格；1984~2011 年即期布伦特原油现货价格。
资料来源：参见英国石油公司《BP 世界能源统计年鉴》(2012)，http://www.bp.com/statisticalreview。

达国家的覆辙，生态环境问题日益突出，社会各方面反映强烈。近年来，我国东部地区出现大范围雾霾，其中一个重要原因就是燃煤烟尘和汽车尾气排放。而要治理空气污染，重新获得蓝天白云，除大力推广清洁燃烧技术外，降低化石燃料使用比重才是根本之策。

专栏1-1 伦敦烟雾事件

1952年12月5~8日，伦敦连续数日寂静无风，由于当地多采用燃煤采暖和发电，在逆温层的作用下，燃煤产生的二氧化碳、一氧化碳、二氧化硫、粉尘等气体与污染物在城市上空蓄积，引发大雾天气。毒雾导致许多市民呼吸困难、眼睛刺痛，发生哮喘、咳嗽等呼吸道症状的病人明显增多，死亡人数短短4天内达4000人，此后两个月内又有近8000人死于呼吸系统疾病。

专栏1-2 洛杉矶光化学烟雾事件

洛杉矶位于美国西南海岸，西面临海，三面环山，是一个商业、旅游业发达的港口城市。20世纪40年代初期，全市250多万辆汽车每天消耗约1600万升汽油，向大气排放大量碳氢化合物、氮氧化物、一氧化碳。这些废气在强烈的阳光紫外线照射下，形成以臭氧为主的光化学烟雾。这种浅蓝色烟雾使人产生眼睛发红、咽喉疼痛、呼吸憋闷、头晕头痛等症状。1955年，因呼吸系统衰竭死亡的65岁以上老人达400人。1970年，约有75%的市民患上了红眼病。

（三）气候变化

化石燃料燃烧几乎排放了人类活动所能产生的绝大部分二氧化

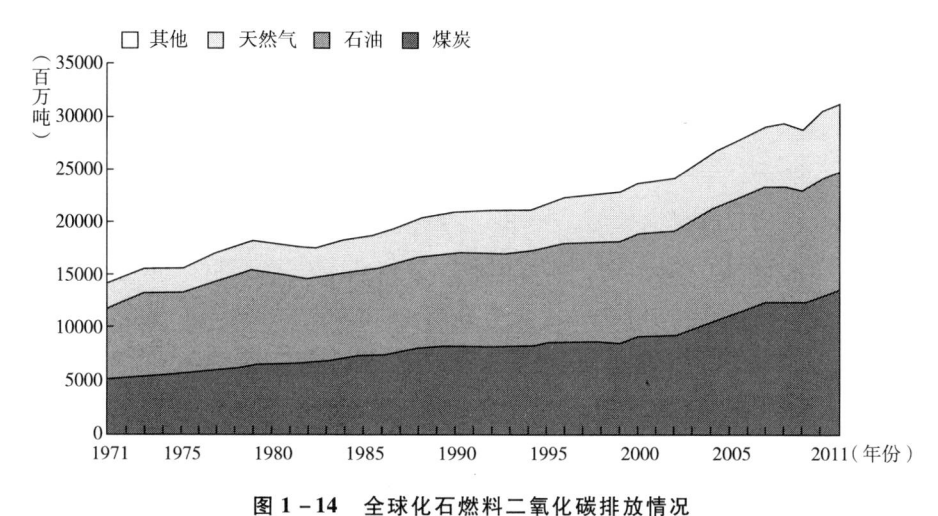

图 1-14 全球化石燃料二氧化碳排放情况

资料来源：参见国际能源署《2013年世界能源重要统计数据》，http://www.iea.org/publications。

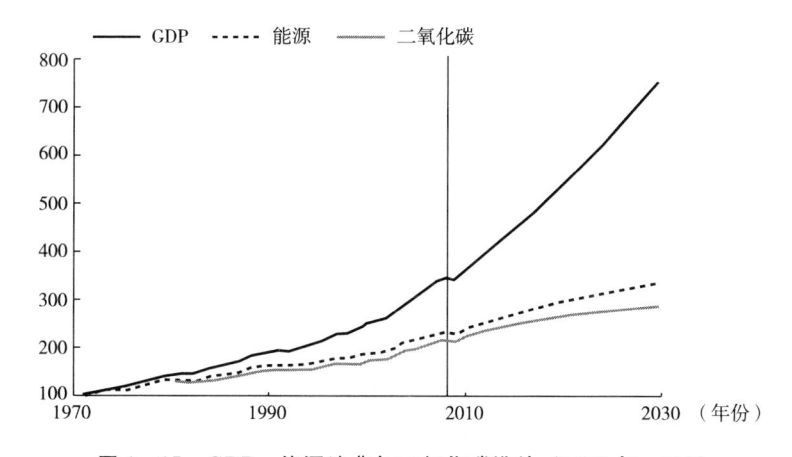

图 1-15 GDP、能源消费与二氧化碳排放（1970年=100）

资料来源：参见英国石油公司《2030年世界能源展望》，http://www.bp.com/statisticalreview。

碳（见图1-14）。随着能源消费不断增长，二氧化碳排放也随之增长，目前并没有得到有效控制（见图1-15）。根据联合国政府间气候变化专门委员会（IPCC）《气候变化第四次评估报告》，地球大气中的二氧化碳浓度已从工业革命前的280ppm上升到2007年的379ppm，全球平均温度在近百年内上升了0.74℃。报告指出，气候系统变暖是毋庸置疑的，目前从全球平均气温和海温升高、大范围积雪和冰融化以

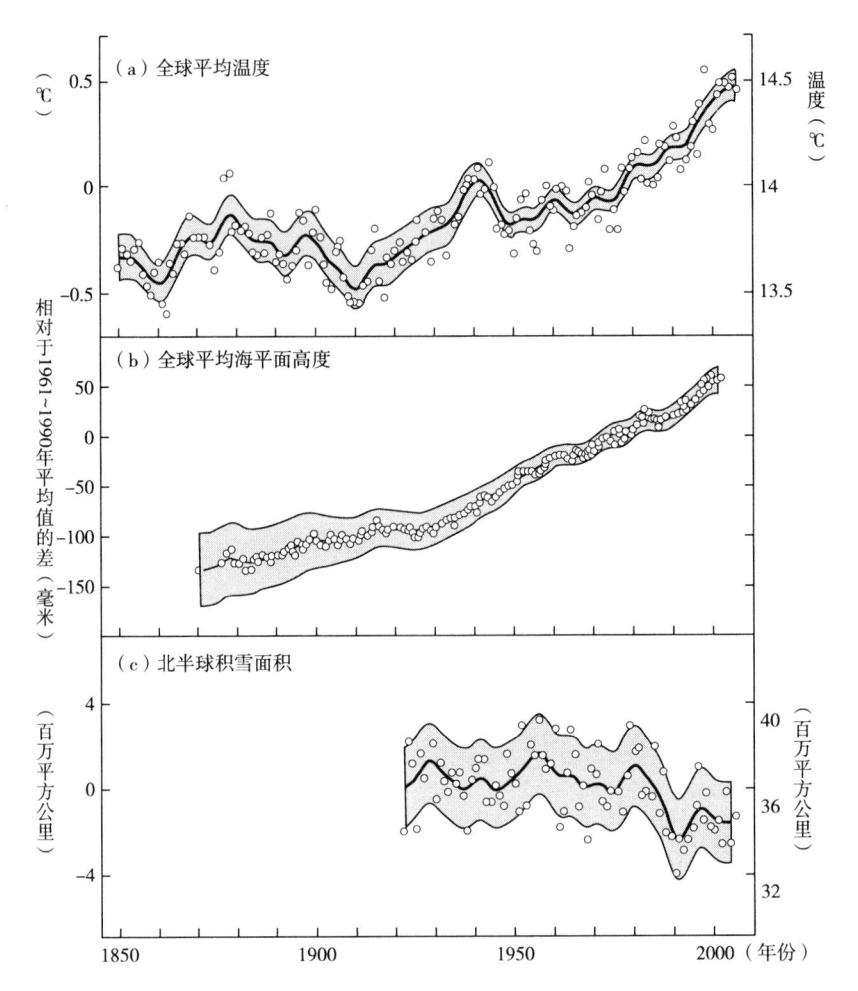

图 1-16　全球平均温度、全球平均海平面高度和北半球积雪面积变化
资料来源：参见联合国政府间气候变化专门委员会《气候变化第四次评估报告》，2007。

及全球平均海平面上升的观测中可以看出，气候系统变暖是明显的（见图 1-16）。2013 年 5 月，位于美国夏威夷的冒纳罗亚天文台二氧化碳监测站发布监测报告称，其记录的大气二氧化碳浓度达到 399.72ppm，即将超过 400ppm 大关。而另一位于北极地区的大型二氧化碳监测站记录的二氧化碳浓度，早在 2012 年就已经超过 400ppm。2013 年 9 月，IPCC 批准《气候变化第五次评估报告》第一工作组报

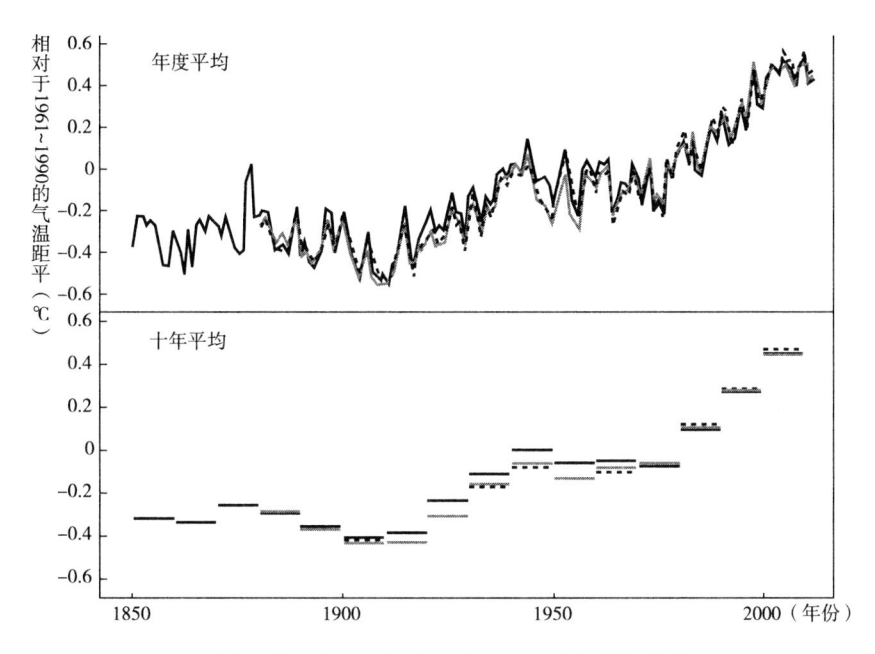

图 1-17　1850~2012 年全球平均海陆气温距平

告，再次给出人类活动导致气候变化的证明（见图 1-17）。[①]

一些气候研究专家认为，二氧化碳浓度达到 400ppm 是气候变化发生不可逆转改变的临界值，超过该临界值，全球气温将上升 2℃。全球变暖对地球生态系统的影响是负面的。在 2013 年华沙气候变化大会上，世界银行发布报告称，过去 30 年，自然灾害已给全世界造成超过 2.5 亿人丧生和 3.8 万亿美元经济损失，其中近 3/4 的损失是由极端天气造成的。世界银行专家指出，极端天气造成的损失正在不断增加，20 世纪 80 年代年均损失为 500 亿美元，而过去 10 年的年均损失已接近 2000 亿美元。[②] 有科学家预言，全球平均温度到

[①] 联合国政府间气候变化专门委员会第五次评估报告第一工作组：《气候变化 2013：自然物理基础》，2013 年 9 月。
[②] 《世行：过去 32 年来气候剧变损失超过 2.8 万亿美元》，http：//news.china.com.cn/world/2013-11/20/content_30647909.htm。

21世纪末至少再上升3℃，将导致大量物种灭绝。但也有科学家认为，将温度升高与大气中二氧化碳浓度严格对应起来，缺少坚实的科学依据，由于气温和海平面上升等都要经历一个相对漫长的时期，生态系统有足够的时间进行适应性调整，气候变化对地球环境的影响不会像有些科学家预测的那么严重。

虽然科学界对气候变化的认识还存在不确定性，但国际社会对其现实和未来趋势已经基本达成共识。至今已有195个国家批准《联合国气候变化框架公约》（UNFCCC），缔约方一致同意采取行动保护全球气候，并且这一努力一直在继续。而要达到减排目标，就必须逐步减少化石能源使用。但各国从自身的国家利益考虑，关于应对气候变化的国际谈判异常艰难，发达国家和发展中国家就气候保护目标、减排责任、财政投入等方面尚未达成一致。

三 页岩气革命：撼动世界能源版图的新因素

一场源自美国的"页岩气革命"正在重塑世界能源格局。页岩气是从页岩层开采出来的天然气，是一种重要的非常规天然气资源[①]（见图1-18）。与常规天然气藏相比，页岩气具有自生自储、扩散聚集、气饱和度低、异常压力低、储层低渗透等特征，开采难度大、成本高，很长时间以来不具备商业开采的经济性。

自20世纪80年代开始，美国政府和私营企业合作开展页岩气商业开采技术研究，近几年在水力压裂、水平钻井等核心技术方面取得重大突破，其开采成本大幅降低，带动页岩气行业井喷式发展。

---

① 美国能源信息署：《2013年度能源展望早期报告》，http://www.eia.gov。

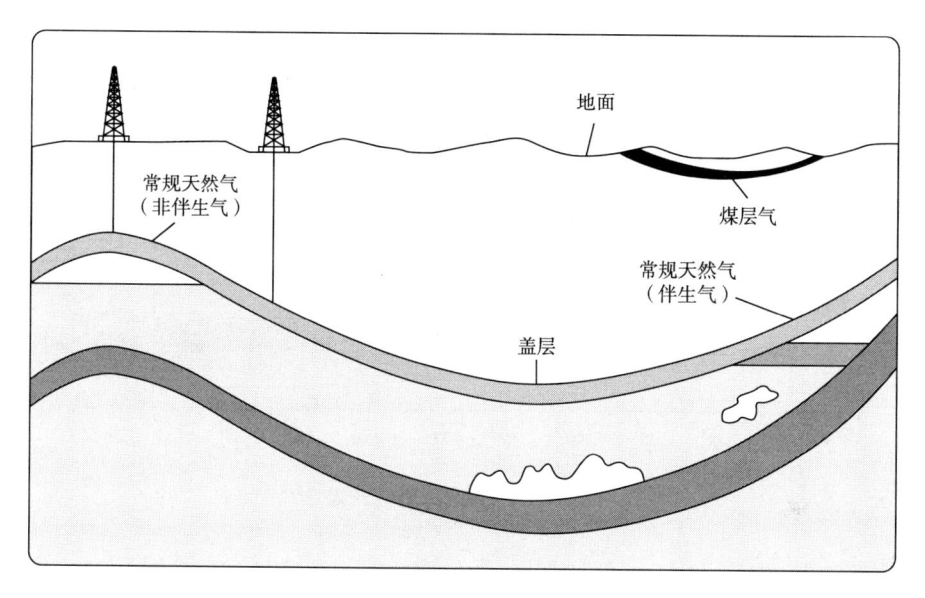

图 1-18　天然气地质构造示意

2005年以后，美国页岩气产量占美国天然气总产量的比重快速上升，从2006年的1万亿立方英尺、占比5.4%，猛增到2011年的7.85万亿立方英尺、占比34.1%，年均增速达51%。2009年，美国天然气产量超过俄罗斯，首次成为全球第一大天然气生产国。预计2040年美国页岩气产量将达16.7万亿立方英尺，占其天然气产量的一半以上（见图1-19）。[①] 与此同时，美国国内新探明天然气储量不断增加，总储量估计为2300万亿立方英尺，以现有消费水平计算，可维持供应近一个世纪。

随着页岩气开发技术的日臻成熟和对地质认识的深入，美国国内以含油为主的湿气开发逐渐升温，促使页岩油产量快速增长。美国页岩油产量已从2004年的11.1万桶/天增加至2012年的72万桶/天，约占美国国内石油日产量的12%。美国最主要的页岩油田——

---

① 美国能源信息署：《2013年度能源展望早期报告》，http://www.eia.gov。

图 1-19 美国天然气产量

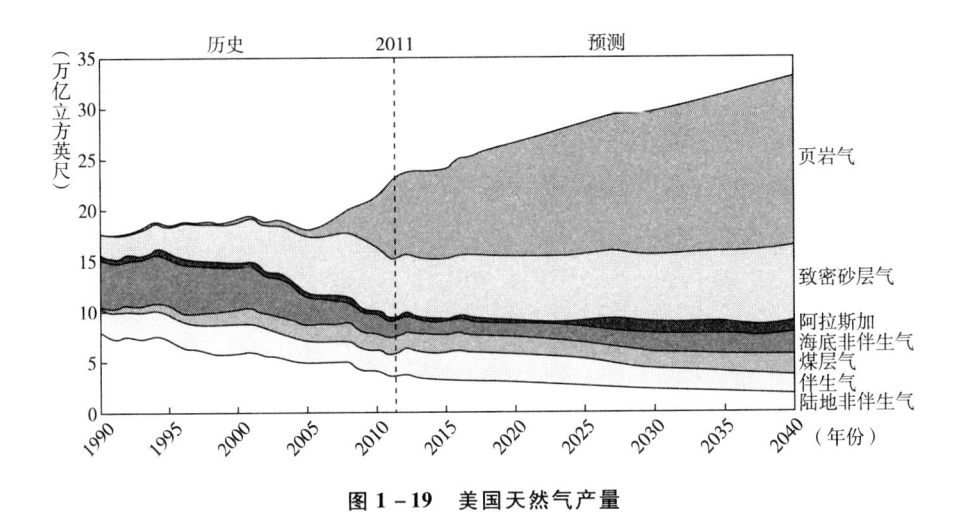

巴肯油田的产量每 18 个月翻一番，受此推动，2012 年美国石油产量达到 640 万桶/天，为近 15 年来的最高水平，同比增长 13.8%，美国成为全球石油增产最快的国家。美国石油对外依存度已从 2005 年的 60% 下降到目前的 42%。

随着油气产量大幅上升，美国喊了数十年的"能源独立"有可能从政治口号变为现实。IEA 2012 年底发布的《世界能源展望》预计，美国将在 2020 年前超越沙特成为全球最大的石油生产国，2030 年前后北美将成为石油净出口地区。美国国家情报委员会预测，2030 年前，美国将实现能源独立，成为石油自给国和主要的天然气出口国。

美国的页岩气、页岩油革命在世界范围形成了"蝴蝶效应"，其影响迅速波及全球，在能源及相关领域产生了一系列连锁反应。这场革命首先通过价格显示其巨大威力，美国天然气价格从 2005 年每百万英热单位 10 美元下降到目前的 4 美元以下，2012 年曾一度跌至 3 美元以下。此后随着成本上升，天然气价格逐年上涨，但上涨幅度不大，预计每年 2.4% 左右，2040 年达到 7.8

美元。与亚洲和欧洲相比，美国天然气价格在较长时期内具有明显优势（见图1-20）。据估算，美国如果出口液化天然气，液化、运输、气化等成本计算在内，每百万英热单位可控制在10美元以内，相比目前亚洲16美元和欧洲12美元左右的价格，仍具有较大竞争力。随着美国逐步放开天然气出口，其对世界天然气市场的影响将逐渐显现。

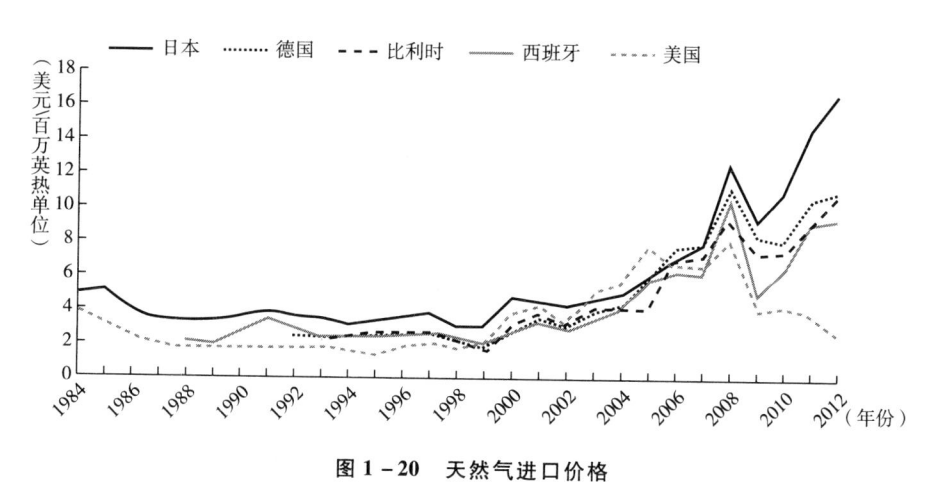

图1-20 天然气进口价格

资料来源：参见国际能源署《2012年世界能源重要统计数据》，http://www.iea.org/publications。

天然气价格低位运行导致大量燃煤电厂纷纷弃"煤"用"气"，使美国国内煤炭和电力价格大幅下挫，能源成本不断下降。这给美国制造业和化学工业复兴带来了机遇。几年前，由于天然气价格高昂关停在美国业务的化工企业重启建厂计划，以低廉的天然气为原料生产乙烯、合成氨、化肥和柴油燃料等产品。如陶氏化学公司计划斥资40亿美元，扩大其在美国的化工业务。钢铁等能源密集型产业也加速回流美国。

这场革命必将对全球能源地缘政治产生深刻影响。过去40年，美国把七成以上的外交和军事力量耗费在中东，"页岩气革命"使美国减少对中东的介入成为可能，加之美国对外贸易状况改善推动强势美元回归，美国今后在外交战略上将赢得更多主动和自由空间。随着美国逐步降低对中东石油的依赖，国际能源市场将越来越倾向从"生产者"有利向"消费者"有利的转化，能源价格快速上涨的步伐将放缓。国际石油贸易加速转向，未来，中国、印度等亚洲国家对中东石油的需求量将大幅上升，迅速填补美国"退出"后的市场空缺，预计到2035年，中东约90%的石油将流向亚洲，"油气东移"将保证中东产油国地位不变。美国在中东的利益远不止石油，这决定其不会完全淡出中东，但不再愿意担负高昂的军费支出，这将使中国等亚洲国家失去国际能源通道的"便车"，不得不担负保障石油运输线安全的责任。国际天然气卖方市场格局将逐步向买方市场过渡。欧洲天然气价格博弈，促使俄罗斯等天然气生产大国增加在远东地区寻找合作伙伴的意愿。

美国"页岩气革命"掀起了世界页岩气投资热潮。2011年，美国对本国及32个国家的页岩气资源进行了评估，2013年再次进行评估时，将评估范围扩大至美国以外的41个国家的137处页岩，评估内容除页岩气外把页岩油也包括在内。这次评估认为，全球页岩油、页岩气资源非常丰富，分别占全球原油和天然气可采储量的10%、32%；页岩油储量最丰富的国家中，俄罗斯排第一位，美国排第二位，中国、阿根廷、利比亚紧随其后；页岩气储量最多的是中国，阿根廷、阿尔及利亚、美国、加拿大、墨西哥、澳大利亚的储量也很丰富（见表1-1、表1-2）。[①] 目前，欧洲、澳大利亚加大了对页

---

① 美国能源信息署：《世界页岩气和页岩油资源评价》，http://www.eia.gov/conference/2013/pdf/presentations/kuuskraa.pdf。

岩气的勘探开采力度，中国页岩气开发也开始起步。据 IEA 预测，2035 年，非常规天然气产量将接近全球天然气产量的一半，其中大部分来自中国、美国和澳大利亚。

表 1-1　页岩油储量前十国家

单位：亿桶

排　名	国　家	储　量
1	俄罗斯	750
2	美　国	580
3	中　国	320
4	阿根廷	270
5	利比亚	260
6	澳大利亚	180
7	委内瑞拉	130
8	墨西哥	130
9	巴基斯坦	90
10	加拿大	90
	世　界	3350

表 1-2　页岩气储量前十国家

单位：万亿立方英尺

排　名	国　家	储　量
1	中　国	1115
2	阿根廷	802
3	阿尔及利亚	707
4	美　国	665
5	加拿大	573
6	墨西哥	545
7	澳大利亚	437
8	南　非	390
9	俄罗斯	285
10	巴　西	245
	世　界	7795

应当看到，页岩气和页岩油开发还存在一些争议。一是储量存在不确定性，大部分页岩油气田都是近几年建设投产的，维持一定规模油气产量的时间还有待观察；二是页岩气资源一般与水资源存在逆向分布关系，且水裂法用水量巨大，存在突出的用水矛盾，管理不当会造成水资源短缺，影响其他生产生活用水，甚至造成水生态系统破坏；三是水裂法要在水中添加一些有毒有害的化学物质，如果操作不当，就可能发生泄漏而污染地下水；四是开采产生的废水量巨大，很难全部处理后循环使用，大部分注入地下深处，美国地质局已怀疑，将废水注入地下引起岩层滑动是导致近几年美国部分非地震带地区地震频繁的原因。由此可见，页岩气（油）投资应十分谨慎，要综合考虑技术、储量、水资源、废水处理等问题及相关风险。

四　后福岛时代的核电不能因噎废食

核电是重要的清洁能源，并且成本较火电低廉，成为许多国家重点发展的能源。据 IEA 统计，2010 年，核能供应占世界一次能源供应的 5.7%，核电发电量占总发电量的 12.9%（见图 1-21、图 1-22）。[①] 其中，法国核电发电量占其国内总发电量的比例全球最高，达 75.9%，日本为 26%，德国为 22.6%，美国为 19.3%，中国为 1.8%（见图 1-23）。

2011 年，日本福岛核事故发生后，一些国家的民众和政府对核电的安全性产生担忧，全球核电发展受到一些质疑，部分国家甚至改变了核电政策。日本政府提出，到 2030 年实现"零核电"，德国提

---

① 国际能源署：《2013 年世界能源重要统计数据》，http：//www.iea.org/publications。

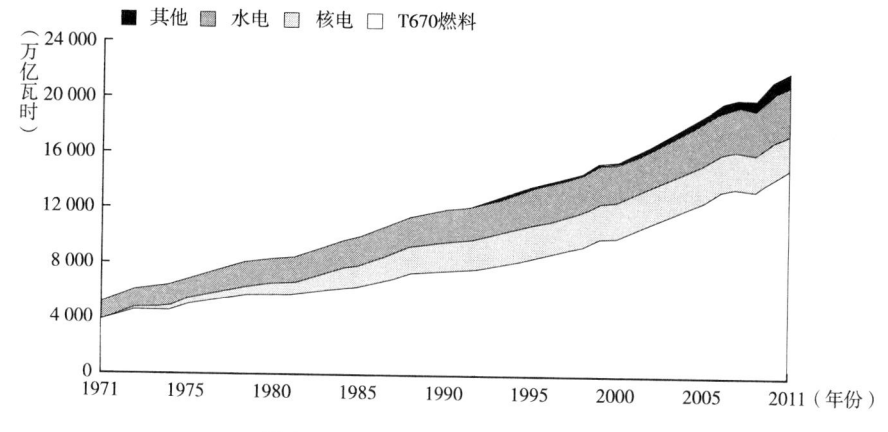

图 1-21　1971~2011 年全球发电量

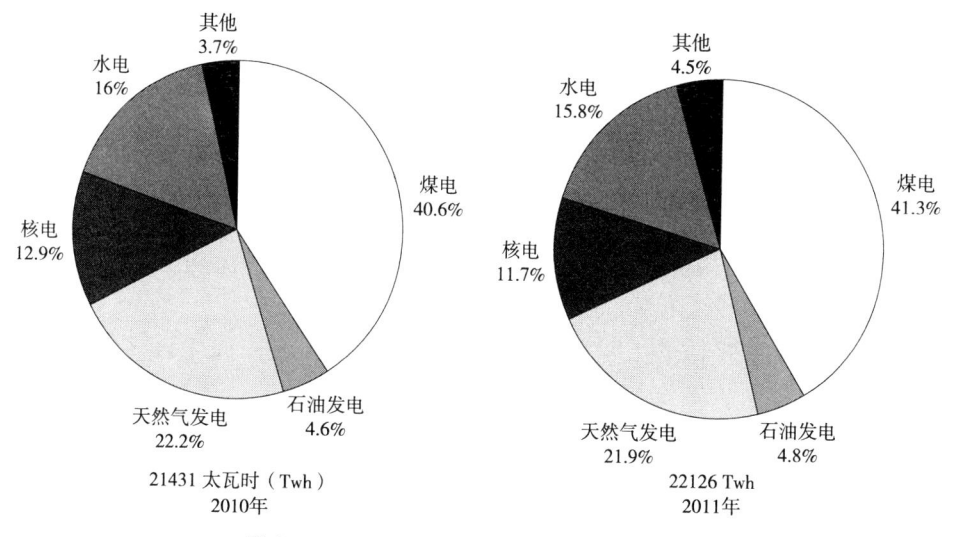

图 1-22　2010 年和 2011 年全球发电量构成

出逐步"弃核",比利时、意大利和瑞士也提出重新评估其核电项目,奥地利、丹麦、希腊和新西兰则继续坚持不利用核能的政策。受此影响,截至 2011 年底,全球共有 13 座核电站停运,核电装机容量比上一年减少 2%,发电量下降 4.3%,占总发电量比例降至 11.7%。IEA 对 2030 年世界核电发展前景的预期比上年调降了 7%~8%。

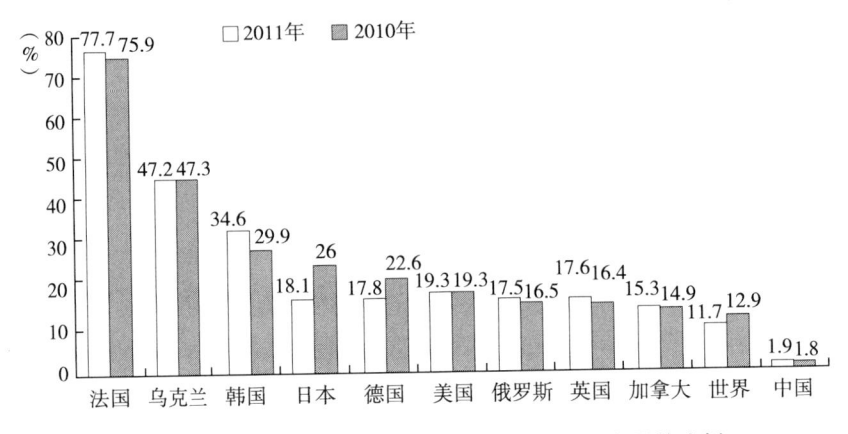

图 1-23　2010 年和 2011 年核电发电量占总发电量的比例

尽管核电发展再次面临安全性方面的挑战，但绝不能因噎废食，就此"弃核"。人类和平利用核能已有近 60 年的历史，核电技术已经比较成熟，安全性大幅提高。目前正在建设的第三代核电，采用更加可靠的被动安全技术，将进一步降低地震、海啸等重大自然灾害引起的核泄漏风险。"行波堆"等第四代核电也进入实验阶段。总之，核电的安全问题在技术上是可以解决的，只要安全措施到位，就可以避免灾难性事故的发生，完全不必过分担心，甚至"谈核色变"。

从满足快速增长的能源需求、保护环境和应对气候变化的角度，大力发展核电也是人类的必然选择。正如上文提到的，尽管化石燃料仍是人类的主要能量来源，但其不可再生性和造成的环境污染、温室气体排放等问题，决定了其不可能无限制发展。而可再生能源由于技术、经济性等因素制约，其成为主要能源还需要一个较长的过程。面对日益增长的全球能源需求，核电作为一种低碳、清洁的能源，是一个理想的选择，拥有广阔的发展空间。正是基于这样的原因，福岛核事故后，很多国家表示将继续执行核电计划，世界核电发展的方向并没有发生逆转。美国核管理委员会 2012 年 2 月突然批准建设 2 台 110 万千瓦 AP1000 第三代核电机组，被认为是"逆势"重启核电，这是自 1979 年三哩岛核电站事故以来 34 年"核电建设冰封期"后的第一次。英国、法国、西班牙等欧盟 12 个国家近期签署了一项部长级联合宣言，明确表示"今后将继续维持作为重要低碳能源之一的核能发电"，这与福岛核事故发生后欧盟国家对核电未来发展的谨慎态度形成了鲜明对比。俄罗斯 2013 年 4 月发布的《国家能源效率和能源发展规划》提出，2015 年实现核电发电量比 2011 年增长 11.4%，占总发电量的比重从 16.4% 增长到 16.8%；2013~2016 年，全国总装机容量增加 27 吉瓦（GW），总投资将超过 4 万亿卢布，其中核电投资占 18%。日本政府近期动向表明，其正在为调整野田内阁提出的"2030 年零核电"政策而努力。中国、印度等国家也已重启核电建设。

五　第三次工业革命期待可再生能源技术的新突破

针对化石能源不可持续的现实，有学者提出，可再生能源与当代互联网技术的融合，可能引发第三次工业革命。其观点认为，当前高度依赖石油的世界经济不可持续，第二次工业革命已经接近尾声，包括以能源体系向可再生能源转型、为就地收集可再生能源进行建筑物改造、以氢为主体的间歇式能源存储技术发展、便于能源共享的能源互联网建设、零排放的清洁交通运输工具普及应用为五大支柱的第三次工业革命一触即发，并将重塑人类未来的生产生活方式（见图 1-24）。①虽然有关第三次工业革命的论

---

① 〔美〕杰里米·里夫金：《第三次工业革命：新经济模式如何改变世界》，中信出版社，2012。

述还仅停留在设想层面，要想付诸实施还面临诸如政策、经济、技术等各方面障碍，要想真正发生也不会像其倡导者所说的那样迫在眼前，仍需要一个很长的酝酿和积累过程，但其有关能源体系向可再生能源转型、可再生能源分布式发展、重视智能能源网络建设等思想十分值得关注。

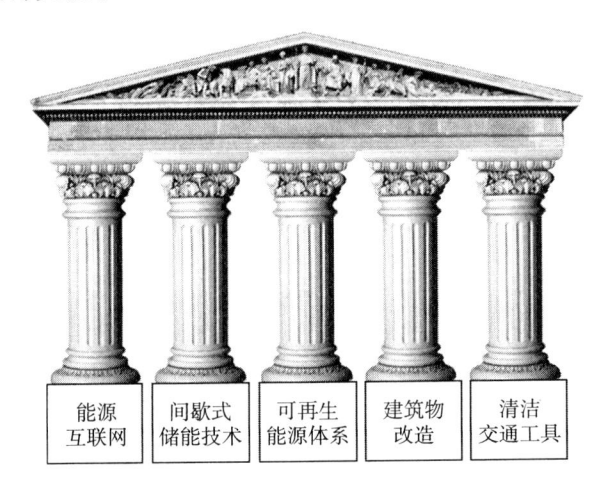

图 1-24　第三次工业革命有关能源变革的五大支柱

大力发展可再生能源，逐步提高其在能源结构中的比重，已经成为国际社会的共识。近年来，可再生能源获得了较快发展（见图 1-25）。据"21世纪可再生能源政策网"（REN21）估算，截至 2011 年底，可再生能源已占全球最终能源消费的 19%；在发电方面，2012 年，可再生能源装机容量已达 1470GW，比上年增长约 8.5%，占全球总装机容量的 26%，发电量占全球总发电量的 21.7% 左右。新增容量中，风电占 39%，水电和光伏发电各占 26% 左右。最近几年，光电和风电得到各国政府的政策支持，成本显著下降，市场发育较快。据统计，2007~2012 年，全球光伏电站新增装机容量与累计装机容量均呈现逐年增长态势，2012 年，新增装机容量 30GW，累计装机容量 101GW，均较 2007 年增长了 10 倍左右。

根据全球风能理事会（GWEC）统计，全球风电累计装机容量从 1996 年底的 6.1GW 增长到 2012 年底的 282.5GW（见图 1-26）。IEA 报告称，到 2016 年，可再生能源将超过天然气成为仅次于煤炭的第二大电力来源，到 2018 年，可再生能源发电量将占全球总发电量的 25%，以中国为首的发展中国家的可再生能源发电量增长比重将占全球总发电量增长比重的 2/3。

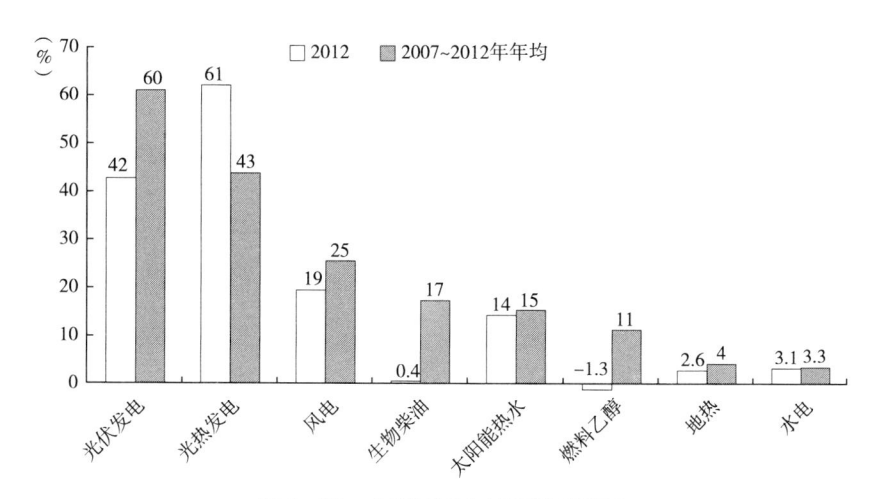

图 1-25 全球可再生能源增长速度

资料来源：21 世纪可再生能源政策网（REN21）《2013 全球可再生能源现状报告》，http://www.ren21.net。

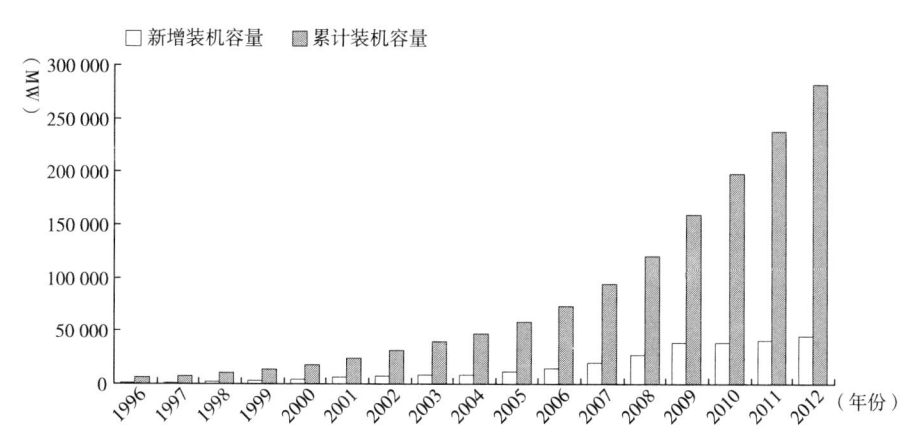

图 1-26 全球风电新增装机容量和累计装机容量变化

资料来源：参见全球风能理事会（GWEC）《2012 年全球风电市场发展报告》，http://www.gwec.net。

当前，可再生能源发展仍面临成本较高、政策体系不完善、技术存在短板等问题。随着各国可再生能源战略的实施和政府投入的不断加大，世界可再生能源的规模将不断扩大，政策体系将日趋完善。如果未来人类在氢能利用、热核聚变等领域能够取得突破性进展，可再生能源或许将迎来飞跃式发展的全新时代。

尽管我们现在很难知道第三次工业革命描述的愿景何时能够实现，但可以肯定的是，下一次能源生产与消费革命将以可再生能源替代化石能源作为主要能源。为此，有关机构和企业都做出了各自的预测（见图1-27）。尽管预测结果有的保守，有的乐观，但我们还是相信，未来几十年可再生能源比重不断增加的趋势不会改变，当有一天可再生能源主宰未来世界时，人类才可能摆脱今天的化石能源困局，走上真正的可持续发展之路。我们应为未来新的能源革命做好准备，以便占得先机。

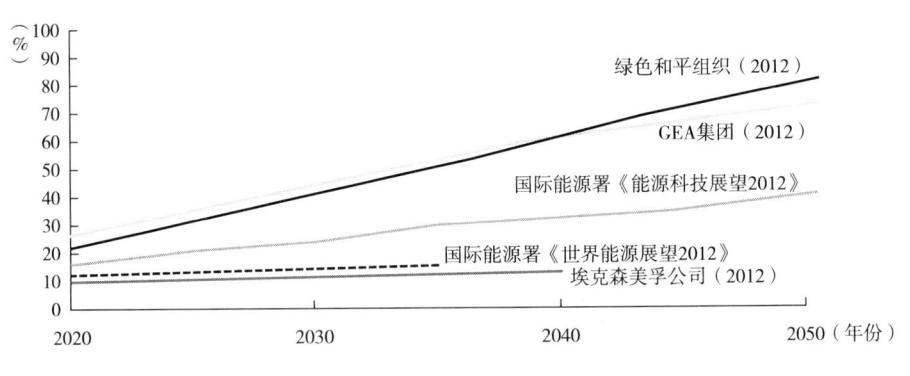

图1-27 对可再生能源占世界能源总量比重的预测

综合来看，当前国际能源形势呈现以下特点。一是能源生产消费空间格局"西斜东倾"特征明显。随着美国、加拿大、墨西哥、委内瑞拉等美洲国家非常规油气资源的大规模开发，巴西发现大型海上油田，世界能源生产重心将从中东转向西半球，"西斜"特征明显。与此同时，中国、印度等亚洲新兴经济体能源需求大幅增长，成为全球能源消费需求增长的主要地区，能源消费重心"东倾"将成为未来二三十年世界能源市场的突出特点之一。二是能源消费结构进入石油、煤炭、天然气、新能源"四分天下"的时代。据英国石油公司统计，石油在全球一次能源消费中的比例已连续 13 年下降，而新能源所占比重持续上升。随着页岩气、可燃冰、深海油气技术的成熟和应用，化石能源内部结构也将发生变化，天然气所占比重将不断上升。预计未来几十年内，"四分天下"将成定局。三是全球能源治理机制酝酿深刻变革。新兴力量的出现打破了国际能源市场原有的平衡，由发达国家主导的现有全球能源治理结构与国际能源市场的新变化和新格局不适应、不匹配，其局限性逐渐凸显，国际社会特别是新兴经济体要求变革的呼声日益强烈。

第二章 中国能源革命目标：建立现代能源体系

问题倒逼改革，改革解决问题。考察中国能源革命的内涵，必须将世界能源发展的一般规律与中国资源禀赋、工业化进程、具体国情结合起来，既要从长期发展趋势分析，也要从当前面临和亟须解决的问题入手。发达国家的能源革命是在能源总量基本保持稳定的前提下增加绿色能源比重，而中国能源革命则面临在能源稳步增长中优化能源结构的双重任务。在总量上，必须在为经济社会发展提供保障和保护生态环境两者之间取得平衡。在结构上，需要改变煤炭主宰能源的格局，推动油气、电力和可再生能源的发展。现代能源发展与城镇化一样，都伴随着工业化演进的全过程。中国工业化、城镇化要走中国特色新型道路，相应地，中国能源发展也要走出一条特色道路——兼顾发展需求与生态约束的"第三条道路"。在未来 10~20 年的发展新阶段，必须大力推动能源生产和消费革命，建立顺应国际能源发展趋势、符合国情需要的现代能源体系。

一 能源结构"多元重叠发展"趋势

世界能源的发展历史表明，全球能源经历了"薪柴时代""煤炭时代""油气时代""电气化时代",现处于多元化时期,正向着新能源时代转化,其结构转变的发展阶段性比较明显。而在中国后发而快速的工业化进程中,在一般规律下本该依次出现的时代变为在同一时期形成交叉重合,使当前和今后一段时间中国能源结构趋势更多地呈现"多元重叠发展"的特征。

(一)化石能源进入煤炭与油气并重的"双碳"时代

从全球一次能源消费结构变化趋势看,1850年以来,即进入工业化阶段后,煤炭比重显著上升,特别是在1880年前后超过此前占主要地位的薪柴,开启了煤炭时代。20世纪20年代后,随着内燃机成为工业部门主要动力方式,作为优质能源的石油开始快速增长,并在60年代超过煤炭成为主要能源。在重化工阶段,石油除充当动力能源外,还充当重要工业原料的角色,而这是其他能源种类所不能替代的,这成为工业化中后期的显著特点。美国能源结构变化与全球基本一致,只不过进入煤炭时代的时间略晚,而进入油气时代略早。

反观中国20世纪前半叶能源结构,煤炭比重超过95%,占有绝对地位,而油气比例颇低。50年代后,随着大庆油田等油田的发现,石油得到迅速发展,比重逐步上升到20%左右(见图2-1)。改革开放以来,国内油田进入稳产期,同时由经济发展对能源的巨大需求及中国能源供给结构决定,煤炭重新肩负起重任。此后的30多年,煤炭、油气和非化石能源的比重大体为7:2:1。这个比例,与一般工业化进程演进发展规律是不符的,当然与中国以煤为主的资源禀赋有关,也与经济发展阶段有关:中国只是在进入21世纪时才开始了以重化工为代表的工业化中后期。而正是这个阶段的工业化进程对优质能源——石油产生大量需求,加之煤炭受环境容量限制不能再长期扩张发展,决定了未来中国必将经历煤炭比重稳中有降、油气比重逐步上升的过程。这是发达国家完成工业化的历史过程,也将是未来中国发展的必经阶段。当然,由于中国多煤少油的资源禀赋,即便油气快速增长,也较难撼动煤炭的地位,煤炭还将在相当长时期内保持最大份额。如果说煤炭时代是 C_1 时代,油气时代是 C_2 时代的话,中国就要为此做好充分准备,迎接两者并重的"双碳"时代的到来。

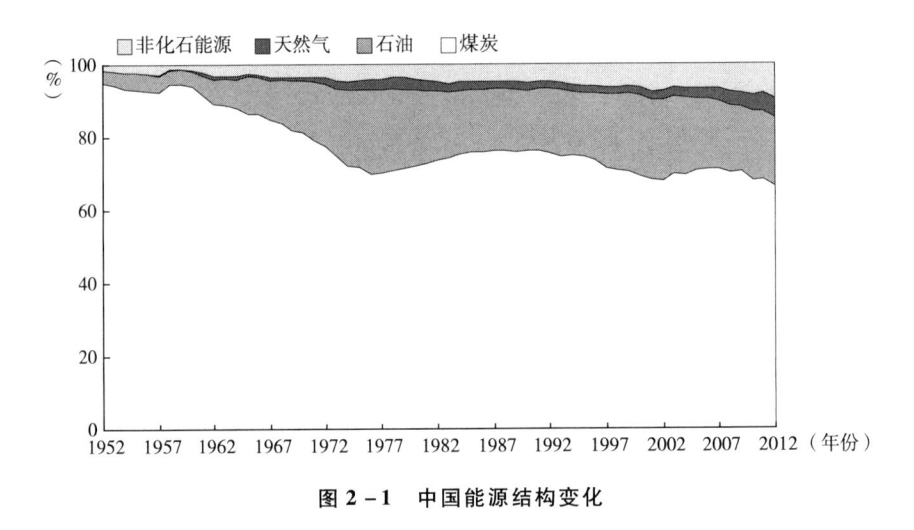

图 2-1 中国能源结构变化

(二)终端消费由一次能源更多向以电力为主的二次能源转变

发达国家能源结构变化的另一个明显趋势是,在终端能源消费中电力比重不断增加。电力作为优质高效、清洁便利、容易运输的二次能源,成为现代工业社会重要的能源消费形态。可以说,工业越发达,社会越进步,城市化水平越高,电气化程度就越高。实践表明,在工业化阶段,电力消费增长快于能源消费总量增长,电力在终端消费中的比重不断上升。据 IEA 统计,1973 年石油危机发生直到2011年，世界终端能源消费总量增长不到1倍（0.85倍），而电力增长了2.5倍，电力在终端能源消费中的比重由9.4%上升到17.7%，提高了8.3个百分点（见图2-2）。IEA发布的《2012年世界能源展望》指出，当前世界电力需求正以近2倍于世界能源需求的速度增长。从美国情况看，第二次世界大战（简称"二战"）以后的50年，美国一次能源消费总量增长了2倍，而同时期电力的消费增长了10倍以上。鉴于水能、风能、光能大都是转化为电力才能加以利用，在大力发展可再生能源的时代，电力占能源消费的比重势必进一步提高。

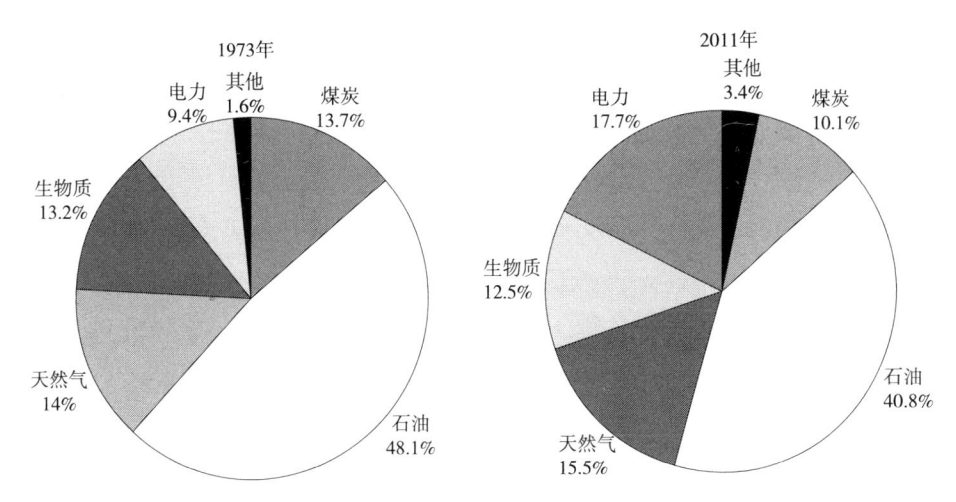

图2-2 1973年和2011年世界终端能源消费

资料来源：参见国际能源署《2013年世界能源重要统计数据》，http://www.iea.org/publications。

电气化水平不高、人均用电量远低于发达国家的中国，也必将经历电力快速增长阶段，并且其电力消费在能源消费中的比重不断扩大（见图2-3），这是由三方面决定的。一是快速城镇化进程。中国的城镇化正在进入快速发展阶段，每年超过1个百分点的城镇化率要求更多的电力供给。二是可再生能源的兴起。非化石能源利用的主要途径是转化为电力。包括核电、水电、风电、光伏等非化石能源的发电量占非化石能源利用总量的约94%。今后绿色能源的快速发展也将进一步扩大电力占终端能源的比重。三是煤炭直接使用的局限性。考虑在效率、环保和运输上的不足，煤炭清洁利用的最有效方式是转化为二次能源消费，最主要途径就是发电。在中国这样一个能源结构以煤炭为主的国家，相对以油气为主的国家，终端能源消费必定要求电力比重更大一些。单看电力占终端能源消费的比重，中国为20%左右，高于世界平均的17.7%，似乎与美国21.8%的水平差不多（见图2-4）。但是仔细分析，美国终端能源中，石油近50%，世界平均是41.1%，而中国只有24.4%，如果加上天然气，差距就更大了。这说明，发达国家20%的电力比重是在油气高消耗基础上的，而中国则是在煤炭高消耗（占33.9%）基础上的。未来10~20年，在终端能源中，煤炭应更多地向电力转化，比如10个百分点左右，也即电力占终端能源消费的比重在30%左右。

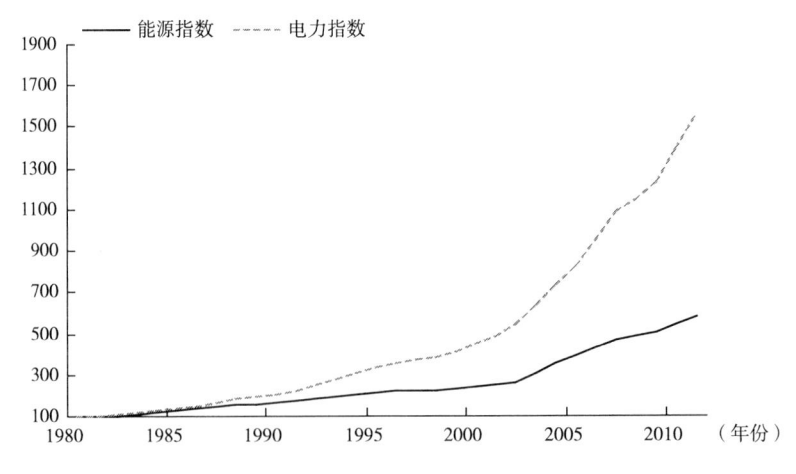

图2-3 中国能源消费与电力消费指数比较（1980年=100）

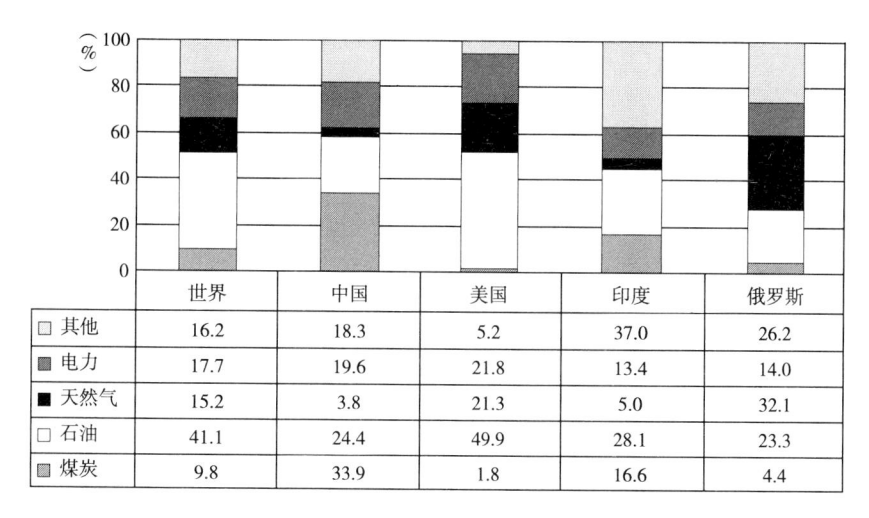

	世界	中国	美国	印度	俄罗斯
□ 其他	16.2	18.3	5.2	37.0	26.2
■ 电力	17.7	19.6	21.8	13.4	14.0
■ 天然气	15.2	3.8	21.3	5.0	32.1
□ 石油	41.1	24.4	49.9	28.1	23.3
▨ 煤炭	9.8	33.9	1.8	16.6	4.4

图 2-4　部分国家终端能源消费结构（2010 年）

资料来源：参见中国能源研究会《中国能源发展报告 2013》，中国电力出版社，2013。

（三）绿色能源成为未来能源发展不可忽视的力量

进入 21 世纪，全球已经开启了一个绿色能源时代。面对日益紧张的能源资源以及越发严峻的环境形势，可再生能源在经历了一个多世纪的沉寂后又被人们唤醒，正在成为未来能源可持续发展的新希望（见图 2-5）。当然，此轮可再生能源的回归不是薪柴时代的简单重复，而是以技术进步为支持的风能、太阳能等新型绿色能源的兴起。作为这轮绿色能源的先行者，欧盟在 2011 年通过的《能源 2020 战略》中提出，到 2020 年，欧盟国家实现"三个 20%"，即可再生能源占能源消费总量的比重提高到 20%，温室气体排放减少 20%，能源利用效率提高 20%。之后不久，欧盟又发布了"2050 能源路线图"，并雄心勃勃地预计到 2050 年可再生能源比重将上升到 55% 以上。

全球化的世界没有能源孤岛，中国也不可能在新一轮能源革命中落在后面，必将顺应这个历史潮流，将绿色能源作为未来发展的重

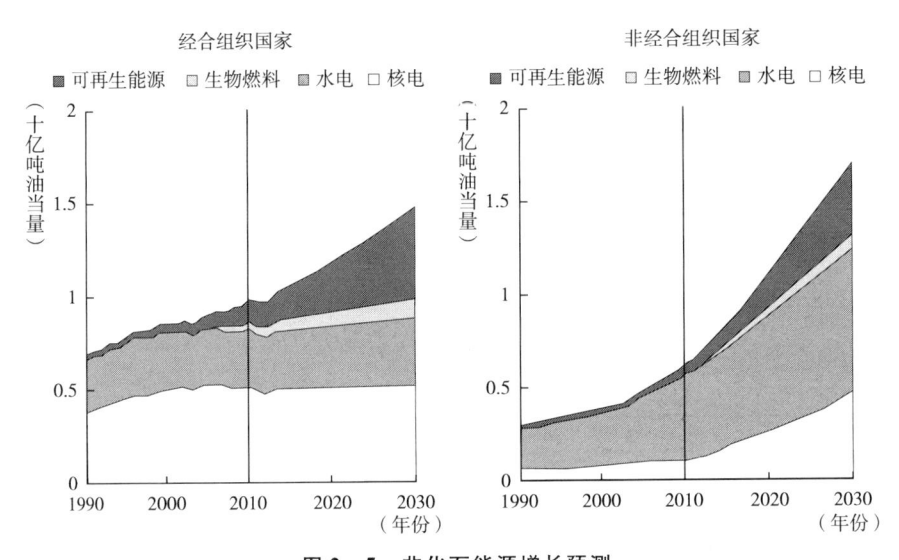

图 2-5 非化石能源增长预测

资料来源：参见 BP《2030 世界能源展望》，第 38 页。

要方向。从必要性上看，作为全球温室气体最大的排放国，中国在未来必将承担更多的减排义务，逐步控制化石能源的大规模扩展，而可再生能源必将发挥极其重要的作用。从可能性上看，中国地域辽阔，地形多样，水力、风力资源丰富，日照时间充沛，具备大规模的可再生能源开发条件。中国政府已做出积极的发展规划，力争到 2020 年使可再生能源比重达到 15%。这个目标具有一定难度，需要付出巨大努力。

以上分析说明，中国的发展阶段和能源资源禀赋的具体国情决定了本国能源结构调整与国际大趋势既有相同点，又有特殊性。当前，国际对能源革命的内涵大多强调以新能源为代表的绿色能源革命，或者说是可再生能源的开发利用。作为主要倡导者和推动者的欧、美、日等发达国家和地区，已经完成了能源结构的前两个转变，即煤炭时代向油气时代的转变，以及电力系统的大规模发展。而对正处于工业化、城镇化进程的中国来讲，则需要在同一时期面临能源结构的三重转变。和发达国家不同，中国将同时进行化石能源革命、电力革命和绿色革命三场革命。这也是中国能源革命的复杂性和特殊性之所在。

二 问题之一：能源需求饥渴症不可持续

能源是工业的粮食和血液。处于工业化加速发展时期的中国，就像正处在发育期的青年，营养必不可少。没有能源的保障，中国的现代化建设就没有基础，实现"两个百年"的目标和中国梦也就面临困难。因此，如何满足经济社会发展对能源的需求，是中国能源革命需要回答和解决的首要问题。未来中国需要多少能源？仁者见仁，智者见智。由于能源主要是为生产和生活服务的物质资源，因此主要取决于经济总量变化和人对能源的需求。分析方法主要有两个：能源消费弹性系数法和人均消费水平法。这里，按照没有实施能源革命，也就是按照目前经济发展轨迹、政策环境不变情景、一般发展规律假设进行预测。

（一）能源消费弹性系数法

能源与经济发展正相关，这是一条基本规律。虽然能源消费弹性系数在短期年度分析上不太稳定，但在相对较长一段时期上还是能够反映规律性特点，不失为一个有效方法。

从全球能源消费和经济总量变化看，1850~2007年的150多年，全球能源消费增长47.2倍，GDP增长51.6倍，能源消费弹性系数平均为0.91。但是，经过观察，二战之前，以及二战结束到1990年，这两个时段的能源消费弹性系数分别为1.08和1.04。这意味着，工业化早中期以及工业化后期，能源消费弹性系数均在1左右，也就是说，在工业化整体进程中，能源增长和经济增长基本是同步的。

再看美国的情况。20世纪前三个10年经济发展的黄金期，美国能源消费弹性系数平均为0.87。三四十年代的第二次世界大战时期，能源消费弹性系数平均为0.52。1950~1974年的工业化后期，其能源消费平均弹性系数又上升到0.88。20世纪80年代中期之后，随着进入后工业化，美国能源消费弹性系数明显降低，平均为0.41。[①] 值得注意的是，美国20世纪先后两个经济增长较好的时期，其能源消费弹性系数都较高，接近0.9，这与其他发达国家工业化进程具有相似性，也与全球能源和经济发展规律相吻合。

改革开放以来，1978~2012年中国GDP和能源消费总量分别增长24.2倍和6.3倍，平均能源消费弹性系数为0.57。中国的能源消费弹性系数是不稳定的。但是过高或过低的弹性系数大多出现在经济增长不稳定的年份。譬如，80年代初经济减速，1997年和1998年亚洲金融危机，相应弹性系数较低；2003~2004年经济过热，连续几年经济增速在10%以上，相应弹性系数较高。从移动平均数据看，1980~2000年，能源消费弹性系数在0.5上下波动；而2000年之后，弹性系数开始上移。从能源消费总量的走势图可以看到（见图2-6），2002年出现了明显加速趋势。如果以2002年为界将改革开放至目前这段时期分为两个阶段，可以计算出两个阶段的弹性系数分别为0.46和0.85，两者差距明显。进入21世纪第一个10年的能源消费弹性系数大幅升高，这与中国经济进入重化工发展阶段密切相关（见表2-1）。

[①] 王安建等著《能源与国家经济发展》，2008。

图 2-6　能源消费弹性系数 (5 年移动平均)

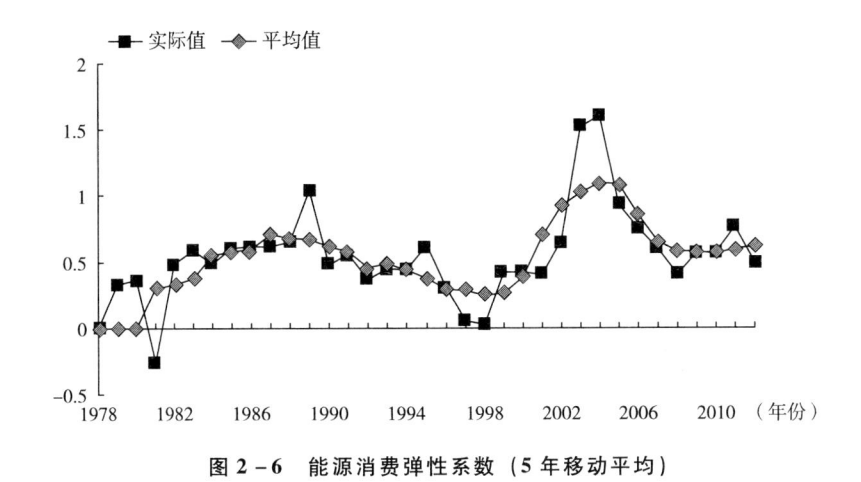

表 2-1　1980 年以来两发展阶段弹性系数测算

项　　目	1980~2002 年	2002~2011 年
能源消费年均增长 (%)	4.50	9.10
GDP 年均增长 (%)	9.70	10.70
弹性系数	0.46	0.85

未来 10~20 年是中国完成工业化的重要阶段，从一般国际规律或中国具体实践来看，此阶段的能源消费弹性系数不会太低。如果没有大的政策环境调整，在 21 世纪的第二个 10 年，弹性系数即便不会达到美国在相似阶段的 0.8~0.9，也极有可能维持在 0.7 左右的较高水平。按照经济总量在 21 世纪第二个 10 年翻一番的发展目标，能源消费总量将增长 0.7 倍。10 年中 GDP 年均增长 7.2%，能源消费年均增长 5%。中国能源消费总量将在 2010 年的 32.5 亿吨标煤的基础上增长到 2020 年的 53 亿吨标煤。

2020~2030 年，即 21 世纪第三个 10 年，是中国从工业化后期向后工业化过渡的时期。一般来讲，这个阶段产业结构将出现调整，能源消费弹性系数会有所下降，假定从第二个 10 年的 0.7 下降到 0.5 左右，此时，潜在经济增长率也将有所下降，假定 2020~2030

年年均经济增速将由 7% 左右下降到 5%~6% 的水平,相应的能源消费量年均增长 2.5%~3%。10 年间经济总量增长 0.7 倍,能源消费增长 0.31 倍,2030 年中国能源消费总量将达到 69.4 亿吨标煤。

表 2-2 弹性系数法计算

项 目	2010~2020 年	2020~2030 年
期初能源消费总量(亿吨标煤)	32.5	53.0
弹性系数	0.7	0.5
GDP 增长(倍)	1(年均 7.2%)	0.7(年均 5%~6%)
能源消费增长(倍)	0.63	0.31
期末能源消费总量(亿吨标煤)	53.0	69.4

(二)人均消费水平法

相对于能源消费弹性系数,人均消费水平趋势比较稳定。随着时间推移,人均能源消费呈不断增加态势。从趋势来看,中国在 20 世纪后 20 年经济起飞阶段,人均能源消费水平缓慢增长,从 1978 年的 0.59 吨标煤提高到 2000 年的略高于 1 吨标煤的水平上。进入 21 世纪,情况发生了变化,人均能源消费水平增加很快,从原来每年提高 0.02 吨~0.03 吨上升为每年提高 0.14 吨。2012 年,中国人均能源消费 2.68 吨标煤,达到了世界平均水平(见图 2-7)。

关于未来 10~20 年中国的总人口,政府没有给出明确预测。而国家粮食安全以及基本公共服务资源配置规划,均是以 2020 年总人口 14.3 亿、2030 年前后总人口 15 亿左右作为基数制定的。但国家卫生计生委认为,即使考虑单独两孩政策调整,全国每年出生人口也不会有大的增加,到 2020 年,总人口将明显低于 14.3 亿,峰值总人口也将大大低于 15 亿。[①] 综合考虑,联合国经济与社会事务部人口司 2013 年 6 月发布

---

① 王培安:《单独两孩不会导致人口大增》,《人民日报》2013 年 11 月 17 日第 2 版。

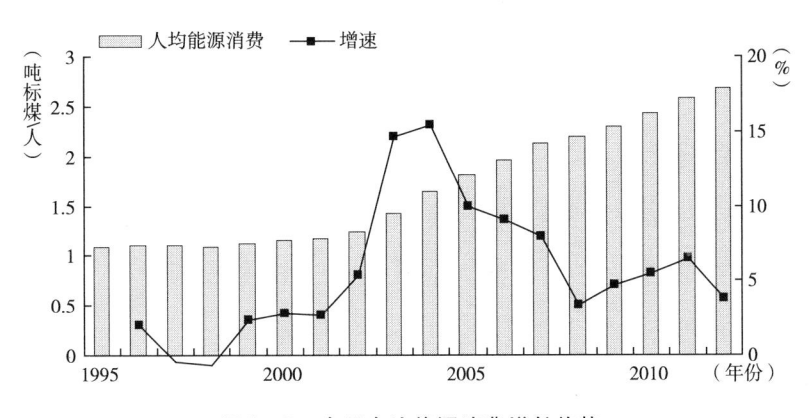

图 2-7 中国人均能源消费增长趋势

《世界人口展望：2012年修订版》，其对中国未来人口的预测（中方案）可以作为一个参考，2020年和2030年分别为14.2亿人、14.5亿人。

随着工业化进程的继续深入，如果人均能源消费水平还将保持上升势头，也就是每年递增0.14吨的速度，到2020年，中国人均能源消费水平将达到3.8吨标煤。按界时总人口14.2亿计算，能源消费总量将达到约54亿吨标煤。对于再下一个10年，考虑进入工业化后期向后工业化过渡因素，预计人均能源消费水平上涨幅度将有所减缓。假定以每年增加0.1吨计算，2030年人均能源消费量为4.8吨标煤。按界时14.5亿总人口计算，那么中国届时能源消费总量将达到69.6亿吨标煤（见表2-3）。

表 2-3 人均消费法计算表

项 目	2010~2020 年	2020~2030 年
期初能源消费（亿吨标煤）	32.50	54.00
期初人均消费（吨标煤）	2.68（2012年）	3.80
年均增长（吨标煤）	0.14	0.10
期末人均消费（吨标煤）	3.80	4.80
期末总人口数（亿）	14.20	14.50
期末能源消费（亿吨标煤）	54.00	69.60

综合以上两种方法可以得出估算结果，如果按照现行路径发展，2020年，中国能源消费总量将达到54亿吨标煤左右，2030年将接近70亿吨标煤。

当然，这是在政策环境不变的情景下，根据一般发展规律和当前经济增长轨迹做出的预测。应该说，这两个数据是令人咋舌的。姑且不论供能会不会出现瓶颈，即这些能源能够生产出来，或者能够海外获得，但重要的是无法克服生态环保的强约束，因此这么高的能源需求是不可接受，也是不现实的。

三 问题之二：生态环境的"天花板"

中国能源革命需要回答的另一个问题是如何应对能源发展与生态环境的矛盾，也就是可持续发展的问题。直接与能源相关的生态环境问题主要有两个：气候变暖和大气污染。这两块"天花板"一大一小、一高一低，正悬挂在中国的头顶上，使中国能源消费尤其是化石能源消费受到限制。

（一）第一块"天花板"——气候变暖与碳排放

气候变暖不是伪命题，需要全世界共同认真应对。二氧化碳是温室气体的主要成分，而其90%来自化石能源消费。在这个意义上，气候问题和能源问题是同义语。总体上讲，欧美等发达国家和地区累积碳排放对全球气候变暖造成的影响最大。根据世界资源研究所气候变化指标分析网站（http://cait.wri.org/）的历史数据，自1850年工业革命以来的150多年，全球累计排放二氧化碳超过1.2万亿吨，美国、欧洲的累积排放量都超过了3000亿吨。而同期中国为1130亿吨，相当于欧美1950年左右的水平，只相当于当前欧美水平的1/3左右。因此，欧美等发达国家和地区是温室气体排放最大的历史贡献者。国际社会对气候变化的义务应当遵循"共同但有区别"原则。

但与此同时，中国也面临着巨大挑战和压力。随着工业化、城镇化进程的加快，中国温室气体排放也同步增长。尤其是21世纪初，随着中国重化工业的加速发展，温室气体的排放大幅增长。从总量上看，中国无论排放总量还是占世界份额，近50年来一直处于上升状态，特别是在2006年之后，更是超越美国成为世界第一大排放国。2011年，中国二氧化碳排放量已经占到全球的26.4%（见图2-8）。

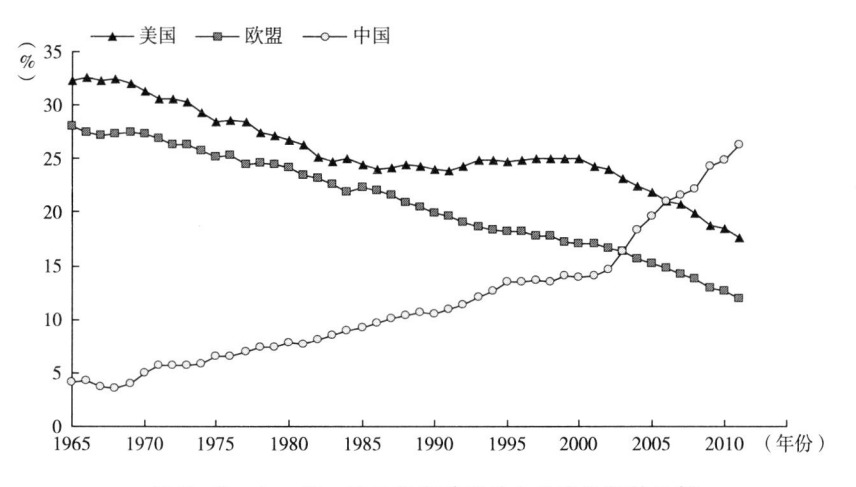

图2-8 中、美、欧二氧化碳排放占世界份额的比较

资料来源：根据《BP世界能源统计年鉴》（2012）的数据计算。

即便从人均排放水平看，中国的形势也不乐观。综合不同机构的测算，中国人均二氧化碳排放水平为6吨~7吨。清华大学的数据是6.1吨，PBL荷兰环境评估署和欧洲委员会联合研究中心（JRC）的数据是7.2吨（2011年），IEA的数据是5.4吨（2010年），而

BP 的数据是 6.7 吨。从各机构的估算值来看，虽然中国人均排放水平还远低于美国，但正在与欧盟的水平靠近（见表 2-4）。

表 2-4 有关机构估算的中国人均二氧化碳排放

单位：吨

地 区	清华大学	IEA	PBL&JRC	BP
中 国	6.10	5.43	7.20	6.70
美 国	17.34	17.31	17.30	19.30
欧 盟	7.67	—	7.50	8.00
OECD	10.29	10.10	—	—
世 界	—	4.44	—	—

资料来源：PBL 荷兰环境评估署和欧洲委员会联合研究中心（JRC）《全球二氧化碳排放趋势 2012 报告》；国际能源署《2013 年世界能源重要统计数据》；清华大学气候政策研究中心《中国低碳发展报告（2013）》。

为履行《联合国气候框架公约》和《京都议定书》，体现负责任大国的形象，中国政府对全世界做出庄严承诺，提出碳排放减量的具体目标，即到 2020 年，碳排放强度比 2005 年下降 40%～45%。按照单位 GDP 能耗 15 年内下降同样幅度，可以大体计算 2020 年中国化石能源消费的限制值。在这里，假设碳强度下降幅度等同于化石能源强度下降幅度。

按 40% 的目标计算，由于在"十一五"期间，单位 GDP 能耗已经实现下降 19.1%，那么 2010～2020 年需要再下降 25.8%。也就是在不变价格计算条件下，2020 年经济总量比 2010 年增加 1 倍，而单位 GDP 能耗只有原来的 74.2%，届时化石能源消费量将是基期的 1.484 倍。2010 年化石能源消费总量 29.7 亿吨标煤，计算得出，2020 年化石能源消费总量上限是 44.1 亿吨标煤。如果按 45% 的目标计算，2020 年是 40.4 亿吨标煤。也就是说，要达到中国政府承诺的目标，2020 年，中国化石能源消费总量应控制在 40 亿～44 亿吨标煤,取乎中42亿吨标煤(见表2-5)。

表2-5 2020年承诺减排义务下化石能源上限计算表

2010年化石能源消费(亿吨标煤)	29.7	29.7
C排放强度下降幅度(%)	40.0	45.0
2010年比2005年已下降(%)	19.1	19.1
2020年比2010年需下降(%)	25.8	32.0
GDP增长(倍)	1.0	1.0
化石能源消费倍数(倍)	$(1+1) \times (1-25.8\%) \approx 1.48$	$(1+1) \times (1-32\%) = 1.36$
期末化石能源消费(亿吨标煤)	44.1	40.4

关于到2030年乃至未来的情形,政府并没有制定具体规划目标,这取决于政府的决心和国际压力的大小。对中国来讲,需要争取更长的发展时间;但国际社会也将对中国施加更大的减排压力。从发展阶段看,按当年汇率平均价计算,2010年中国人均GDP 4434美元,按照翻一番的增长速度,2020年将达到9000美元,即便届时人民币兑美元升值1倍,人均GDP达到1.8万美元。而从西方发达国家的发展规律看,人均GDP在4万~5万美元的水平,二氧化碳排放量才会出现拐点。因此,再下一个10年,中国并不一定要实现绝对减排,可以将继续减小碳排放强度作为目标。

在这里提供一个政策选择,比如2030年碳排放强度在2020年的基础上再下降30%,相当于前一个10年的减排力度。按照IEA的统计,以2005年美元不变价格计算,2010年,中国碳排放强度是1.8千克/美元,这与中国实际完成情况和汇率变动是吻合的,同期世界平均水平是0.6千克/美元,美国是0.41千克/美元;2020年比2005年下降40%~45%,则将是1~1.1千克/美元,相当于2010年亚洲平均水平。如果到2030年再下降30%,为0.7~0.8千克/美元，相当于2010年发展中国家水平（亚洲1.04，非洲0.74，拉美0.48）。在10年中GDP年均增长5%~6%的同一假设下，2030年，中国化石能源消费总量需要控制在50亿吨标煤（见表2-6）。

表2-6　2030年承诺减排义务下化石能源上限计算表

2020年化石能源消费（亿吨标煤）	42
C排放强度下降幅度（%）	30
GDP增长（倍）	0.7（年均5%~6%）
化石能源消费倍数（倍）	(1+0.7)×(1-30%)=1.19
2030年化石能源消费（亿吨标煤）	50

需要指出的是，出于自身生态环境保护需要和应对气候变化国际社会巨大压力，2030年，中国极有可能将绝对减排作为目标。这意味着C排放也即化石能源届时将出现峰值。2010~2020年，化石能源消费从30亿吨标煤上升到42亿吨，年均增加1.2吨标煤，到2020年前后年均增速在1吨左右。假设2020~2030年按照匀减速方式达到峰值，则2030年的化石能源消费应为47亿吨标煤。从另一个角度讲，即便不承诺绝对减排，相对减排下的50亿吨标煤化石能源的获得也不容易。因此，无论从生态环保需要、国际社会压力，还是化石能源可得性等各方面考虑，2030年实现碳绝对减排都是一个比较合理的选择。

（二）第二块"天花板"——PM2.5

与碳排放相比，大气污染给普通民众的感觉更为直接。2013年初，一场强雾霾污染席卷中国中东部、东北及西南共计10个省区市，涉及8亿人口，其中以京津冀地区最为严重。根据中国科学院大气物理研究所的报告，在第二次污染过程最严重的时段，北京城区上空悬浮污染物总量超过4000吨。无独有偶，就在2013年的最后一个月，又发生了一场大范围雾霾，所不同的是，重灾区换成了长三角的江浙沪。中央气象台表示，2013年，中国平均雾霾天数为52年之最。

根据北京市环保部门分析，北京地区年平均PM2.5排放来源中，机动车占22%，燃煤占17%，工业占16%，扬尘占16%，外来输运占24.5%（见图2-9）。2013年1月的强雾霾中，约有1/4来自机动车尾气排放，其次为燃煤和外来输运，各占1/5，而外来输运主要也是燃煤。中国科学院大气物理研究所分析，京津冀地区主要污染物的前三位——燃煤、机动车和工业的比重分别是34%、16%和15%。上海市环境监测中心和环境科学院分析表明，上海地区PM2.5主要来源为，机动车船等移动源占25%，石化、化工、工业喷涂、钢铁和建材等工业工艺过程占15%，工业锅炉、工业炉窑占11%，电站锅炉占10%，扬尘占10%，生活面源占5%，区域影响占20%。上海的构成与北京相比较，虽略有变化，但大体相同。

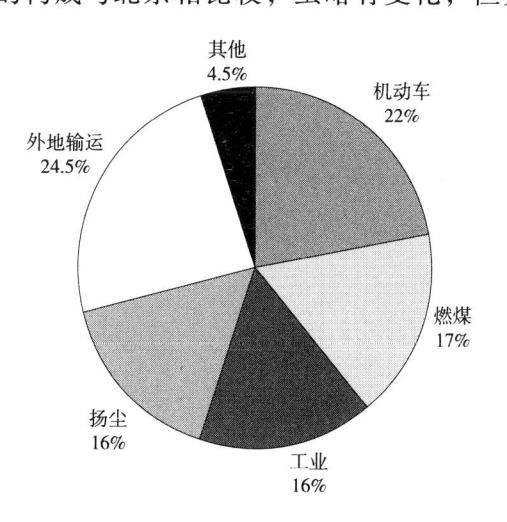

图2-9 北京PM2.5排放源构成

具体分析，此次雾霾元凶之一的二氧化硫来源主要以燃煤排放为主。据计算，上海单位面积的煤炭消费量最高，几乎达到每平方公里1万吨。而华北和长三角地区的北京、天津、河北、山西、江苏、浙江等省市均"名列前茅"（见图2-10）。雾霾元凶之二的氮氧化物主要来自机动车尾气。北京现有机动车约为550万辆，它们所排放的氮氧化物已占全市排放量的一半以上。特别是，其中不到30万辆的重型柴油车排放了一半以上的氮氧化物。需要指出的是，20世纪40年代，发生光化学烟雾事件的美国洛杉矶，当时拥有汽车250万辆。而现今中国的北京、重庆、成都、上海等大城市的汽车保有量都超过了250万辆。

总之，雾霾主要是"烧"出来的，烧油和烧煤贡献了PM2.5的60%以上，也就是能源消费，更确切地说，化石能源消费是大气污染的主要来源。因此，减少化石能源消费使用是从根本上减少

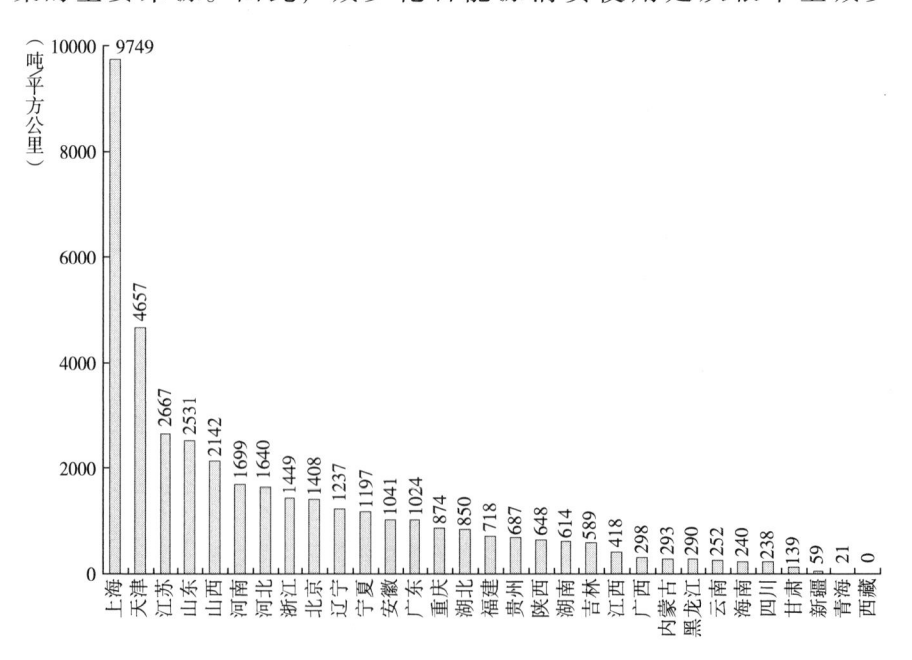

图2-10 2011年中国分地区煤炭消费密度

PM2.5、改善大气质量的解决办法。

无论是碳排放还是PM2.5，都对化石能源的消费提出了挑战，未来化石能源的生产消费必须考虑两者的限制。在这方面，碳减排因具有国际承诺而成为强约束，PM2.5还要考虑地域的限制。

四 中国能源发展的第三条道路

按照现行发展路径，2020年和2030年能源总需求分别是53亿和70亿吨标煤；而在碳减排的约束下，届时被允许的化石能源高限仅为42亿和47亿吨标煤。那么，在当前发展模式和以化石能源为主的结构之间便产生了无法调和的矛盾。一条道路是如果以高耗能支撑高增长，化石能源还将大幅增加，必须付出更大的生态环境代价；另一条道路是如果为保护生态环境，能源总量受到严格限制，经济发展就可能受到影响。而这两者都不是中国所希望的。中国未来能源发展必须致力于走出一条新路，既能满足经济社会发展需要，又能适应生态环保的约束，即一条"鱼和熊掌兼得"的道路。问题倒逼改革，改革解决问题。这第三条道路就是中国能源革命所必须寻找的，也就是中国能源革命必要性之所在。

能源发展的第三条道路必须在原来两条道路之间进行平衡。一方面，要降低整体经济能源强度，在保持经济合理发展速度的前提下，控制能源消费总量的过快增长；另一方面，增加非化石能源，特别是可再生能源的供给，加快调整能源结构。综合考虑需要和可能，未来中国能源发展将呈现"总量增速渐缓、煤炭减速趋稳、油气加快增长、新能源蓬勃发展"的局面。

在化石能源内部，中国正处在煤炭向油气转变的时期，煤炭将呈现增长趋缓的走势。考虑增长惯性，煤炭消费估计从2010年的22亿吨标煤增长到2020年的28亿吨标煤，2020年可以结束快速增长阶段而进入缓慢增长平台期，比重在60%以下。从供给看，此时国内煤炭生产达到峰值并开始下降，而煤炭进口还将适当扩大；经过10年的缓慢增长，2030年，煤炭消费有望达到峰值30亿吨标煤，比重降到50%以下，国内煤炭生产、煤炭进口将呈现长时间稳定态势。

在此期间，油气将出现一个快速发展的局面。在石油天然气领域，中国正面临一个好的机遇。"页岩气革命"将引领非常规油气资源得到大规模的开发利用。一者，页岩气技术日趋成熟，在可以预计的未来将得到大范围推广。中国页岩气资源具有很大潜力，可以大有作为。二者，西半球的能源崛起特别是美国的能源独立，使世界能源市场结构调整加快，中东油气"向东流"成为必然趋势。一方面以中国为代表的亚洲和新兴经济体发展需要能源，另一方面仍具潜力的中东等资源地区谋求新的稳定市场，这将有利于促成东亚和西亚在能源上的大合作。综合考虑，未来10～20年，来自海外特别是中东的油气进口，以及国内天然气开发将是可观的能源增长点。初步展望，2020年，中国油气全部供给可从2010年的7.6亿吨标煤上升到14亿吨标煤，比重达到25%；2030年，油气有望实现17亿吨标煤，比重接近30%（见图2-11）。

受生态环境的约束，未来化石能源的发展不是无限制的。在大力开发利用油气资源的同时，必须积极发展环境友好的非化石能源。考虑技术成熟度、开发利用成本、消费路径依赖等方面的相对劣势，非化石能源的大规模开发应用还需要一个过程，不可能在短时间内完全替代化石能源。因此，中国未来10～20年非化石能源走势将出

图 2-11 未来中国能源消费预测

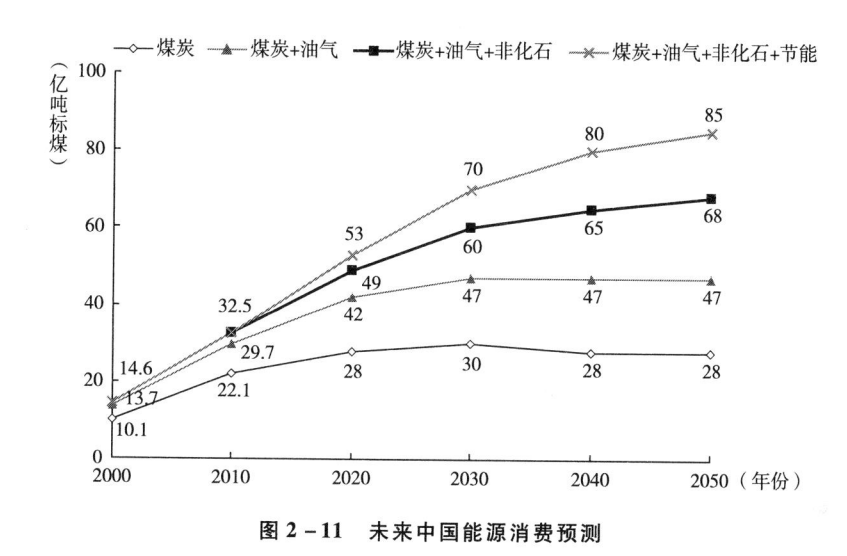

现一条呈现前低后高、逐渐加速的发展路径。中国能源发展规划提出，2020年，非化石能源占全部能源的比重将达到15%，假定届时化石能源为温室气体减排承诺所能达到的上限为42亿吨标煤，则非化石能源规模将为7.4亿吨标煤。根据当前核电、水电、光伏、风电开发进度看，完成这个目标是存在较大困难的，需要加倍努力才能实现。再下一个10年到2030年，非化石能源可以得到更快的发展，占能源总量的比重也会进一步提高，比如提高到22%左右。在化石能源届时47亿吨标煤的假设下，这个比重意味着非化石能源将达到13亿吨标煤。

按照以上的估计，2020年和2030年包括化石能源和非化石能源在内的能源总供给将分别达到49.4亿吨标煤和60亿吨标煤，距离届时能源需求总量仍分别有5.6亿吨标煤和12亿吨标煤的差距。这个缺口别无他法，必须依靠转变发展方式、调整消费行为、大力节能降耗等能源消费革命措施来解决。总的看，2020年，中国能源消费总量应控制在50亿吨标煤之内，2030年控制在60亿吨标煤左右是可以做到的。2010~2020年的第二个10年，能源消费弹性系数下降到0.58；2020~2030年的第三个10年，能源消费弹性系数进一步下降到0.36。

五 革命目标：建立现代能源体系

经济发展、能源消费与生态环境三者之间存在"三角关系"（见图2-12）：经济发展需要能源，但能源开发使用势必给生态环境带来影响，进而危害经济社会发展的可持续性；反之，为了经济社会可持续发展，必须注重生态环境保护，要求能源特别是化石能源不能过度消费，进而催生发展方式的转变。

图2-12 经济发展、能源消费、生态环境的"三角关系"

中国以往的能源发展路径，在生态环境约束下已经无法继续走下去。未来中国能源发展的第三条道路，必须采取新思路、新举措，通过一场"自觉式"的能源革命，建立能够在经济发展、能源消费和生态环境三者之间实现良性稳定平衡的新的能源体系——现代能源体系。这个体系应该既符合中国工业化、城镇化发展的需要，又顺应国际能源发展趋势的要求。

中国现代能源体系应具有六大特征：结构多元化，总量紧平衡，运行高效率，系统自适应，利用可持续，开放大循环。

1. 结构多元化

面对巨大的需求，任何一种能源都是不可单独胜任的，必须多元并举。仅依靠煤炭等化石能源而忽视发展新能源，或者只强调新能源而过早放弃化石能源，这两种倾向都是不可取的。从大趋势看，化石能源的发展将出现减速甚至达到峰值，非化石能源将加速发展，所占比重不断提高，但其超越化石能源将是一个较长的过程。化石能源内部应煤、油、气并重，非化石能源也应核、水、风、光、生齐飞。

2. 总量紧平衡

能源特别是优质能源禀赋不足的基本国情，决定中国整个经济发展特别是工业化进程中，能源始终是稀缺要素。因此，中国能源体系中"供不应求"是常态，供需双方长时间处在紧平衡的状态。机制和政策设计应体现这个基本特征。一方面，为满足经济社会发展需要，应力争实现能源供需的基本平衡，保障能源供应安全；另一方面，由于能源是卖方市场，所以这种平衡是在高价格水平上实现的。

3. 运行高效率

在能源供给侧，要求一次能源到终端能源的转化率较高，中间损耗较小；在需求侧，要求生产生活的消费都是节能友好型，将每单位能源的效益发挥到最大；在供需之间，强大的运输网络使能源可以最低成本输送，最大限度弥补供需时空不均衡，高效传递需求侧和供给侧信息，使能源流向达到最优。

4. 系统自适应

系统具有自我调整和替代能力。市场机制健全，价格可以真正作为反映供需、调节供需的杠杆，并保持足够的弹性。政府管理与市场作用相匹配，能源政策和市场监管可以维护正常的市场秩序。应急系统完善，就能够应对突发事件中基本能源的保障。既有短期商业储备，又有战略储备和油气替代能力，一旦海外能源进口受限，可以在一个较长时间内保障国内能源供给安全。

5. 利用可持续

绿色、低碳是未来能源开发利用的必然要求，对中国能源体系有着更为重要的意义。坚持节约优先，能源作为必需品和稀缺品，不能粗放利用和浪费，必须"细水长流"。对化石能源的消费总量予以控制，开发应注重生态保护、防止生态破坏、减少温室气体等污染物排放。可再生能源在能源体系中占有相当比重，体现着环境友好的要求。

6. 开放大循环

中国的产业融入国际分工，中国的能源也应融入国际能源体系。能源资源相对短缺的现实，以及经济全球化的发展，决定了中国现代能源体系应是一个开放体系，必须着眼海外，参与国际能源大循环。应当保持必要的生产能力，但不应片面追求过高的能源自给率。充分统筹国际国内两个市场、两种资源，尽可能多地利用海外优质低价能源，灵活有效地将国际能源体系为我所用。

六 革命路线图：加法、减法与乘法

从中国现实情况看，开展能源生产与消费革命、建立现代能源体系需要同时从需求、供给、运行这三条路径加以推进，相对应地可以称为"减量革命""增量革命""效率革命"（见图 2-13）。

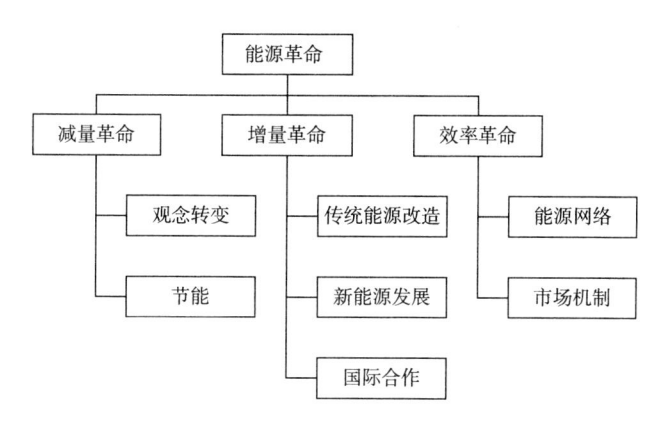

图 2-13 中国能源革命三条路径

(一)"减量革命"

能源革命首先要从消费做起。过去谈到能源问题，一般着重供给方面，把加大生产看作是矛盾的主要方面。但这次能源革命必须将消费需求放在首要位置，而且要作为矛盾的主要方面。当前的能源消费模式不可能持续下去，未来巨大的能源缺口需要弥补，在能源供给受自然禀赋和生态环保等因素制约的情况下，必须更多地从消费上做文章。其次，中国能源强度指标与世界水平和发达国家水平尚有相当大的差距，应该而且也能够降下来。从积极角度讲，这是潜力最大，也最能见到效果的方面。再次，相对于生产供给来说，消费需求可以自我把握。能源供给受自然禀赋、生态约束、技术水平和国际进口等因素的影响。而消费则是人的生产生活需求，是活的，是自己支配的，不受制于他人，可以更好地发挥主观能动性。基于这三点考虑，在能源革命中应将消费革命作为主要方面，花大力气，切实把不合理的部分降下来。

减量化应从主体行为、客体对象和实行手段三个方面做工作（见图 2-14）。主体上，推行观念转变，整个社会都要从高耗能思维和行为方式转变到低耗能思维和行为方式：政府应摒弃"唯GDP"政绩观，大力倡导经济发展新模式；企业应改变一味做大的思路，更多地强调效益质量和社会责任；社会公众应树立反对浪费、提倡节约的意识，形成低碳的消费模式。客体上，应抓住能源消费重点领域，即潜力最大的行业和部门，包括工业、交通、建筑等，实现有效节能。手段上，必须综合运用舆论、宣传、教育、规划、标准、法律、技术等多种工具，引导和约束主体对客体的消费行为，从而使能源需求向减量化方向转变。

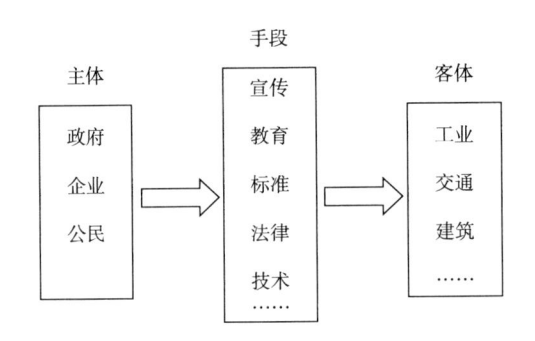

图 2-14　能源减量化的三个方面

这里应厘清三个观念。一是在发展和能源问题上，发展是要务，能源是服务。不应在预先设定能源指标下倒算经济发展指标，而应该根据经济发展的需要，致力于实现最优的能耗水平。或者说，达到潜在经济增长率的发展目标，应该是一个耗能最少的最优方案。毕竟，能源发展是服务于经济社会发展的，应积极解决矛盾，而不能回避问题。二是减量化不是"一刀切"——简单绝对量的减少，而是"结构性减肥"，是将那些不合理、不应该、可避免、可节省的部分减下来，不能影响正常的、合理的生产生活需要。三是对能源总量的控制应慎用行政约束指标。应重在政策引导，更多地运用市场力量，减少行政直接干预，特别是避免使用指标层层分解的办法。

（二）"增量革命"

生产供给当然是多多益善，但现在的问题是如何保障生产规模的可持续和生态环境的可持续。以往的能源生产模式已经显出疲态，未来必须实现环保能源开发，开发绿色增量。为此，能源生产供给也必须革命。

增量革命涉及两个关系。第一个是传统能源和新能源的关系。业内有很多讨论。一方认为，中国化石能源等传统能源开发已经到了极限，不宜再继续发展；新能源的发展乃国际大势所趋，中国应将其作为未来重点大力推进。另一方则认为，新能源虽绿色环保，但短时间内尚不能大规模开发，无法担当主力军的重任；以煤为主是中国的能源特点，当前还是应该以传统能源为主。两种观点都有合理成分。从结构上看，以煤炭、石油、天然气为主的化石能源在20世纪50年代以来一直居于主体地位，占全部能源生产的比重始终在90%以上，唯一变化的是建国后油气田的发现，使石油替代了煤炭所占的20%的比重。展望未来，对传统能源和新能源的发展不可偏废，都应为能源供给做出贡献，但是两者应采取不同的发展方针。

传统能源发展应以"调结构、重环保"为主，在绿色开采、清洁使用、提高效率上下功夫。具体而言，应适当控制煤炭生产，大力开展煤清洁利用。国内石油保持稳产已属不易，期待重大发现；天然气有一定潜力，页岩气、非常规气可相对慎重乐观。水电开发基本规划完毕，长远看无太多潜力，更多的是要处理好生态问题。核电应在确保安全的前提下，坚定不移地稳步发展，不断提高比重。

对于新能源，应以"扩市场、降成本"为方针。既不可逡巡不前，也不能一哄而上，应按照技术成熟度适度超前发展，以市场扩大带动成本降低，逐步扩大其在能源总量中的比重。具体地，对于风能、太阳能，应走得快一些。对于新能源，要处理好集中式和分散式发展的关系，实事求是，因地制宜。

第二个是"立足国内"与"海外进口"的关系。在全球化的当今世界，各国都在想方设法依靠两种资源、两个市场，用更小的代价获得更大的利益。因此，海外能源对中国来说是一个重要渠道，也是必须争取的来源。国内能源当然要继续发展，但对生态和环境造成破坏的，譬如煤炭，必须控制；对技术前景不太明朗的，譬如页岩气，也可慎重一些；倒不如花些力气在海外做些文章。特别是石油和天然气，从国际大格局来看，美国能源需求已经进入平台期，以后将会呈下降趋势，而且页岩气的大量开发使用减少了其能源进口。而中国的能源短缺将成为常态且缺口日益增加，中国必将取代美国成为国际能源的最大买家。中国必须做好大量能源进口、实施能源国际战略的准备。

这个战略要考虑三个问题。

第一，重点领域。考虑资源富集程度和地缘政治利害关系，未来中国还将以中东波斯湾地区作为油气资源重点，其他地区作为多元化来源的补充。

第二，价格机制。太高的能源价格不符合长远利益，中国必须在国际油气价格制定中拥有话语权。这既要完善国际能源机制，也需要中国石油公司的全球运作。

第三，航路安全。从中东到中国的海上运输线将是未来中国的能源生命线，中国必须为维护这条航线承担更多义务。另外，陆路的油气管道作为海上航线的补充是必需的。以上问题都要求中国应更多地将"能源安全"作为其重要目标之一，深入开展"能源外交"。

（三）"效率革命"

在现代能源体系中，能源运输网络和能源市场机制作为一只"看得见的手"和一只"看不见的手"，无时无刻不在供需之间调配着能源。运输网络和市场机制虽然不直接生产能源产品，但却直接影响整个能源体系的运转效率，起到"稳定器"和"变压器"的作用，在现代能源体系中作用重大、不可或缺。

1. 能源运输网络

中国能源的时空分布极不均匀，能源由西到东、从北到南的输运必不可免。需要搭建完善的能源运输网络，合理引导煤电油气流向，提高网络运输效率，缩短能源可达时间，最大程度地降低运输成本。具体言之，一是继续扩大西电东送容量，特高压输电应摆上议事日程。二是加快智能电网建设，加强电力需求侧管理。三是油气管网要完善，形成全国联网的大系统。四是能源网络应考虑与周边国家和地区的互联互通。

2. 能源市场体系

中国能源市场建设滞后，能源价格不能体现稀缺程度，甚至存在一定扭曲，既不利于鼓励生产，也不利于促进合理消费。需要建立真正的能源市场，让市场在能源配置中起决定性作用，让价值规律引导能源流向，使每一单位能源发挥其最大效用。具体言之，一是加快价格改革，形成产品价格，真正反映稀缺程度和环境成本。二是放开市场准入，引入竞争，允许社会资本和外资企业参与能源领域投资。三是在能源问题上合理分配国家、地方、企业和消费者之间的利益,调动各方面的积极性。四是改革政府管理能源方式,更多地运用经济、规划、法规等工具,减少直接的行政管理。

以上是对能源革命内涵的初步分析,建立现代能源体系需要三方面的革命,即"减量革命""增量革命"和"效率革命",具体可分为观念转变、技术节能、传统能源改造、新能源发展、能源网络、市场机制和国际合作等七个重点内容。对此,可以用一个不太严格的公式形象表达,

$$R = [(-C-S+T+N)\cdot n+I]^m$$

其中,R 代表中国能源革命(建立现代能源体系),C 代表消费观念转变,S 代表技术节能,T 代表传统能源改造,N 代表新能源发展,n 代表能源网络,I 代表国际能源合作,m 代表市场机制。

第三章 减量革命之一：能源消费观念转变

孙中山先生曾经提出"知难行易"，指出如果有"真知"指导，"则行之决无所难"。观念意识是一个行为主体的基本价值观和行为准则，它决定着主体的行为模式。要使一个主体的行为发生根本改变，必先使其观念发生根本改变。因此，实现能源生产和消费革命，首先要让主体观念发生革命。

一 树立新的能源消费观是关键

我国能源消费存在四大问题。

一是人均能源资源占有量低，但人均消费量较高。我国能源资源从总量上看比较丰富，但人均能源资源拥有量在世界上处于较低水平。煤炭、石油和天然气人均占有量分别仅为世界平均水平的67%、5.4%和7.5%（见图3-1）。近年来，能源消费总量增长较快，随着未来经济发展和城镇化的提速，我国近中期能源消费还将继续增长，资源约束矛盾将进一步加剧。

二是能源消费总量大、经济发展对能源依赖大。2000~2011年，我国能源消费总量从14.6亿吨标煤猛增到34.8亿吨标煤,居世界第一位。与此同时,能源消费弹性系数偏高,2000~2011年平均为0.77,而发达国家一般不超过0.5,这说明我国经济增长对能源的依赖度高,能源效率低。此外,我国能源消费强度高。2011年,我国GDP约占世界的8.6%,但能源消耗约占世界的19.3%,单位GDP能耗是世界平均水平的2倍、美国的2.4倍、日本的4.4倍,也高于巴西、墨西哥等发展中国家的水平(见图3-2、表3-1)。

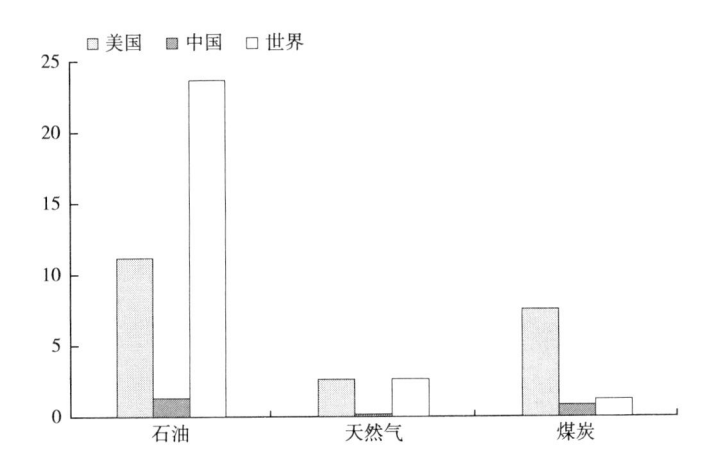

图3-1 世界主要能源拥有量对比

资料来源:参见英国石油公司《BP世界能源统计年鉴》(2013),http://www.bp.com;国家统计局人口和就业统计司《中国人口和就业统计年鉴2013》,中国统计出版社,2013。

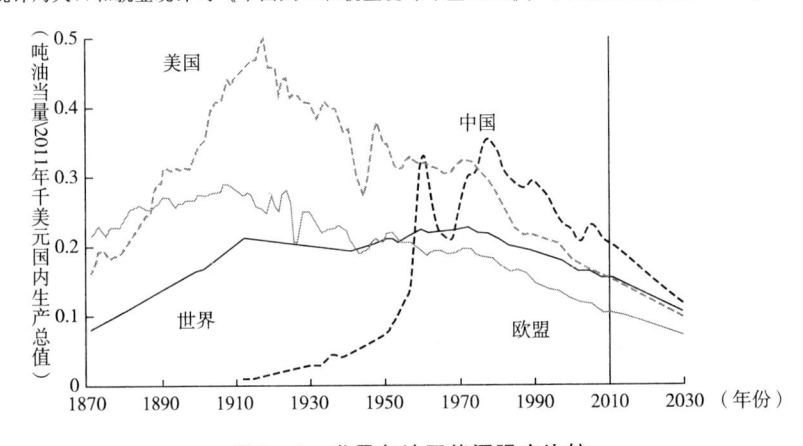

图3-2 世界各地区能源强度比较

资料来源:参见英国石油公司《BP世界能源统计年鉴》(2013),http://www.bp.com。

表 3-1 2005~2011 年世界一次能源消费量

单位：百万吨油当量

国家	2005 年	2006 年	2007 年	2008 年	2009 年	2010 年	2011 年
美 国	2351.2	2332.7	2372.7	2320.2	2205.9	2277.9	2269.3
中 国	1659.0	1831.9	1951.0	2041.7	2210.3	2402.9	2613.2
日 本	527.1	527.6	522.9	515.3	474.0	503.0	477.6
英 国	228.2	225.5	218.3	214.8	203.7	209.0	198.2
法 国	261.2	259.2	256.7	257.8	244.0	251.8	242.9
德 国	333.2	339.5	324.4	326.7	307.5	322.4	306.4

三是产业结构不合理，导致能源消耗居高不下。单位 GDP 能耗极高，这与我国发展阶段和产业结构有很大关系。在我国三次产业结构中，第二产业比重偏高，第三产业比重偏低；在工业内部结构中，高耗能行业所占比重过高。2012 年，第二、第三产业增加值的比重分别为 45.3% 和 44.6%，第三产业比重比世界平均水平低 20 多个百分点，第二产业的比重远高于世界平均水平。我国重工业占工业产值比重超过 70%，超过日本、德国、美国等在工业化过程中曾达到的峰值。不合理的产业结构制约了能效提高，特别是高耗能重化工业发展过快、比重过高，导致能源消耗的过快增长。

四是环境承载力日渐脆弱，油气依存度不断上升。2013 年初，弥漫全国约 1/7 国土面积的大规模雾霾天气折射出经济发展与能源消耗、环境承载力之间的尴尬困局。随着未来经济发展和城镇化的提速，近中期能源消费还将继续增长，资源约束矛盾也将不断加剧。近几年，我国石油消费缺口每年达 2 亿吨以上，对外依存度从 21 世纪初的 32% 迅速上升至目前的 57%，天然气对外依存度接近 30%，以油气品为代表的能源短缺已成为制约我国近中期经济发展的重大因素。

以上国情充分说明，大量能源消耗与环境污染使中国经济社会发展过程中的资源支撑力和环境承载力受到极大威胁与挑战。能源消费过快上升倒逼能源节约。节能不仅具有重要的生态环境价值，而且具有道德价值，符合效率原则，攸关我国未来经济社会可持续发展。节约能源实际上就是生产能源，我国能源消费节能潜力巨大。无论是生产用能还是生活用能，都属于能源消费范畴。从理论上讲，能源消费的基本公式应该是

$$能源消费量 = 节能量 + 能源供给量$$

在能源消费量既定的情况下，节约的能源就等同于生产的能源。因此，不少国际组织和专家将节能与煤炭、石油、天然气和核能等能源并列，称为"世界第五大能源"。2010 年，IEA 报告曾指出，改善能源效率对保障能源安全具有极其重要的作用。如果中国国内能源供应规模保持不变，减少 1 亿吨标煤能源消耗，就意味着可以减少 1 亿吨标煤的能源进口量，就可以减低当年能源对外依存度 3 个百分点。

在当前的能源消耗中，有相当一部分是由于观念不到位、行为不到位而产生的不合理消耗。把这部分不合理消耗减下来，切实"瘦瘦身""减减肥"应该作为能源消费革命的首要任务与举措。我国节能潜力巨大，以往相当长时期内我们对节能没有给予足够重视。近几年，我国将节能优先上升到国家战略高度，并开始控制能源强度和消费总量。但从落实情况看，效果并不理想，资金投入不够，行政手段多，市场手段少，没有建立起从企业到个人自觉节能的长效机制。实现能源生产和消费革命，需要更新观念，树立新的能源消费观，下大力气挖掘节能潜力，着力提高能源转换效率、使用效率和产品的节能效率，构建节能型生产消费体系，促进经济发展方

式和生活消费模式的转变。

从行为经济学角度讲，经济活动的结果最终取决于经济主体的行为取向。党的十八大三中全会指出，要发挥市场在资源配置中的决定性作用，更好地发挥政府作用。这为政府转变传统调控模式、转变传统管理思维指明了方向，政府要更多发挥其在政策引导、产业规划、市场监管等方面的作用，减少对市场经济的直接参与；而企业作为经济活动的主要参与者，转变发展理念是其转变生产方式的前提，要摒弃传统单纯追求经济利润而忽视社会责任的粗放式发展模式，响应国家号召，践行绿色发展，实现节能增效；社会公众作为参加经济活动的微观主体，要摆脱过去陈旧观念束缚，提高节能意识，转变不合理的生活消费方式。因此，我们从能源消费主体的维度，分政府、企业和社会公众三个层面分析如何做到观念革命，从而推动能源消费革命（见图3-3）。

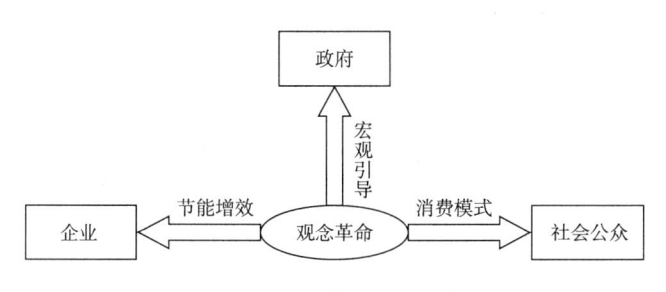

图3-3　能源消费主体的观念革命

二　政府：正确舞动指挥棒

政府具有经济调节、市场监管、社会管理、公共服务等职能，作为能源生产和消费活动的组织者和引导者，政府的公共政策基调犹如指挥棒，对能源生产和消费全局起着重要的导向作用。

（一）要革新发展理念，树立正确的政绩观

匈牙利著名经济学家亚诺什·科尔奈在其名著《短缺经济学》中深刻揭示了计划经济的体制痼疾，指出，政府预算约束的软化鼓励了不负责任的借贷、投资与扩张行为，并导致"投资饥渴症"。很长时间以来，我们都将追求GDP的规模和速度作为推动经济发展的首要目标，这种政绩观必然会带来能源资源的高投入、生产规模的盲目扩张。实际上，经济增长有其内在规律，并不是投入越大产出就越高。从经济学角度讲，经济增长与要素投入之间存在一个"均衡点"，越过这个点，产出反而会成为投入的减函数，出现"规模不经济"。或者说，经济发展存在一个"潜在增长率"，当实际增长率等于"潜在增长率"时，资源配置最优，要素投入最优，经济实现最优发展轨迹；当用行政的办法不切实际地拉动经济增长、超过"均衡点"或"潜在增长率"时，带来的往往是能源消费量的过度消耗，使经济增长的质量和效益大打折扣。实现能源生产和消费革命，必须将经济发展理念从追求数量和规模转向创新和增效，实现能源消费约束下的经济效益最大化。同时，改变对地方政府的政绩考核方式，将单位GDP资源占用、能源消耗等指标纳入考核体系，激励地方政府在推动经济发展的同时更加注重降低能源消耗和保护生态环境。改变中央和地方财政分成体制，改革地方税制，从根本上扭转地方政府热衷推动经济增长的行为。

在传统的经济发展理念下，地方政府热衷通过上大项目、高投资竭力做大GDP，形成"政绩=GDP规模=投资"的怪圈，造成大量能源、资源的浪费。实现能源生产和消费革命，地方政府必须摒弃GDP主义，树立正确的政绩观，将经济发展的质量和效益作为促

进地方经济发展的根本立足点。无论中央政府还是地方政府，都应按照十八大提出的经济、政治、文化、社会以及生态文明建设"五位一体"的总体部署，摒弃单纯追求经济发展而忽视提高经济发展的质量和效益，不计社会效益、资源和环境代价的粗放式发展模式。

（二）需要转型发展方式，科学引导经济结构调整方向

我国传统经济发展方式存在着一系列问题，如高投资、高消耗、高浪费导致的经济低效率，在经济高速增长的同时付出沉重的环境代价，社会发展不协调问题愈益突出，区域和城乡之间发展不平衡的问题没有从根本上得以缓解，进出口贸易不平衡和出口方式粗放等，其根本原因是经济结构不合理。因此，推进经济结构战略性调整是转变经济发展方式的主攻方向，也是降低能源消耗的必需之举。结合我国当前能源领域存在的问题，国家宏观政策需要从需求结构、产业结构、区域结构等方面科学引导经济结构调整方向。

1. 在消费、投资和出口这三大需求结构中，我们需要优化产品出口结构，减少高载能产品的出口

随着全球化的发展，能源消耗高与环境污染已不再是单个国家独自生产与消费的后果，而是全球化贸易往来的综合结果。经济总量的提升、对外贸易的活跃使我国在成为贸易大国的同时，也成为一个能源消费大国。由于在国际分工体系中仍处于产业链的低端，因此，与发达国家相比，我国生产同样单位价值的商品需要耗费更多的能源。过去几十年，我国生产出口商品所消耗的能源增长很快，20世纪80年代，出口商品中的能源含量不到1亿吨标油；90年代不到2亿吨标油；2005年则达5.23亿吨标油，其中1980～2005年，出口商品的生产用能年均增长13.46%。据统计，我国出口内涵能源

为进口内涵能源的 1.92 倍，出口内涵能源与进口内涵能源的差额大于进出口价值量的差额。近几年，出口商品中的能源含量进一步快速增长。研究表明，近年我国直接和间接出口的一次能源已占到能源消费总量的 1/4。同时，我国能源结构以煤为主，核能、可再生能源等非化石能源比例低，单位能源消费的二氧化碳（CO_2）排放因子比发达国家高 30% 以上。因此，进出口内涵能源的 CO_2 排放量的差额较内涵能源量的差额还要大。

从产品结构看，我国出口的基本上都是能源投入高、产品附加值低、能源密度高的商品，而进口的却多是科技含量高、能源投入少、产品附加值高、能源密度低的商品。中国每年 CO_2 排放中有近 15% 是承担了转移排放。一方面净内涵能源出口会加重中国资源环境的负担，增加中国的节能减排压力。另一方面发达国家为保护本国企业的竞争力，可能会实行绿色贸易壁垒或采取新形势下的贸易保护主义。这将对中国出口贸易提出严峻挑战，但同时也是中国转变出口产品结构、向价值链高端发展的机遇。鉴于此，我国需进一步加大对出口领域节能的重视，针对重点出口地区、行业和企业，加大节能技术改造扶植力度，引导出口转型升级。同时，改善外贸结构，推动外贸从能源和劳动力密集型向资金和技术密集型转变，降低高载能产品出口。

2. 产业结构方面，我们需要降低第二产业和高耗能产业比重

世界各国工业能源消费一般只占能源消费总量的 1/3 左右，而我国工业能耗占比超过 70%，其中能源化工、建材、钢铁、有色金属四大高耗能产业能耗已占到全社会能源消费总量的一半。根据国家能源局相关研究，如果我们降低第二产业 1 个百分点，相应提高第三产业 1 个百分点，单位 GDP 能耗就可以降低 1 个百分点。据我们测算,在其他条件不变的情况下,2015~2030年,第二产业降低1个百分点,能源消费总量就能减少0.5亿~0.84亿吨标煤。按照2010年GDP当年价格推算,如果2020年第二产业比重从2010年的46.7%降至45.1%,则可节约0.9亿吨标煤;如果2030年降至42.3%,则可节约3.7亿吨标煤。可见,通过改变产业结构节约能源的效应十分显著。政府应把调整产业结构作为节约能源的战略重点,加强总体规划和顶层设计,不断提高第三产业比重,降低第二产业比重,严格控制低水平重复建设,加速淘汰高耗能、高排放落后产能(见表3-2、表3-3、表3-4、专栏3-1)。

表3-2 三次产业结构预测

单位:%

年份	2010	2015	2020	2030
第一产业	10.1	8.9	7.6	5.7
第二产业	46.7	45.9	45.1	42.3
工业	40.1	39.2	38.5	36.8
建筑	6.6	6.7	6.6	5.5
第三产业	43.2	45.2	47.4	52.0

表3-3 产业结构变动与能源消费总量预测

单位:%,亿吨

年份	第二产业比重	消费总量	第二产业比重	消费总量
2010	46.7	23.7	46.7	23.7
2015	46.7	40.5	45.9	40.1
2020	46.7	49.9	45.1	49.0
2030	46.7	66.0	42.3	62.3

注:此处比重为2010年GDP当年价格。

表3-4 产业结构变动与能耗差异

年份	单位比重变化能耗(亿吨)	第二产业比重差异	能耗差异
2015	0.50	-0.80	-0.4
2020	0.56	-1.60	-0.9
2030	0.84	-4.40	-3.7

3. 在区域结构方面，结合新型城镇化背景，我们需要优化能源生产和消费区域布局，减少因长距离输送带来的不必要的能源损耗

优化区域能源结构，需要处理好东部、中部和西部的关系，在全国各地区之间形成既有分工又有协作的能源生产和消费格局，促进区域经济协调发展。由于区域发展战略和产业布局的历史原因，我国能源分布与能源消费呈逆向分布，煤、电、油、气等能源生产主要集中于西部，而能源消费则主要集中于东南沿海，因此长期以来形成了能源的大规模、远距离输送的能源消费格局。在历史形成的产业布局下，这种能源消费格局将西部的资源优势转变为经济优势，也满足了东部优先的国家区域发展战略要求，但同时也造成了大量的电力线损、油气管网损耗以及铁路运输的巨大压力。试想，如果我们在产业布局上做一些调整，将一些高载能的产业布局于中西部的资源能源富集地，或在体制上进行松绑，允许小规模分布式就地消纳，那么很多不必要的能源输送损耗会省去，我国的产业格局、区域发展格局都会发生积极变化，城镇的能源消费模式也会随之变革。

专栏 3-1 中国产业结构低碳转型潜力巨大

中国是世界上最大的发展中国家。为尽早实现现代化，中国采取了赶超式发展模式——工业化特别是重工业发展优先的产业倾斜发展战略。经过长期艰苦努力，中国的现代化发展取得了举世公认的成就。然而，这种倾斜发展模式在造就国家整体经济实力大幅提升的同时，也推动了中国能源消费需求和温室气体排放的快速增长。目前，中国已经成为全球第一大能源消费国和第一大碳排放国。

进入21世纪，处在转型时期的中国的现代化建设遇到了较以往更为严峻的挑战。这种挑战不仅来自本国日趋脆弱的资源环境基础，而且来自不断增长的国际贸易竞争和全球环境恶化的压力。此种背景下，未来中国现代化的进程已经无力延续传统的产业结构和能源供应结构演进方式。

初步判断，中国未来20~30年的经济总量有可能继续保持良好的发展态势。由于长期的粗放发展，未来中国低碳经济发展的空间巨大。若判断得当，实施得法，产业结构和能源供应结构两者的改善在未来国家低碳经济发展中的贡献度极有可能达到70%以上，其中，产业结构低碳演进的贡献度有望达到60%（或为整个结构减排总量的约85%）；与之相比，国家能源供应结构的低碳化演进将依然举步维艰。但是，若能充分利用国内市场的巨大增长潜力和合理利用全球能源供应市场的有限空间，中国能源供应结构的低碳化改善仍可取得一定进步，在国家节能低碳经济发展中的贡献度也有望超过10%（或为整个结构减排总量的约15%）。

资料来源：张雷、李艳梅《基于结构演进的中国低碳发展特征及潜力分析》，《鄱阳湖学刊》2010年第3期。

（三）能源政策需调整，实现"柔性"转向

我国在"十二五"期间实施能源消费强度和消费总量"双控制"，以此倒逼能源消费结构调整。2012年，全国一次能源消费总量约为36.2亿吨标煤，到2015年拟控制在40亿吨标煤左右，这意味着后三年的能源消费年均增量只能控制在1.3亿吨标煤以内，而根据近些年能源消费的增长情况，这一空间很难不被突破。因此，从实事求是的角度出发，为避免类似拉闸限电的本末倒置式节能行

为再次发生，能源政策应改变过去偏重刚性、行政指令性的调控，注重指导性和规划性，更多地采用经济激励、市场机制的柔性政策。总量和强度控制是能源节约的结果而不应作为手段，不宜实施分解指标和"问责制"，因为其本质上不是一种市场化的长效机制，容易使政策效果"跑偏"或导致地方政府"反弹"。从长期来看，可以通过调整资源税税率、计征方法、开展碳排放交易等经济手段进行调控，改革体制机制、释放制度红利、加快技术创新，多管齐下降低能源消费总量消费强度。同时，将能源消费的存量和增量分开，核定存量，合理控制增量，新增项目必须是低能耗、低排放的项目，国家设定相应的技术标准，以此来取得更高质量的经济增长（见专栏3-2）。

专栏3-2 深圳率先启动碳排放权交易

经过近两年的准备，深圳碳排放权交易于2013年6月正式上线，这标志着中国的碳排放交易试点工作进入新阶段，这也是中国政府在减排行动中发挥市场机制的积极探索。碳排放权交易，是指通过设计碳排放总量，明确参与企业、行业范围，对碳排放权指标进行"配额"分配的交易方式，从而达到节能减排、控制温室气体排放的目标。

深圳是全国首批7个碳排放权交易试点省市之一。作为中国第一个正式运行的强制碳交易市场，18日共完成8笔交易，成交21112吨配额，最低成交价为每吨28元，最高成交价为每吨32元。目前，深圳已将635家工业企业纳入碳交易市场。按计划目标，2013~2015年，这635家单位获得配额总量约1亿吨，到2015年，这些企业平均碳强度比2010年下降32%。

此前，中国政府在推进节能减排和生态保护方面，更多的是依赖强制手段和行政命令,由于市场机制没有充分发挥作用,作为碳排放主体的企业却鲜有自觉减排意识。由于碳排放交易体系的建设处于起步阶段,碳权主体意识、成本意识不强,交易机制、管理制度还不完善。在"配额制"运行过程中,一些企业可能由过去的"跑项目"转为"跑份额"。目前,作为中国首批碳交易试点的北京、上海、天津、重庆、湖北、广东等省市预计在未来1年陆续启动碳交易权上线。国家发展和改革委员会表示,在7个试点启动运行后,最终目标是建立全国碳交易市场体系。一方面,国家正在统一企业的核算方法,涉及电力、钢铁、有色建材、化工、航空等行业;另一方面,已着手资源交易和碳排放权的注册登记系统的设计。全国性碳交易体系的建立是对既有利益和新兴利益的重新分配,也关系到行业、企业未来发展方式的转变。

(四) 需引导国有企业,改革完善传统的考核方式

目前,国资委对国有企业的考核,往往侧重对总量和规模的考核而缺乏对其单位资产经济效益的考核,致使企业一味追求做大做强,导致效率低下,浪费现象严重。引导国有企业专注于发展的质量和效益,需要改革对国企的传统考核方式。考核国有企业的"资产总量排名""发电装机总量排名"等规模指标不应有过高权重,避免"资产总量末位淘汰"这类可能促使某些企业非理性发展的政策。改革国有企业经营业绩考核办法,增加效益、效率方面的指标与权重,特别是对单位能耗与排放指标的考察。同时,需要严格区别对竞争性业务和自然垄断业务的不同考核方式,对前者考核单位资产利润率,即考核其经济效益;对后者考核其经营效率,例如单位资产输配电量、单位资产输配气量等。

三　企业：能效就是竞争力

在我国一次能源消费总量中，居民生活用能和农业生产用能不到15%，而以企业为主体的工商业消耗了85%以上的能源。因此，企业能源消费观念的转变是能源消费革命的关键。对企业来说，重点是树立以提高竞争力为主的企业发展理念，转变企业发展方式。

一方面，我国企业特别是国有企业能耗普遍较高。高耗能企业的盲目扩张不但会导致能源的巨大浪费，还会造成环境污染，过度投资造成的低水平重复建设和产能过剩已成为当前经济调控的重点问题。另一方面，我国企业的能源利用效率和世界发达国家相比也有较大差距，例如，2006年，中国GDP仅占世界总量的5.5%左右，而国内钢材消费量却占世界钢材总消费量的近30%，水泥消费量大约占世界水泥总消费量的54%。国有企业作为我国的经济支柱，在国民经济的关键领域和重要部门处于支配地位。因此，在进行能源消费革命、实现节能增效的目标上，国有企业更应该积极发挥带头作用，转变发展观念、提高能源利用效率。

（一）企业发展应从注重规模扩张向提高国际竞争力转变

随着中国经济进入"换挡期"，对企业而言，基于行业地位和能力的竞争优势日益重要。企业很难像过去那样雇一些工人开一家工厂，然后模仿其他企业以获得竞争优势。劳动力市场不再由农民工和初次上岗的年轻人来主导。企业规模及其在现有产业群中的地位变得更加重要。终端市场和品牌认知越来越稳定。基于以上变化，只在必要情况下扩大现有运营规模和现有组织将不再可行，而且无法满足发展的要求，新形势下，企业发展的指导思想须以提高竞争力为宗旨。在经济全球化和跨国公司竞争的日趋激烈、国内经济结构调整和转变经济发展方式的背景下，企业应积极应对复杂多变的国内外经济环境，加快推进产业升级和结构调整，加强技术和管理创新，强化节能减排，提升质量和效益，不断提高企业竞争力。

（二）企业发展应从依靠物质资源消耗向依靠技术管理创新转变

长期以来，我国企业发展方式较为粗放，盲目延伸产业链或实施多元化经营，"大而不强""大而不精""大而不优"的情况普遍存在，不仅使企业发展的质量和效益大打折扣，也影响企业在国际市场上的竞争力。我国企业盲目扩张招致失败的案例比比皆是，光伏行业的"标杆"企业——无锡尚德的盛极而衰则是其中的典型代表。无锡尚德2002年9月首条封装线投产，年产能10兆瓦，当年12月即开始赢利。2005年在美国上市后，股价不久涨至40美元，成为全球最有价值的光伏企业。此后，受益于欧美光伏市场的一系列强有力政策的刺激，以及国内对光伏产业的扶植，无锡尚德出现"裂变"式增长。2006~2011年，尚德电力主营收入从44.9亿元提升至202亿元，股价曾一度超过90美元。到2012年底，尚德电力的年产能达2.4吉瓦，10年中产能扩张了240倍。此外，在美国、德国、日本、澳大利亚拥有多家分公司和研发机构。无锡尚德拥有良好的技术、品牌。导致其一步步走向破产重整的原因，除了行业恶性价格战、国外贸易战升级、金融危机等外部环境因素外，更有快速扩充产能中债台高筑的行业通病（见专栏3-3）。因此，实现能源生产和消费革命，企业必须改变贪大求全、过度追求企业规模扩张的粗放式发展方式，实施集约化经营，由主要依靠物质资源消耗推向主要依靠科技进步、产业升级、劳动者素质提高、管理创新驱动的内涵式发展方式。

专栏 3-3　债权清单显盲目扩张之痛

截至 2013 年 5 月下旬，首次债权人会议召开时，共有 529 家无锡尚德的债权人申报了债权，申报总额达 173.96 亿元，包括 82 亿元、14 亿美元、4 亿泰铢及 14 万欧元等。申报总额中，银行债权金额为 70 多亿元，供应商金额为 90 多亿元。

无锡尚德破产重整中的债权清单只是整个光伏产业高负债的冰山一角。中国光伏产业联盟的数据显示，2007～2012 年，中国光伏产业连续 6 年年增速超过 100%，产能扩张至 60 吉瓦。全国 31 个省市自治区均把光伏产业列为优先扶持发展的新兴产业；600 个城市中，有 300 个发展光伏太阳能产业，100 多个建设了光伏产业基地。

"这样的产能粗放式增长主要依赖银行的贷款资金支撑"。多位光伏业内人士分析，"无锡尚德破产重整中的债权申报清单揭示出，前几年大肆举债扩张产能的光伏企业，其债务压力、资金成本居高难下。这类企业貌似强大，实则资金链十分紧张，弱不禁风。当前最能决定其生死的不是产能规模，而是稳健的财务状况"。

（三）企业发展应从单纯追求经济效益向兼顾社会责任转变

将节能减排作为自觉行为，做受社会尊重的企业和企业家。根据熊彼特的定义，企业家的功能是："通过利用一种新发明，或者更一般地利用一种未经试验的技术可能性，来生产新商品或者用新方法生产老商品；通过开辟原料供应新来源或产品的新销路，以及通过改组工业结构手段来改良或彻底改革生产模式。"而克雷格·霍尔进一步指出，"企业家不仅是社会的革新者，更是社会责任与信用关系的维护者，并且致力于推进社会进步"。以我国电力行业为例，目前，我国煤炭资源禀赋决定了电力装机在相当长的时间内仍将以煤电为主，电力发展主要依赖煤炭的格局在短期内难以改变。发电行业的碳排放量占我国总碳排放量的40%~50%。大力发展洁净煤发电，减少CO_2的排放，不仅是我国应对国际社会舆论压力的现实需要，更是促进我国电力工业可持续发展的必然选择。在这方面，华能集团走在了行业的前列。华能集团自2004年起，就在我国发电企业中率先提出了"绿色煤电"计划，旨在研究开发、示范推广能够大幅度提高发电效率，达到污染物和CO_2近零排放的煤基发电系统。作为世界第六、我国首座IGCC示范电站——华能天津IGCC电站，便是该集团"绿色煤电"计划的重要组成部分，该IGCC电厂于2012年12月12日投产，至今投产一年多。专家表示，相比于常规燃煤发电技术，IGCC具有发电效率高、污染物排放低等特点，IGCC污染物的排放量约为常规燃煤电站的10%，脱硫效率可达99%，氮氧化物排放只有常规电站的15%~20%。同时，IGCC能够同CO_2捕集与封存相结合，以较低成本大幅度削减CO_2排放，相对较容易实现CO_2的近零排放。从华能集团《2012年可持续发展报告》可以看到，华能集团始终把绿色发展作为实现企业可持续发展的必由之路，通过坚持节能减排的产业政策，依靠严格管理和技术进步，挖掘节能降耗潜力；提高能源、资源清洁高效利用水平；致力生态保护，实现环境友好。而在追求绿色发展的过程中，华能集团的企业效益也有明显提升，2012年，华能集团实现利润同比增加59.3亿元，经济效益创历史最高水平。从华能集团的发展历程可以看出，企业要实现能源生产和消费革命，必须转变发展理念，做负责任的企业，而走节能低碳的可持续发展之路不仅是实现企业社会价值的必然选择，也是企业在日益激烈的竞争中立于不败之地的必然选择。

四 社会：勿以善小而不为

中国自古以来就崇尚节俭、反对浪费。在两千多年前的《左传》中便有"俭，德之共也；侈，恶之大也"的训诫。可是，进入现代社会，随着我国综合国力的迅速提高，人们生活水平的不断改善，勤俭节约这一优良传统已被大多数人所遗忘，奢侈、浪费已成为我们身边司空见惯的现象，铺张炫富似乎已成为一些人的个人价值观。而近两年来媒体曝光的"舌尖上的浪费""包装浪费""奢侈品浪费"案例层出不穷（见专栏3-4、3-5、3-6），其数额之大令人触目惊心，扼腕痛惜。

专栏3-4 "舌尖上的浪费"

据专家估计，中国人在餐桌上浪费的粮食合计一年高达2000亿元，被倒掉的食物相当于2亿多人一年的口粮。据中国农业大学专家课题组研究推算，我国一年仅餐饮浪费的食物蛋白质就达800万吨，相当于2.6亿人一年所需；浪费脂肪300万吨，相当于1.3亿人一年所需。

简单进行换算，我国每年损失和浪费的粮食、肉类和水产品总量，折合成标准粮约为 8288.5 万吨，比黑龙江和河南两个产粮大省年产量高 600 万吨以上，相当于产粮大省四川的 1.88 倍，湖北省的 2.59 倍以上。据折算，我国每年损失和浪费的粮食，相当于 1.55 亿亩良田生产的粮食总量。

专栏 3-5 "包装浪费"

推崇外表、公款消费与商家追逐高利润的动机，让过度包装大行其道。有专家指出，我国每年各类包装物产值约 1 万亿元，其中直接废弃的占 40%，高达 4000 亿元，资源浪费惊人。豪华包装既成为生产企业牟取暴利的一种手段，又推高了普通消费品的价格，还助长了铺张浪费的不良社会风气，亟待予以遏制。公开数据表明，我国已成为世界上包装浪费问题最严重的国家之一，城市生活垃圾中 1/3 属于包装垃圾，占到全部固体废弃物的一半。

专栏 3-6 "奢侈品浪费"

越来越多的人追求奢侈品消费，凸显中国"未富先奢"的苗头。国际知名管理咨询公司贝恩公司 2012 年底发布的《中国奢侈品市场研究报告》显示，中国人已成为世界最大奢侈品消费群体，2012 年，中国人买走了全球约 1/4 的奢侈品，消费总额达 3060 亿元。中国购物者的强大购买力正推动全球奢侈品行业创下自 2008 年全球经济衰退以来连续第三年的强劲增长。

可是，与之形成鲜明对比的是，2012 年，我国人均 GDP 仍排在世界近 90 名，人均可支配收入还要靠后许多名。按 2011 年提高后的贫困标准（农村居民家庭人均纯收入 2300 元/年）计算，我国还有约1.2亿的贫困人口，许多农村地区群众受到物质匮乏和营养不良的困扰。

社会公众应从观念和行为入手，切实树立节约的理念，做到"勿以善小而不为，勿以恶小而为之"。

第一，要树立"节约光荣、浪费可耻"的新消费观。各种"浪费"背后均是资源能源的巨大浪费。推动能源生产与消费革命，必须转变消费理念，努力营造以节约为美的社会新风尚。大手大脚、片面追求奢华的背后反映出一些消费者盲目攀比、推崇外表、忽视品质的消费心理和"好面子"的心理特征。刹住奢侈浪费之风，需要全社会转变消费观念，从每个人、每个家庭、每个机构做起，让节约成为"面子"的新内涵，成为社会的主旋律。

第二，践行"低碳节能、绿色环保"的生活方式。除了让"节约为荣、浪费为耻"的消费观念深入人心，国家还应加强制度层面的建设，探索建立厉行节约、杜绝浪费的长效机制，引导全社会、全民践行低碳节能的生活方式，如倡导低碳、绿色出行，节电节水，从日常生活的点滴做起。各级政府应严格执行中央的"八项规定"和"六项禁令"，完善相关法律法规和标准体系，加大监管力度，同时制约公款消费，遏制公款送礼之风。行业组织应制定本行业发展相关标准，提高全行业形象和产品质量，发挥龙头企业引领和倡导作用，增强社会责任感，注重可持续发展，多策并举解决过度包装、奢侈浪费问题。

转变消费观念、改变消费模式对能源消费总量的影响是巨大的。仅仅通过随手关灯、重复用水等日常生活中一些习惯的改变，就能节约可观的能源。相关统计资料显示，每节约1度电，就可节省0.4千克标煤，节省4升净水，减少0.272千克粉尘，减少0.03千克二氧化硫的排放，而节约用电、转变电力消耗模式，既有利于减少污染，也可节约社会对电源、电网的投资，提高电力资源利用效率。比如，增加1千瓦的供电能力，社会需投入1万元，而节约1千瓦的电力仅需投入500~2000元。同时，如果平均每个月少开一天车的话，一年下来就能节省约44升汽油，减少98千克CO_2排放量。以2012年的数据为例，全国有5308万辆私人轿车，每辆车每月只要少开一天，全国就能节约汽油约24.5亿升，也就相当于减少537万吨的CO_2排放量。我们测算，2010年，我国人均生活终端能源消费总量为0.26吨标煤，如果能源消费增速降低10%，2020年可节约1581万吨标煤，2030年可节约2467万吨标煤；如果能源消费增速降低20%，2020年可节约3117万吨标煤，2030年可节约4837万吨标煤（见表3-5）。

表3-5　个人节能习惯对能源消费总量的影响预测

年份	人口（万人）	人均能源消费（吨标煤/人）	增速降低		总节能量（万吨标煤）	
			10%时	20%时	10%时	20%时
2010	134091	0.2600	0.2600	0.2600	—	—
2015	140159	0.3045	0.2995	0.2946	696	1382
2020	143287	0.3600	0.3440	0.3332	1581	3117
2030	145330	0.4000	0.3830	0.3667	2467	4837

注：上述测算仅针对居民生活的直接终端能源消费，包括采暖、炊事、洗浴等。

第四章　减量革命之二：技术节能大有可为

"减量革命"的实现途径主要包括两种：通过减少能源服务的消费，减少能量使用；通过提高能源利用效率，即在达到近似相同的产出条件下，少用能量。后者一般被称为技术节能，即持续提高现役和新建能源设施（或设备）的能源效率，减少单位能源服务产出的能源消耗。技术节能可进一步分为渐进性技术节能和根本性技术节能。因此，除通过现役主力技术的渐进性技术创新逐步提高能源效率外，还应加强对根本性技术创新的探索，谋求能源效率的跨越式发展。

我国多年来大力推进能源节约，效果明显。如通过实施锅炉改造、电机节能、建筑节能、绿色照明等一系列节能改造工程，主要高耗能产品的综合能耗与国际先进水平差距不断缩小，新建的有色、建材、石化等重化工业项目能源利用效率基本达到世界先进水平。但总的来说，还有较大的进一步节能的空间，尤其是新能源与建筑一体化发展、交通电动化等方面。

一　技术节能的方法论与工作矩阵

节能工作涉及国民经济和社会生活的各个领域，手段与措施多种多样，在方法论上应抓住重点领域，推行有效手段，才能见到最大效果。在节能重点领域方面，应采取"抓两头"的思路，"一手抓"耗能大户的行业部门，"一手抓"量大面广的通用技术设备。鉴于工业是最大耗能部门，以往各项节能工作都是围绕工业展开的。但考虑未来工业部门节能潜力逐渐变小，以及居民消费结构逐步转向"住""行"阶段，商用民用住房、交通物流部门的能源消费迅速增长（见图4-1）。节能工作重点领域需要从目前以工业部门（领域）为主转向工业、建筑和交通这三个部门并举，并且同时抓好量大面广的通用技术设备节能。

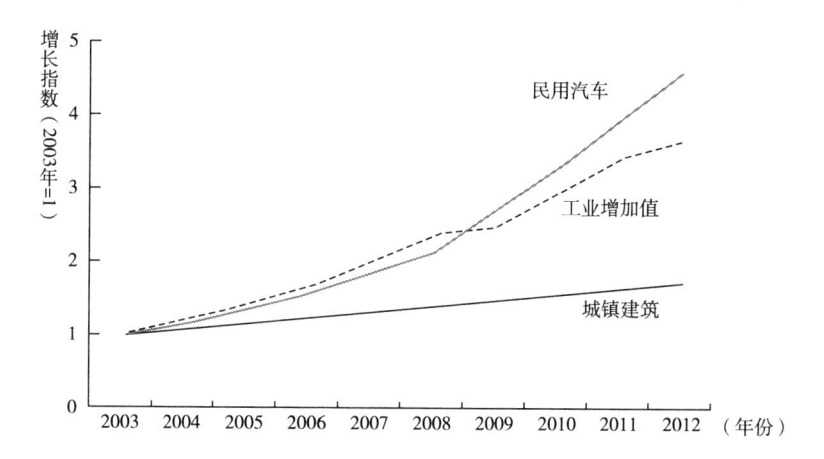

图4-1 中国工业增加值、民用汽车和城镇建筑面积增长情况（2003~2012年）
资料来源：参见国家统计局《中国统计摘要（2013）》；清华大学建筑节能研究中心《中国建筑节能年度发展研究报告2013》。

工业、建筑（含三产和生活消费）和交通运输是中国能源消费的主要部门（见表4-1），需要重点关注。工业用能占中国能源消费的70%以上，工业是节约能源的重点领域。随着城镇化和机动化进程的加快，我国建筑部门和交通运输部门的能源消费已经开始快速增长。

表 4-1 中国终端能源消费各部门比例

单位:%

行　业	2005 年	2010 年	2011 年
第一产业	2.6	2.0	1.9
工业	71.5	71.1	70.8
建筑业	1.4	1.9	1.7
交通运输	7.8	8.0	8.2
批发、零售业和住宿、餐饮业	2.1	2.1	2.2
其他行业	3.9	4.2	4.4
生活消费	10.7	10.6	10.7

资料来源：根据各年能源统计年鉴测算。根据国际通用统计口径，交通能源消费除营运性交通运输能源消费外，还包含其他部门的交通能源消费，中国能源研究会《中国能源发展报告2013》转引 IEA 数据称，2010 年，中国交通能耗占终端能源消费的 12.1%，低于世界平均水平（23.9%）；建筑能源消费是指非生产性建筑的能源消费，即民用建筑（居住建筑和公共建筑）的能源消费。

能源减量革命，需要实现工业、建筑和交通部门的三个结合：关键技术与量大面广的技术相结合；硬技术和软管理相结合；节能技术与资源综合利用技术相结合。技术节能成为最重要的手段之一。另外，推动节能标准和管理政策的出台，也是重要的手段。

节能标准是为了实现节能目的而制定的标准，是从源头控制能源消费的基本依据。节能标准是一个覆盖面比较广的概念，涉及工业、建筑、交通等领域，包括节能基础、管理、方法等基础概念的界定，也包括工业生产工艺、家用电器和汽车等终端产品、建筑材料等能源利用相关参数的规定。虽然国家一直致力于相关工作，但节能配套法规仍不健全。一大批在计划经济时期制定的节能配套法规和管理办法亟须修订。节能标准体系建设相对滞后，现有的高耗能产品限额标准难以覆盖大多数行业，产品能效标准难以覆盖绝大多数商用、民用和交通运输用能系统，节能监察执法缺乏相关标准依据。节能标准的周期偏长，标准制定迁就既有生产企业过多，先进能效企业的领先性和带动性作用发挥不够。

节能管理主要包括支持节能项目的开展、对重点高耗能行业进行节能检查和监督。目前中国的节能管理更多地还是采用行政命令和建筑管理手段，市场调节机制和市场经济规律的运用仍有所缺失；执法和监督主体缺位，对节能行政主管部门法律地位及其管理责权的规定也不明确，缺乏专门的监管机构。

因此，需要将节约能源继续作为中国能源政策的重点，并不断制定和完善相关行业节能标准和法规政策。

总结来说，技能工作矩阵如图4-2所示，即对上述四大重点领域采取上述三大重点手段，开展全方位的节能工作。

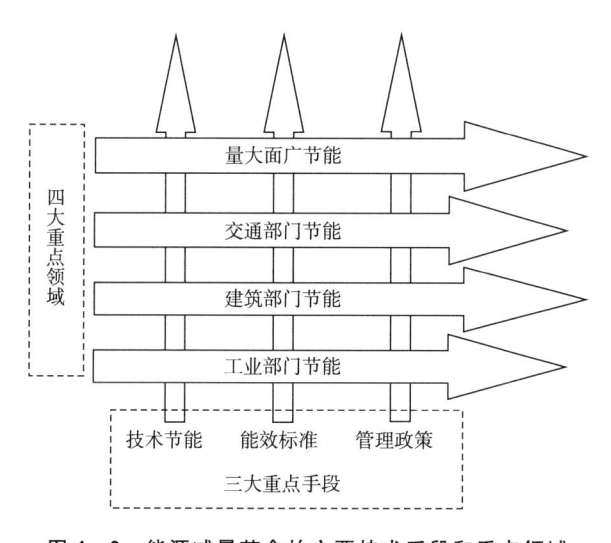

图4-2 能源减量革命的主要技术手段和重点领域

二 进一步挖掘工业节能潜力

工业节能取得了比较明显的成效，但还存在着一些亟待解决的问题，包括能效水平有待提高、节能技术和设备推广应用不够充分、配套法规和标准体系不够健全等。目前，我国工业能耗无论是单位产值能耗还是单位产品能耗都与发达国家存在一定差距，因此节能还有相当大的潜力。

近10年来，我国主要工业产品的能耗/电耗迅速下降，与国际先进水平差距逐步缩小，主要得益于各项节能技术的推广和利用，能源利用效率明显提升。但与此同时，从下降趋势来看，进一步提高能效越来越难，如图4-3所示。

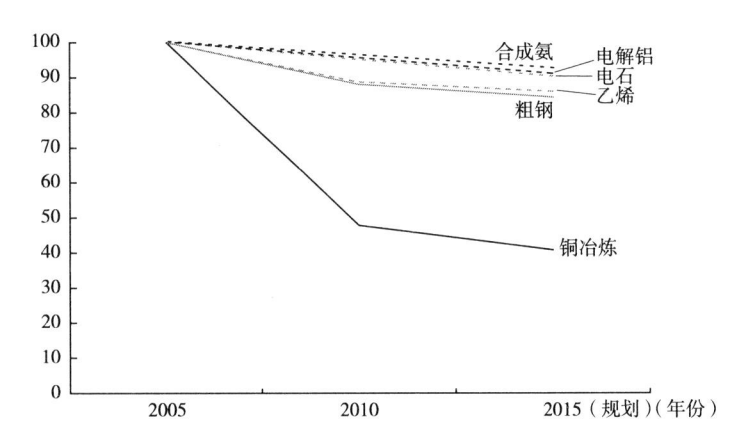

图4-3 中国主要工业产品的能耗下降趋势（2005年=100）

据国家发展和改革委员会能源研究所分析，"十一五"期间，由主要工业产品单耗下降形成的技术节能量对工业部门节能的贡献率达到64.2%，为年均0.64亿吨标煤（见图4-4）。

成功的技术措施主要包括以下三点。

（1）淘汰落后产能，并采用高能效的先进技术替代此部分被强制淘汰的产能。大部分工业子行业都在"十一五"期间超额实现了"淘汰落后"的目标。

（2）对存量产能实施节能技术改造，多为加装余能回收利用装置，如表4-2所示，主要工业子行业应用了一系列先进节能技术。

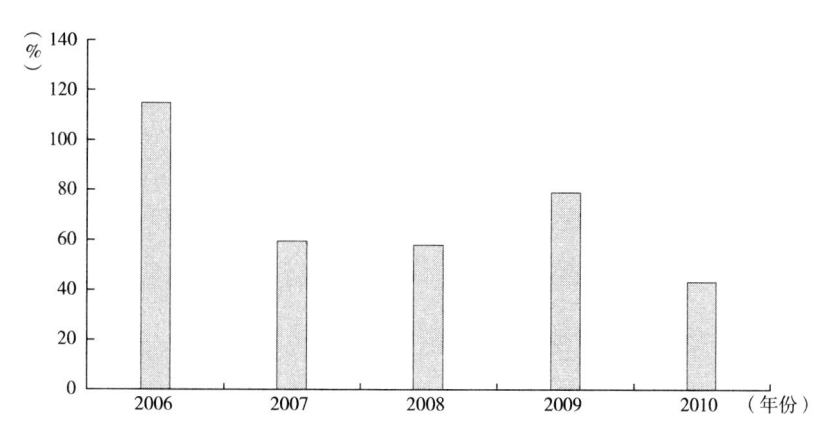

图 4-4 技术节能量对中国工业部门节能的贡献

表 4-2 中国主要工业行业主要先进节能技术应用情况

单位:%

行业	技 术	2000 年	2006 年	2010 年	节能效果
钢 铁	连铸比	82.5	98.6	99.8	加工 1 吨钢可节能 200 千克标煤,成材率提高 12%
	钢铁联合企业干熄焦普及率	6.0	40.0	73.0	处理 100 万吨红焦可节能 10 万吨标煤
	1000 立方米以上高炉 TRT 普及率	50.0	95.0	100.0	吨铁发电量可达 30 千瓦时
炼焦	机焦占焦炭产量比重	72.0	88.0	99.0	生产 1 吨机焦比改良焦和土焦节省炼焦煤 0.17 吨
电解铝	大型预焙槽产量比重	52.0	82.0	97.0	160 千安以上大型预焙槽比自焙槽节电 9%
建 材	新型干法水泥产量比重	12.0	50.0	80.7	大型新型干法生产线热耗比机立窑低 40%
	浮法工艺玻璃产量比重	57.0	82.0	85.0	浮法工艺综合能耗比垂直引上工艺低 16%
	新型墙体材料占墙体材料产量比重	28.0	40.0	68.0	利用工业废渣生产空心砖的能耗比实心黏土砖低 1/2~1/3

(3) 对新增产能采用高能效的先进技术。我国自 2008 年 6 月 1 日起实施 22 项能耗限额标准,除针对燃煤发电机组的能耗限额标准

外，其余 21 项标准均是针对高耗能制造业的。在这些标准文件中，均包括了对新建产能的强制性能耗限额，从规则层面保证了高能效技术在主要高耗能工业中的推广应用。

对我国主要高耗能产品的单位能耗进行中外比较，可以发现我国部分工业行业的能效水平仍有待提高，仍需要注重技术研发和应用。比如《中国能源统计年鉴 2013》附录内容，中国的钢可比能耗、水泥综合能耗以及纸和纸板的综合能耗都高于日本水平 10%～40%；由于中国乙烯生产主要以石脑油为原料，合成氨生产主要以煤为原料，相应的综合能耗比国际先进水平（中东以乙烷生产乙烯、美国以天然气生产合成氨）均高出 50% 左右。

钢铁工业方面进一步推广节能技术。钢铁生产中的能耗主要集中在炼铁系统，包括炼焦、烧结和炼铁，其能耗占整个钢铁工业总能耗的近 70%。钢铁工业能耗高的原因是焦化、烧结等辅助车间工艺、装备技术比较落后，生产效率比较低。而炼铁的主要装备高炉是能耗的主要部分，设备庞大，系统复杂，多年来很少对一些关键技术进行改进。因此，炼铁的工业节能潜力是很大的。同时，新建的钢铁工业如普遍采用先进的节能技术，就会使中国的钢铁工业制造业到 2030 年左右能源效率达到世界领先水平。2030 年之后，电炉钢所占比例大幅度上升，导致总体吨钢能耗明显下降。

水泥和建材工业方面推广新技术的应用。水泥工业的能耗主要产生在高温的回转窑的烧结过程中。目前新建的大量水泥制造线已经达到世界先进水平。从现在开始，先进的干法窑外分解技术成为新建水泥厂的主要技术，使 2020 年之后中国水泥厂的主力技术为先进的干法窑外分解技术。此外，未来可应用于新型干法生产线，并将促进水泥行业能源效率水平不断提高的工艺技术是（1）可燃废弃物在水泥行业的应用技术；（2）中低温余热发电技术，到2030年基本普遍利用，吨熟料发电能力32~48千瓦时/吨。2020年，70%的新型干法窑外分解生产能力可实现中低温纯余热发电；2030年，全部新型干法生产线实现余热发电。通过各种综合措施，2020年，中国新型干法水泥生产综合煤耗达到届时国际先进水平，与目前世界上最先进的单套生产线的能耗水平相当；2030年，水泥生产综合煤耗处于世界领先水平。

建材工业中玻璃、陶瓷等生产工程的能耗也是很高的。玻璃、陶瓷工业的能耗主要在窑炉部门，所以合理改进玻璃、陶瓷工业高温窑炉的设计，使能量回收和合理利用，是当前建筑材料节能的一个方面。全面提高浮法工艺玻璃生产技术水平，如熔化技术、成形技术和生产优质低耗浮法玻璃的软件技术等。通过各项技术措施，中国浮法玻璃生产平均油耗到2020年为17千克标煤/重箱，和目前发达国家的平均水平相当，到2030年降低到16千克标煤/重箱，处于世界先进水平。

化工行业中，采用先进的节能技术，促进合成氨、烧碱、纯碱和乙烯等行业的节能减排。中小型合成氨在市场竞争中的劣势将越来越明显。到2020年，合成氨行业综合能耗将达到目前的国际先进水平，2030年追上发达国家的发展步伐，达到届时的国际先进水平。中国目前已具备了大型离子膜烧碱全套设备的设计和制造能力，现有生产线技术和装备水平也基本达到国际先进水平。未来主要是提高大型离子膜法工艺的产量比重，2020年以后主要建设20万吨/年以上规模离子膜烧碱项目；到2020年离子膜烧碱产量比重达到50%，2030年达到65%。此外，通过提高工艺设计和设备制造能力，发展大型自然循环高电流密度电解槽、开发离子膜氧阴极电解技术，可逐步降低离子膜工艺的能耗。我国乙烯工业的发展和建设，要实行油化结合，通过炼厂的原料优化和适当进口部分轻质原料，使乙烯原料的供应逐步稳定并轻质化。中国乙烯生产技术装备水平可达到届时的国际先进水平，到2030年技术装备水平将处于世界领先水平。

炼铝方面，发展大型氧化铝生产工艺；发展大型预焙电解槽。按生产能力计算，2020年，大容量预焙电解槽对应的电解铝产量将分别达到90%、100%，电解槽直流电耗应逐步达到目前的国际水平（13000～13500千瓦时/吨）。

炼铜方面，推广先进的闪速熔炼工艺，加快淘汰和改造鼓风炉、反射炉、电炉等传统熔炼工艺。2020年和2030年闪速熔炼工艺对应的铜产量的比重分别占铜总产量的65%和75%，逐步达到闪速熔炼工艺的国际先进水平。

标准方面，加快单位产品（工序）能耗限额标准制定工作，扩大工业设备、家电照明和信息通信等领域产品能效标准实施范围；鼓励地方制定更加严格的单耗和能效地方标准；推动工业节能标准的国际协调和统一；加强节能产品认证和检测能力建设，强化节能产品认证；扩大节能产品能效标识范围，加大节能产品政府采购力度。

管理政策方面，继续完善重点行业单位产品能耗限额强制性国家标准，依法加强年耗能万吨标煤以上用能单位节能管理。制定钢铁、石化、有色、建材等重点行业节能减排先进适用技术目录，淘汰落后的工艺、装备和产品，发展节能型、高附加值的产品和设备。建立完善重点行业单位产品能耗限额强制性标准体系，强化节能评估审查制度。组织实施热电联产、工业副产煤气回收利用、企业能源管控中心建设、节能产业培育等节能工程，提高企业能源利用效率。实施先进工业能效行动计划，逐步使我国工业能效达到世界领先水平。

清华大学能源环境经济研究所进行了深入研究，对高耗能产品的产量，在"十二五"规划数据的基础上，进一步预测了到2020年和2025年的主要高耗能产品产量；基本假设是高耗能产品产量在2020～2025年达到峰值。研究同时得出，主要工业节能技术措施的实施，在2010～2025年的每个五年规划期内产生定比节能量约为1亿吨标煤。

三 发展绿色建筑

建筑节能的含义是建筑物在整个寿命期使用过程中的节能降耗。受统计口径和方法的限制，目前中国还没有全口径的建筑部门能耗统计数据，相关研究表明，中国建筑能耗约占全社会能耗的20%。第三产业中批发零售、住宿、餐饮业和其他两大行业，以及生活消费部门的能耗绝大部分属于建筑能耗。清华大学建筑节能研究中心测算出我国目前建筑运行的商品能耗总量为6.8亿吨左右，如果采取一系列技术、标准和管理措施，虽然未来建筑面积会有所增加，但建筑能耗可控制在8.4亿吨标煤左右。

中国建筑节能工作取得了显著成效，但仍有一些问题尚需解决，如不同地域、类型、建筑阶段的节能进展不平衡；节能技术选择缺乏科学的方法指导，遴选因地制宜的建筑节能技术难度较大；激励约束机制不完善，企业和个人实施节能改造缺乏内生动力；建筑节能的基础信息匮乏等。

在过去十几年里，很多建筑节能技术已被广泛应用在新建和改造的节能建筑中，其节能效果大都已得到肯定。未来节能减排效果好、推广普及空间大、具有持续竞争力的技术较多，如果有效实施节能减排措施，则建筑领域可实现在 2010~2020 年的每个五年规划期内产生定比节能量约为 0.7 亿~0.8 亿吨标煤。建筑行业的关键节能技术主要包括，北方既有住宅围护结构改造以加强外墙保温功能、既有住宅建筑供热计量改造、新建住宅建筑热表计量技术、城镇住宅太阳能热水器安装、公共建筑温度和湿度独立控制、使用保温玻璃、高效照明设备以及基于电子信息技术的住宅能源管理系统等。

标准方面，新建建筑执行节能标准水平仍不平衡。总的来说，"十一五"期间，我国执行的建筑节能标准主要为 50% 节能标准，"十一五"期末逐步提高到 65% 节能标准的水平，节能标准的水平较低。2020 年前，可将目前北京、天津所执行的新建建筑节能 75% 设计标准在全国范围铺开，并于 2030 年前在全国范围实现新建建筑节能 80% 设计标准。从执行建筑节能标准情况看，施工阶段比设计阶段差，中小城市比大城市差，经济欠发达地区比经济发达地区差。建筑节能工程施工过程中，外墙、门窗等保温工程施工不规范，管理不到位，存在质量与火险隐患。各地尤其是地级以下城市普遍缺乏建筑节能材料、产品、产品的节能性能检测能力，政府监管能力需要进一步增强。绿色建筑发展严重滞后。因此，需要进一步健全法规标准。以建筑行业为例，提高建筑节能标准，完善覆盖城乡、不同气候区、不同建筑类型的建筑节能标准体系，加快制定农村建筑节能标准和大型公共建筑能耗限额标准。严格执行建筑节能标准。

管理政策方面，实施绿色建筑行动计划，从法规、技术、标准、设计等方面，全面推进建筑节能，提高建筑能效水平。新建建筑严格执行建筑节能标准。建立健全绿色建筑标准，推行绿色建筑评级与标识。大力推进现有建筑节能改造，实施公共建筑能耗限额和能效公示制度，建立建筑使用全寿命周期管理制度，严格建筑拆除管理。支持可再生能源在建筑领域的规模化应用。制定和实施公共节能规划，加强公共建筑节能监管体系建设，完善能源审计、能效公示。推进北方采暖地区既有建筑供热计量和节能改造，实施"节能暖房"工程，改造供热老旧管网，实施供热计量收费和能耗定额管理。制定科学的室内温度标准，并采取管理措施，避免空调房间夏天温度过低、冬天温度过高而浪费能源。

四 提高交通领域能效

目前，在中国现行统计体系中，交通运输能源消费统计仅包括从事社会营运的交通运输企业，而工业企业内部用于交通运输的能源消耗、企事业单位自备车辆和私人汽车的交通能源消耗并不包含在内。按照国际通用口径估计，中国交通运输部门实际能源消耗远远大于目前统计的能源消费量。相关研究测算表明，中国交通运输部门实际能源消耗占全国总能耗的比重为10%～15%。发达国家的经验表明，进入城市化稳定发展阶段，交通运输占总能源消耗的比重将达到30%～40%。

交通领域的能源消耗是能源消耗最快的领域之一。在全面推行公交优先发展战略、积极推进城际轨道交通建设、合理引导绿色出行的同时，加强交通结构优化节能和交通动力技术节能。交通运输节能取得初步成效，但仍然面临很大问题，包括交通运输结构不合理问题依然突出；公共交通发展相对滞后；交通节能管理体制仍需理顺；交通节能政策体系有待完善；消费者追求尺寸大、油耗高的SUV等车型的趋势存在。

当前交通节能技术发展重点包括以下几方面。

传统能源车辆方面，提高铁路电气化和铁轮货运比例，同时采用新型高效机车，提高能源利用效率；加强管理节能，减少非机车或非运输能耗。通过采用先进的发动机技术，在未来10～15年，汽油机汽车发动机仍有50%以上的节油潜力，重型卡车柴油机仍有25%的节油潜力；通过采用新型燃烧技术和先进的耐温材料，航空发动机有15%的节油潜力。推广先进车辆技术，对车辆的燃料经济性影响的因素主要有：发动机、传动装置、汽车外形的气动性能、辅机系统、空调和轮胎、车重等。对上述因素的技术革新都将使车辆的经济性得到提高。

新能源汽车方面，加快培育和发展新能源汽车产业，推动汽车动力系统电动化转型。在技术路线上，以纯电驱动为新能源汽车发展和汽车工业转型的主要战略取向，重点推进纯电动汽车和插电式混合动力汽车产业化，推广普及非插电式混合动力汽车。加大研发投入，力争在电池等关键技术领域实现突破。继续开展燃料电池汽车运行示范，提高燃料电池系统的可靠性和耐久性，带动氢的制备、储运和加注技术发展（见专栏4-1）。

标准方面，交通运输部门需要研究制定节能减排标准体系建设专项行动计划，抓紧制定营运船舶、港口装卸机械、交通施工机械等燃料消耗和碳排放限制标准，完善公路桥梁工程节能设计、绿色施工等技术规范，提高交通运输节能减排管理的法制化、规范化和标准化水平。加速淘汰老旧汽车、机车、船舶，加快提升车用燃油品质。实施世界先进水平的燃油经济性限制标准，控制大排量汽车增长。

专栏 4-1　上海和深圳电动汽车示范项目

2011年4月22日，上海成为我国首个电动汽车国际示范城市，嘉定区被指定为电动汽车国际示范区，完成1万辆以上电动汽车的推广应用，建成充电桩1.3万个，充/换电站15座，加氢站2座以上。以建设国际示范区为基地，组建"企业俱乐部""用户俱乐部"两个俱乐部；构筑"上海国际电动汽车示范城市论坛""上海国际电动汽车展览""上海国际电动汽车挑战赛"三个交流平台；成立"电动汽车示范评估中心""电动汽车运营服务中心""电动汽车试乘试驾中心""电动汽车商业模式创新中心"四个中心。在公共交通领域，规划5~6条纯电动公交车线路、1条燃料电池公交车线路。36辆在世博期间运行的电动公交车将继续在示范区域投入运营。在公共事业服务领域，规划50辆纯电动汽车率先在邮政投递车上示范应用，单次投递里程约60公里。在政府公务用车领域，以租赁或购买方式，支持氢燃料乘用车及其他电动汽车在示范区内示范应用。在电动汽车租赁领域，将成立电动汽车租赁公司，为用户提供电动汽车租赁业务，扩大私人购买和使用电动汽车的规模。

深圳是电动汽车推动力度最大的城市，在公共交通服务领域，实行了"融资租赁、车电分离"的商业模式，引进中国普天公司作为运营方、电网公司作为供电方、汽车厂及电池厂作为电动车供应方、公交公司作为使用方，共同构建了电动汽车商业化应用的完整产业链，使各环节的资金都能得到保证；普天公司建成由

57个充电站组成的一个全国最大的城市电动汽车动力供给网络，有33个充电站已经纳入这个网络的全程智能监控，对每一个充电站的状态和来充电站进行刷卡充电的新能源汽车以及车内电池进行监控；在私家车领域，深圳市在国家补贴6万的基础上，再补贴6万。

管理政策方面，加快构建综合交通运输体系，优化交通运输结构。加快发展轨道、管道运输和水运，降低煤炭等大宗货物长途运输和油气地面运输比例。积极发展城市公共交通，全面推行公交优先战略，有序推进城市轨道建设，合理引导绿色出行。提高铁路电气化比重。开展机场、码头、车站节能改造。推广应用节能环保型交通工具，推进节能型交通基础设施网络体系建设；加大新能源汽车研发应用投入，推广电动汽车，科学规划加气、充电等配套设施建设，加快市场培育。

此外，还可采取以下管理措施：合理安排列车的运营，减少列车运行的中间停留时间；发展铁路运输，分担公路运输量；提高路面铺装率，完善交通设施、信号等，加强监管，改善公路运输条件；进行政策倡导，控制城市交通中机动车出行比例，鼓励非机动出行，发展公共交通，缓解城市拥堵问题；鼓励私人乘用车小型化，限制大排量汽车等。

《中国交通运输中长期节能问题研究》表明，在2020年和2030年最大节能潜力分别为1.4亿吨和3.1亿吨标煤，其中公路交通和私人汽车交通的节能量占主要部分，占到2/3。清华大学中国车用能源研究中心和中国汽车工程学会的相关研究也得到相似的结论。

五　重视量大面广的节能工作

要高度重视量大面广的锅炉、内燃机和电机的能效提高，以及做好工业用能的梯级综合利用。

（一）对工业锅炉窑炉进行节能改造

目前，我国工业锅炉效率低下，实际运行热效率大多在60%～65%，比国外先进水平低15%～20%。如果将工业锅炉整体热效率由65%提高到80%，每年全国可节约1亿～1.3亿吨的燃煤。应针对工业锅炉窑炉自控水平低、平均负荷低、装备陈旧落后等问题，实施工业锅炉窑炉节能技术改造。

区分锅炉运行效率和使用燃料等情况，重点推进中小型工业燃煤锅炉节能技术改造。淘汰结构落后、效率低、环境污染重的旧式铸铁锅炉；采用在线运行监测、等离子点火、粉煤燃烧、燃煤催化燃烧等技术因地制宜地对燃煤锅炉进行改造；采用洁净煤、优质生物型煤替代原煤，提高锅炉燃煤质量，在天然气资源丰富地区进行煤改气，在煤、气资源匮乏的地区推进太阳能集热替代小型燃煤锅炉。

采取窑体减少开孔与炉门数量、使用新型保温材料等措施提高工业窑炉的密闭性和炉体的保温性。对燃煤加热炉采用低热值煤气蓄热式技术改造，对燃油窑炉进行燃气改造。重点实施石灰窑综合节能技术改造和轻工烧成窑炉低温快烧技术改造，推广节能型玻璃熔窑。

（二）开展内燃机节能

中国内燃机方面的节能潜力非常巨大。按照中国内燃机行业协会的统计数据，2011年共生产了7700万排套内燃机，工业产值4000亿元，消耗汽柴油和燃油成品油2.77亿吨，占我国2011年石油消耗的59.27%，2.77亿吨是我国2010年的石油进口总量。如果内燃机企业消耗的2.77亿吨能够每年降低5%，就是1380万吨。

需要以内燃机产业升级和提升产品技术水平为核心，加强节能技术的推广和应用，在内燃机整机、部件、替代燃料应用领域，开展节能关键核心技术的研发、示范推广和应用。

推广高压燃油喷射、增压、排气后处理、高效滤清、低摩擦和高密封等技术，提高内燃机的综合效率，降低内燃机的燃油消耗。开展燃用替代燃料内燃机的研究和推广应用，以醇醚燃料、生物燃料、气体燃料为重点，着力解决替代燃料应用中关键零部件的适应性和可靠性。采用先进的内燃机制造工艺及材料，优化整机与配套机械的匹配技术，大力推广废气涡轮增压技术，重点支持电控燃油高压喷射系统、高效增压器和关键零部件产业的发展。

（三）提高高效电机应用

以高效电机为例，我国国内生产的高效节能电机95%左右出口到发达国家，国内市场只消费了5%左右的生产能力，需要进一步加大推广力度。

针对电机系统运行效率低、系统匹配不合理、调节方式落后等问题，在钢铁、有色金属、石化、化工、轻工等重点领域，加快既有电机系统变频调速改造，优化电机系统控制和运行方式。

重点改造高耗电的中小型电机及风机、泵类系统，严禁落后低效电机的生产、销售和使用。采用变频调速、永磁调速等先进电机调速技术，改善风机、泵类电机系统调节方式，逐步淘汰闸板、阀门等机械节流调节方式，重点对大中型变工况电机系统进行调速改造，提高电机系统运行效率。通过软启动装置、无功补偿装置、计算机自动控制系统等，合理配置能量，实现系统经济运行。以先进的电力电子技术传动方式改造传统的机械传动方式，逐步采用交流调速取代直流调速，采用高新技术改造拖动装置。加快电机系统节能改造步伐，鼓励节能服务公司采用合同能源管理、设备融资租赁等市场化机制推动电机系统节能改造。

（四）促进工业用能梯级综合利用

在钢铁、有色金属、化工、建材、轻工等余热余压资源丰富行业，全面推广余热余压回收利用技术，推进低品质热源的回收利用，形成能源的梯级综合利用。

在钢铁、有色金属、化工、轻工等行业发展热电联产，实现能源的梯级利用和能源利用效率的提高。

加大焦炉煤气、高炉煤气、转炉煤气、炼化尾气等工业副产煤气的回收力度，促进工业可燃气体资源的综合利用。

（五）提高量大面广电子终端设备用能效率

鼓励照明灯具沿着白炽灯——节能灯——发光二极管（LED）灯的技术路径迅速发展，到2020年，争取全面实现照明灯具LED化，从而大幅度提高能效。节能灯又叫紧凑型荧光灯，具有光效高、寿命长的特点，光效和寿命分别是普通白炽灯泡的3~5倍和8倍。从发光效率来看，白炽灯发光效率为15%左右，日光灯为50%左右，而LED节能灯为90%左右。进一步提高电视、电冰箱、洗衣机、热水器、空调、燃气灶具等产品能效标准，促进先进节能技术和设备的研发、生产和销售。

重点通过建立健全能效标准体系，促进手机、电脑等含大规模集成电路、芯片的电子终端设备用能效率；同时关注科学发现和技术进步，正确为节能工作所用。据专家介绍，量子反常霍尔效应（见专栏4-2）的发现就可能推动新一代低能耗晶体管和电子学器件的发展，也将提高相关电器设备的用能效率。

专栏4-2　量子反常霍尔效应

2013年4月，我国科学家在国际上首次发现量子反常霍尔效应，被著名物理学家杨振宁教授誉为"诺贝尔奖级"的科研成果。什么是量子反常霍尔效应？它的发现有什么重大意义？

要了解量子反常霍尔效应，必须先认识量子霍尔效应。举一个简单的例子，我们使用计算机的时候，会遇到计算机发热、能量损耗、速度变慢等问题。这是因为常态下芯片中的电子运动没有特定的轨道，相互碰撞从而发生能量损耗。清华大学薛其坤院士形象地说："量子霍尔效应则可以对电子的运动制定一个规则，让它们在各自的跑道上前进，就好比一辆高级跑车，常态下是在拥挤的农贸市场里前进，而在量子霍尔效应下，则可以在没有干扰的高速路上前进。"量子霍尔效应能解决电子碰撞发热的问题，因而在未来的量子计算、量子信息存储方面具有巨大的应用潜力，据此设计新一代大规模集成电路和元器件，将具有极低的能耗。

然而，量子霍尔效应的产生需要非常强的磁场，不但价格昂贵，而且体积相当于一个衣柜那么大，不适于个人电脑和便携式计算机。"而量子反常霍尔效应的美妙之处是不需要任何外加磁场，在零磁场中就可以实现量子霍尔态，更容易应用到人们日常所需的电子器件中"。薛其坤说。

科学家表示，量子反常霍尔效应有可能推动新一代低能耗晶体管和电子学器件的发展，通过密度集成，将来计算机的体积也将大大缩小，即使千亿次的超级计算机也有望作成现在的平板电脑那么大。

六 节能潜力测算

总之，可通过对四大领域实施三大手段，实现全方位的节能工作。实施先进工业能效行动技术，逐步使我国工业能效达到世界领先水平；继续完善重点行业单位产品能耗限额强制性国家标准。实施绿色建筑行动计划，从法规、技术、标准、设计等方面，全面推进建筑节能，提高建筑能效水平。推进交通运输节能，加快构建综合交通运输体系，优化交通运输结构；推广应用节能环保型交通工具，推进节能型交通基础设施网络体系建设；加大新能源汽车研发应用投入，科学规划加气、充电等配套设施建设。

本研究结合专家意见，综合测算广义的技术节能潜力，2010～2030年每个五年规划期定比节能潜力（见表4-3），工业部门前15年潜力相当，之后逐渐减少；建筑部门主要是前5年潜力巨大，之后基本持平为一般潜力；交通运输部门的节能潜力逐渐增大，到2015～2020年达到峰值，之后逐步减少。中国能源利用领域2010年之后的每个五年期的定比节能潜力从2亿吨标煤上升到2.5亿吨标煤，之后逐步下降。2015年、2020年、2025年和2030年相对2010年的节能总潜力分别为2.0亿、4.5亿、6.5亿和8.0亿吨标煤，一直增长但增速减慢。

表4-3　中国能源利用领域的节能潜力

单位：亿吨标煤/年

	2010~2015年	2015~2020年	2020~2025年	2025~2030年	2030年之后
工业部门	1.00	1.00	1.00	0.75	逐渐减少
建筑部门	0.50	0.25	0.25	0.25	基本持平
交通运输部门	0.50	1.25	0.75	0.50	逐渐减少
合　计	2.00	2.50	2.00	1.50	逐渐减少
末年相对2010年累计潜力	2.00	4.50	6.50	8.00	缓慢增加

第五章　增量革命之一：传统能源重在"转型"

包括煤炭、石油、天然气、水电和核电在内的传统能源，是我国一次能源供应的主体。近年来，传统能源领域暴露的生态破坏、效率较低等问题，已经威胁到我国经济社会的可持续发展。实现传统能源生产和消费过程中的"环境友好"，是未来能源安全和可持续发展的关键。

一　传统能源在发展新阶段的作用不可或缺

随着未来我国经济社会的不断发展，能源消费将不可避免地持续上涨。即使我国成功实现了经济发展方式的转变，在产业结构顺利转型升级、消费和投资结构日趋优化的背景下，2020年，我国一次能源消费仍将接近50亿吨标煤；2030年则将上涨至近60亿吨标煤；如果未来我国经济发展不出现大的波动，2040年之前我国一次能源消费量将不可能出现峰值。

传统能源仍将是我国乃至全球一次能源供应的主体。短期内，在稳定性、经济性和可获得性方面仍存在显著不足的新能源，无法填补快速上涨的能源需求，缺口仍只能由技术稳定的传统能源填补。预计未来较长时间内，我国将呈现传统能源与新能源"双速"增长的格局，前者增速将低于后者。但考虑到规模基础，传统能源仍将占据主体地位，在保障能源安全中发挥基础性作用。

化石能源在2030年前较难达到峰值。未来水电虽将获得优先发展，但2020年后水电资源潜力不大。核电短期发展受挫，原计划2020年7000万千瓦装机恐难实现，预计2030年后才将获得较大增长。因此未来化石能源消费增长的压力很大。在机动车快速普及（特别是在广大中小城镇和农村地区）的背景下，预计2020年石油消费将上涨至8.8亿吨标煤，2030年将上涨至近9亿吨标煤。天然气也将维持"十二五"初期的迅猛增长态势，2020年上涨至5.2亿吨标煤，2030年可能达到8亿吨标煤。煤炭也将维持缓慢上涨态势，2020年可能上涨至28亿吨标煤（见表5-1）。

表5-1 未来传统能源发展情景

单位：亿吨标煤

年 份	煤 炭	石 油	天然气	水 电	核 电
2005	16.6	4.7	0.6	1.5	0.2
2010	22.1	6.2	1.4	2.3	0.3
2015	26.0	7.2	3.1	3.3	1.0
2020	28.0	8.8	5.2	4.0	1.4
2030	30.0	9.0	8.0	4.6	3.5

传统能源的可持续发展是推进能源革命的重要内容。对于长期处于主体地位的传统能源，其生产和消费过程的效率低、不清洁、不安全问题十分突出。大量煤炭的粗放开采和低效燃烧造成了严重的生态环境破坏，二氧化碳排放引发气候变暖；石油和天然气对外依存度不断升高，威胁国家安全；水电可能引发一系列社会和生态

问题；核电的安全风险控制亟待进一步加强，安全用核观念仍需引导。为此，实现传统能源安全、高效、清洁、低碳的开发和利用，将是我国能源发展的一大变革，也将对支撑我国经济社会可持续发展起到促进作用。

二　积极推进煤炭"绿化"行动

作为主体能源，我国煤炭生产和消费引发了诸多资源环境问题，是造成大气雾霾、全球变暖、地质破坏的重要因素，已成为当前能源可持续发展的最突出障碍。推进未来煤炭转型，有必要开展一场以清洁生产和利用为核心的"绿化"行动，改"黑色"印迹为"绿色"形象。煤炭问题如果解决好，传统能源转型问题就解决了一大半。煤炭"绿化"行动要把握四个要点：控总量、提效率、治污染、转油气。

（一）采用经济手段控制煤炭消费总量

控制煤炭消费总量是我国建设生态文明的必然要求。2010年以来，我国煤炭消费总量持续增长，从2010年的22.5亿吨标煤上涨到2012年的25.7亿吨标煤，直接导致全国多地爆发了大规模雾霾天气，对居民健康产生了恶劣影响。如果延续传统的能源供应方式，2018年，我国煤炭消费将超过30亿吨标煤，之后长期维持在30亿吨标煤以上。这无疑是一场生态灾难，不仅资源环境无法承受，人民群众也绝不会允许。为了保障人民健康，建设符合生态文明要求的美丽中国，控制煤炭消费总量势在必行。这样一来，既可以有针对性地解决环境污染、气候变化、安全生产等问题，也可以倒逼产业结构转型升级，将对我国经济社会可持续发展产生重大促进作用。

煤炭消费总量控制目标和实施路径值得深入研究。煤炭消费总量控制应综合考虑经济社会发展、产业转型升级效果、国际经济环境、煤炭资源供应能力等多重因素，控制目标应与我国宏观经济和产业发展各规划目标协调一致，并且预留一定的动态调整空间。研究表明，在有效支撑我国小康社会基础条件下（GDP在2010~2020年年均增长7.2%，2020~2030年年均增长6%），我国煤炭消费总量有望在2020年左右进入平台期，并在2020~2030年达到峰值，控制在30亿吨标煤左右。

根据"十一五"节能减排工作的经验，采用行政限制手段，通过分省分行业划分配额的总量控制方法是不可取的，除容易引发数据造假、权力寻租外，也不适用于我国城镇化发展和产业跨地区转移的实际情况。经济调控手段应该是控制煤炭消费总量的主要方式。合理的方式应该是依靠市场的力量，采取经济手段，主要是及时调整煤炭价格形成机制，体现燃煤的环境成本和社会成本。目前，煤炭消费量大的原因在于与清洁能源相比价格低廉。而燃煤污染造成的负面成本却没有体现。有必要通过排放税、碳税、能源资源税等税收机制，或清洁能源补贴，调整能源的边际价格。另一方面，从需求入手，积极调整产业结构，提高技术与环保标准门槛，限制钢铁、建材、化工等煤炭消费主要产业的低水平盲目扩张，降低不合理煤炭消费需求。此外，要积极推广合同能源管理、碳交易等市场机制，推动煤炭节约与循环利用。

（二）进一步提高燃煤发电系统效率

1. 煤电将长期在我国电源结构中占据主要地位

燃煤发电是我国煤炭消费的主要领域，也是我国电力供应的主要来源。虽然近年来我国清洁电力的发展取得了一定成就，但煤电占我国总发电量的比重仍在75%以上。随着未来我国小康社会建设的日趋深入，电力需求仍将维持高速增长态势，而一次能源以煤为主的国情也决定了燃煤发电在电源结构中长期占据主要地位。研究表明，即使实施较强的清洁电力发展和碳税政策，2020年，煤电比重仍将高于55%，2030年则将不低于45%。因此煤电的科学发展对我国能源的可持续发展至关重要（见图5-1）。

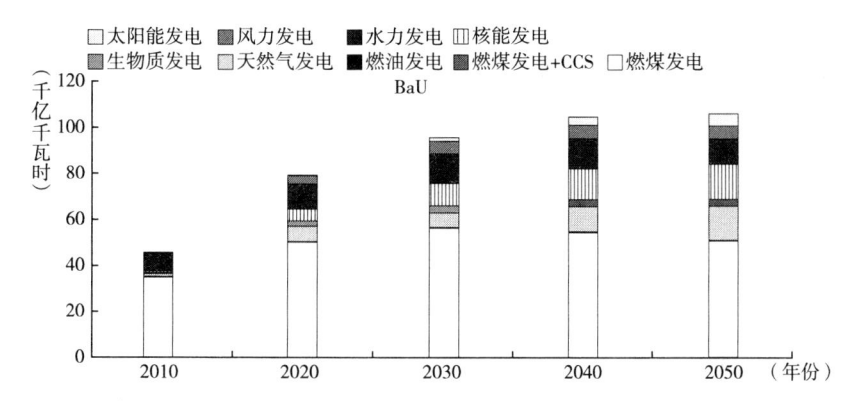

注：基准情景（BaU），维持现有的节能减排政策，不实施包括碳税在内的低碳政策，电力生产技术进步保持现有趋势。

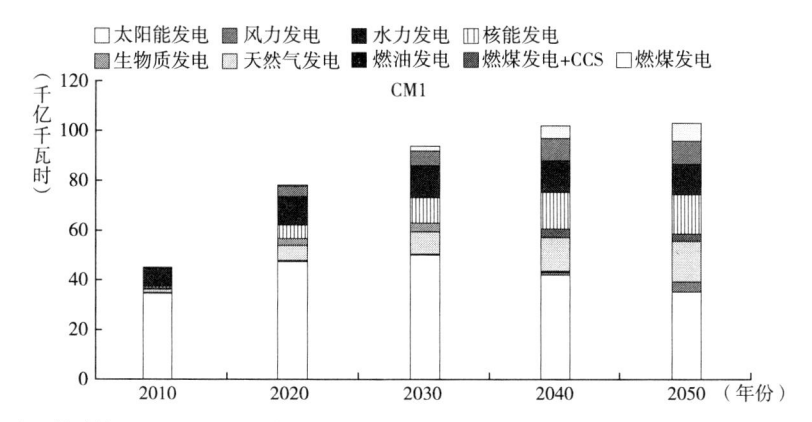

注：低碳情景（CM1），实施低碳发展战略，2020年开始对每吨二氧化碳排放征收100元碳税，积极发展分布式发电和非化石能源发电技术，试点推进CCS技术。

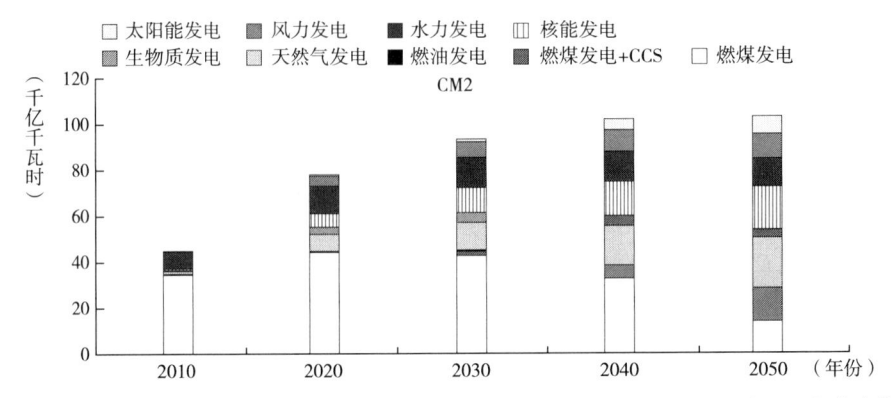

注：强化低碳情景（CM2），实施积极强化的低碳发展战略，2020年开始对每吨二氧化碳排放征收400元碳税，推进高比例可再生能源发展战略，加快推进光伏、风电发电技术创新，大力发展和应用CCS技术。

图 5-1 不同政策情景下电源结构与燃煤发电比重

2. 提高燃煤发电效率一举两得

一则显著降低污染物和温室气体排放。作为主要的碳排放源，当前燃煤发电占我国总 CO_2 排放的比重超过 1/3，如果发电煤耗降低 1 克标煤/千瓦时，则每度电可以减少 CO_2 排放 2.8 克左右，全国则可能减排超过 850 万吨 CO_2。在以煤为主的中国，提高发电效率应是所有节能技术的重中之重。二则有利于资源节约和能源消费总量控制。随着未来电力在我国终端能源消费中的比重日益提高，发电用煤占我国煤炭消费总量的比重将进一步提高，预计到 2020 年，将达到 65% 以上。提高燃煤发电效率将对抑制煤炭消费需求快速上涨起到重要作用。

3. 超超临界机组应作为当前优先发展技术

当前我国燃煤发电技术已达到国际先进水平，未来将朝着国际领先水平迈进。未来，我国煤电技术路径应遵循大功率高参数超超临界、700度燃烧、IGCC 的步骤（见图 5-2）。其中超超临界机组燃烧效率可以达到 43%~48%，供电煤耗 260~290 克标煤/千瓦时，较传统的亚临界机组高10%左右。目前，超临界和超超临界技术已经比较成熟，国内设备制造和运营能力也达到世界先进水平，但问题是普及率仍较低，2010年，超临界和超超临界机组发电量仅为35%左右。因此，应将推广超超临界技术作为重点，努力使2020年超临界和超超临界机组发电量超过60%。2020年之后则考虑发展更加先进的700度燃烧或IGCC技术，特别是700度燃烧技术，如果可以攻克高温耐腐蚀材料的技术难题，则未来具有广阔的应用前景。IGCC技术目前由于高成本问题面临较大争议，但可以较好地解决燃煤污染问题，2030年后仍具有较大的应用前景。整体来看，预计2020年我国供电煤耗有望从2010年的333克标煤/千瓦时下降至315克标煤/千瓦时，2030年降至300克标煤/千瓦时以下，2050年达到285克标煤/千瓦时左右的水平。

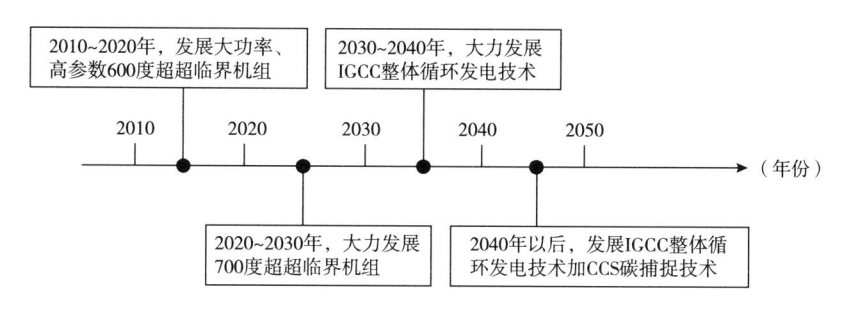

图5-2 燃煤发电技术路线

4. 确保大规模煤电机组平稳运行

随着风电、光伏发电等间歇式电力上网规模日益增长，电网调峰需求与日俱增。在"上大压小"的背景下，以往承担调峰功能的小火电机组多被拆除，大规模煤电机组甚至是600兆瓦（MW）以上超临界机组被迫承担了调峰任务，其非饱和运行工况明显降低了能源效率，造成了煤炭资源的极大浪费，得不偿失。为确保大规模煤电机组的平稳运行,除加快建设抽水蓄能电站、天然气冷热电联供等调峰机组外,应统筹间歇式发电与煤电机组的发展模式。

5. 加快推进煤电落后机组的淘汰和改造

近年来,随着我国节能减排、"上大压小"政策的实施,一大批技术落后、能耗过高、单机容量低于5万千瓦的老机组已被淘汰。但目前煤电机组中,仍有30%左右的亚临界机组,平均发电转化效率仅为30%,部分机组仍存在技术粗放、管理不善等问题。在2020年之前,我国应逐步完成对这些落后机组的淘汰和改造,除保留适量技术先进、能效较高的小机组参与调峰外,大部分亚临界机组应改造成为热电联产机组或大功率超临界机组,以进一步提高燃煤发电效率。

(三) 治理燃煤污染物刻不容缓

燃煤污染主要包括燃煤颗粒物、二氧化硫(SO_2)、氮氧化物(NO_x)等多种大气污染,以及水体污染,还包括排放CO_2导致的气候变暖。当前应把治理燃煤污染的重点放在大气雾霾防治领域,利用5~10年重点攻克燃煤大气污染。从长远角度,要做好"除碳"方面的应对气候变化工作。

1. 治理燃煤污染是当前防治雾霾的关键

从2012年开始,我国多个地区集中爆发了持续时间长、影响范围广、强度大的雾霾天气,对人民健康产生了严重影响。而燃煤导致的烟尘排放是造成雾霾的最主要原因。事实上,PM2.5防治问题在前些年没有得到充分重视,虽然"十一五"节能减排行动开展了针对PM10的治理工作,但其主要静电除尘设备却无法有效去除PM2.5等直接对人体有害的物质。2013年9月,国务院出台了《关于印发大气污染防治行动计划的通知》（国发［2013］37号），将雾霾治理上升到"事关人民群众根本利益，事关经济持续健康发展，事关全面建成小康社会，事关实现中华民族伟大复兴中国梦"的高度，要求"经过五年努力，全国空气质量总体改善，重污染天气较大幅度减少；京津冀、长三角、珠三角等区域空气质量明显好转。力争再用五年或更长时间，逐步消除重污染天气，全国空气质量明显改善"。

当前，应提高燃煤排放标准和污染治理技术水平。鉴于短期内煤炭不可能被大规模替代，在保障能源供应的前提下，提高燃煤污染物排放标准和排放治理成为关键。在SO_2减排领域，得益于技术国产化和自主创新，我国脱硫技术已获得广泛应用。但脱硫效率存在差异，部分处于90%的水平，有的则高达95%以上，环保标准存在提升空间。NO_x减排方面，目前普遍采用低NO_x燃烧技术减排效果不理想，未来应大力发展SCR烟气脱硝技术。在除尘技术方面，目前PM5以下烟尘难以通过静电和布袋技术有效去除，因此仅能勉强实现全国≤50mg/m³的环境标准，对于北京等地区提出的≤30mg/m³则较难达到。特别是随着脱硫标准的提高，部分电厂使用低硫煤，却引发了燃煤粉尘比电阻过高，荷电不易，难以被电除尘装置去除。特别是煤炭中硅、铝含量超过85%的电厂，采用电除尘处理的排放浓度已经远远达不到环保要求。因此加大PM5以下除尘技术研发力度，推进自主创新和产业化应用十分重要。

2. 从长远上看，应加强碳捕集与封存（CCS）的基础研发和项目示范

燃煤引发的CO_2排放是全球气候变化的主要原因，CCS被视为未来的主要碳减排技术（见图5-3）。国际能源署研究表明，到

2050年，将温室气体浓度限制在450ppm的所有减排技术中，仅CCS就需贡献20%。CCS目前仍处于基础研发和初步示范应用状态，我国华能、中石油、神华等公司均在开展基础研究和项目示范。目前CCS应用的主要技术问题包括成本高昂、降低发电效率并增加能耗、永久封存技术不完全可靠等，初步估计，2030年后才具备规模化应用的可能。为实现这一目标，美国、欧洲、加拿大、日本、韩国等国家和地区已经积极开展技术储备和研发。截至2010年，美国已投入40亿美元国家资金进行CCS研发及示范，并吸引私人投资70亿美元。欧盟计划未来10年投入130亿欧元，支持12个示范项目。加拿大也投入30亿美元支持CCS技术的基础研发。未来，我国应加大对CCS与CCUS（"碳捕集、利用与封存"的简称）等国家科技发展项目的支持，缩短与国际先进水平的差距，争取在CO_2驱油和地质封存理论、CO_2封存的监测预警、大规模CO_2运输与封存工程经验等方面取得突破性进展。

图5-3 碳捕集与封存示范装置

（四）科学有序发展煤化工

煤化工是煤炭清洁利用的重要方式。目前，国内燃煤污染主要有三大成因：煤炭消费量巨大、燃煤区域集中、利用方式粗放。大力发展煤制油、煤制气等煤炭清洁利用技术，可有效缓解后两个问题。目前我国雾霾大多发生在经济发达、煤炭消费量大的东部地区，且主要通过"直燃"的方式消费煤炭，导致污染集中多发。如果在西部煤炭资源产区发展煤化工制油、制气，一方面可以减小东部的环境压力；另一方面由于煤化工与"直燃"不同，可将污染限制在一定范围内。然而需要明确的是，煤炭清洁利用应定位为"阶段性""备用性"技术，而不是大规模、长期战略方向。因为从能量梯级利用的角度看，煤制油气增加了能源转化环节，肯定会带来更多能量损失，而且煤化工也将对当地水资源和矿产资源产生较大影响。

发展煤制油气将对保障石油、天然气供应安全起到重要作用。未来我国石油、天然气需求快速上涨的趋势十分明显，受限于国内储量条件和生产能力，未来石油和天然气对外依存度可能大大提高。在极端情况下，2030年，我国石油对外依存度可能上涨至80%，天然气对外依存度也将在40%左右。如果依靠我国丰富的煤炭资源，适度发展煤制油气，则可以降低对外依存度，对能源安全起到多元化的保障作用。

交通用能替代应是煤化工发展的主要方向。煤化工包括煤制油、煤制气、煤制烯烃、煤制甲醇、煤制乙二醇等多种技术。随着私家车进入家庭，我国交通用能需求将刚性上涨，在电动汽车成熟之前，我国将高度依赖石油进口，考虑煤炭成本和国际油价的较大差异，煤制油将具有显著的战略意义和良好的经济效益。目前我国煤制油技术已经达到世界先进水平，神华煤制油项目已投入商业运营，能源转化效率达到58%，吨油耗煤量3.47吨，耗水7吨。

煤制气和煤制烯烃应谨慎发展。虽然未来我国天然气需求将快速上涨，但由于当前国际天然气价格较低，因此，可以加大进口力度；而非常规天然气未来有较大开发前景，因此发展煤制气应当慎重。目前不同的煤制天然气项目成本存在较大差异，例如内蒙古某煤制气项目，到北京门站价格为2.7~2.8元/m³，高于北京市终端燃气价格，也高于净回值法设定的燃气门站价格（参照上海门站）。部分煤制气项目虽然成本较低，但是尚未考虑环境成本，水资源价格、环境污染价格等外部性因素也没有纳入考虑范围。当前，各地掀起煤制气投资热潮，已批煤制气项目产能约为900亿立方米，如果全部开工，每年需要消费3亿吨煤炭，5亿吨水；此外，还有多地筹备上马煤制气项目，值得警惕。另外，煤制烯烃虽然较石油制烯烃成本更低，可以间接替代石油，但与中东等地的天然气制烯烃相比，仍然不具备成本竞争力。因此，我国应加大烯烃进口，谨慎发展煤制烯烃。

三 天然气是未来化石能源的新希望

天然气是传统能源的新宠儿。相较于传统的化石能源，天然气更加清洁、高效，单位热值的成本也比较低廉，可以广泛地应用于工业发电、化工产业和居民生活，未来前景十分广阔。从欧美发达国家能源发展的规律来看，随着工业化的深度发展和全社会对环境要求的日益提高，天然气在传统能源中的地位和作用日益凸显。

（一）天然气将是未来十年我国清洁能源发展的主要方向

1. 天然气是我国一次能源供应的重要构成

未来，我国能源供需矛盾将进一步突出，2020年，我国一次能源消费量可达到49亿tce，2030年增长至60亿tce左右。其中化石能源仍将是供应主体。但考虑到资源储量、安全生产、水资源等生态环境综合约束，煤炭年产能应不超过29亿tce，石油年产量仅能维持在2亿~2.5亿tce，天然气已经成为未来能源供应保障的重要构成。

2. 天然气将是近十年清洁能源发展的现实选择

2012年底，我国东部地区发生大规模雾霾天气后，能源清洁化发展成为全社会关注的热点。特别是在水电资源不充足的东部地区，在核电大规模发展面临不确定性，风电、光伏、生物质等能源短期内难以大规模应用的情况下，天然气已成为近十年清洁能源发展的现实选择。

3. 推广天然气具有相对丰富的资源保障

我国天然气储藏比较丰富。根据新一轮全国油气资源评价结果，我国陆上和近海115个盆地的常规天然气地质资源量约为55万亿立方米，最终可采资源量约34万亿立方米（含致密砂岩气）。在非常规天然气中，煤层气地质资源量37万亿立方米，可采资源量11万亿立方米；页岩气地质资源潜力为134万亿立方米，可采资源潜力为25万亿立方米。此外，我国的天然气水合物的资源量粗略估算是690亿吨油当量，主要集中在南海的东沙、西沙和神狐等海域。

遵循常规气-煤层气-页岩气"三步走"战略，加快我国天然气开发进程。随着近两年我国天然气需求的井喷式增长，国内天然气产能越发难以满足需求，鉴于仍有丰富的资源储量尚未开发，增加天然气产量十分必要。预计到 2015 年，我国天然气产量将达到 2000 亿立方米，包括常规天然气 1500 亿立方米，煤层气 160 亿立方米，页岩气 60 亿立方米，煤制气 300 亿立方米以上。到 2030 年，天然气产量应争取达到 3000 亿立方米以上，其中非常规天然气 500 亿立方米，包括煤层气 350 亿立方米和页岩气 150 亿立方米。2030 年后，煤层气和页岩气开发将成为重点，预计到 2050 年非常规天然气产量可能达到 2000 亿立方米，占我国天然气产量的 40%。

（二）大力推进非常规天然气开发和技术储备

1. 推动我国非常规天然气发展的核心在于技术创新

我国具有丰富的非常规天然气资源，煤层气储量位居世界第三，埋深 2000 米以浅的地质资源量约为 37 万亿立方米，超过常规天然气地质资源量（35 万亿立方米），其中集中型资源超过 7 万亿立方米，具有大规模产业化发展的资源基础。页岩气资源虽然尚未完全摸清，对陆相页岩和海陆过渡相煤系页岩资源存在较大争议，但总体储量丰富，可采资源量为 11 万亿～36 万亿立方米，具有较好的勘探开发前景。目前我国非常规天然气开发的技术经济性较低。据测算，煤层气地面开发项目的内部收益率低于天然气行业的基准收益率 12%；页岩气未进入规模化生产阶段，在投资回收方面尚存在问题。而根据美国页岩气革命的经验，提升技术经济性的关键在于技术创新。

2. 技术和体制双管齐下，推进煤层气产业化开发

近十年是我国煤层气规模化开发的关键时期，需要重点突破技术和体制两方面障碍。技术方面，目前我国煤层气开发技术体系已经基本形成，包括空气钻井、套管完井、射孔、水力压裂、排采等

技术，多分支水平井技术也取得初步的试验成功，但仍存在单井产量低、钻井投产率低、地面集输困难等技术问题，迫切需要在多分支钻井技术、低成本快速钻井技术、压裂技术和设备、采气技术、储层保护技术、增产技术领域加大研发力度。此外，目前国内煤层气开发企业之间存在一定的技术封锁。之前国家实施的重大科技专项资助部分企业开展的先导性示范工程已经取得了比较显著的效果，但经验和成果并未进一步推广和共享，在一定程度上阻碍了产业发展。体制方面，由于煤层气紧邻煤炭资源，但大多数煤矿开发企业不具备煤层气开发技术，且缺乏煤层气输送的相关基础设施；而具有开发技术的石油天然气企业无法开发煤层气，导致煤层气资源的浪费。未来应打破煤层气开发藩篱，推进跨行业企业合作，切实推进煤层气-煤炭资源的综合开发利用。

3. 加强页岩气开发的基础性技术研究

目前，我国页岩气开发尚处于基础性技术积累和实验性开发阶段，预计2015年最大产量为30亿立方米。经过目前在四川盆地页岩气开发的实践，我国已经在水平井钻井、压裂设计方法等领域取得初步进展，但核心关键技术仍与国际先进水平有很大差距。钻井速度慢，对典型页岩气井（深3000～3500米，水平段长1000～1500米）的钻井施工，美国耗时20天左右，四川盆地目前实际需要100～150天。水平井压裂液、压裂车全部依靠进口，一口井压裂需要压裂车20台左右，全部从美国哈里伯顿公司购入，供货周期长，费用高昂。我国对用于压裂过程监测的微地震监测技术尚未掌握。为加强技术研发，我国应设立页岩气国家科技攻关专项，在基础理论、工程技术和装备等重点领域集中优势力量，为适应四川盆地地质条件，技术装备应向小型化、便携化、低成本方向发展。

(三) 积极推进天然气资源进口

1. 加大进口是缓解天然气短缺的重要途径

近年来，我国天然气消费增长迅速，2010年，我国消费天然气不足1100亿立方米，2012年增长至1460亿立方米，2013年则增长至近1700亿立方米；但同时供应难以为继，2013年底的供暖季我国出现了严重的天然气短缺，部分中部地区城市甚至出现限售天然气壁挂炉的情况。应当认识到，随着我国能源清洁化要求的日益提升，未来天然气需求仍将快速上涨，如果不能"广开气源"，未来十年，天然气短缺的情况可能一直存在。为了应对气荒，目前我国兴起了煤制气热潮，上千亿的煤制气项目开工建设，但天然气进口方面却停滞不前，2012年，我国进口天然气420亿立方米；2013年，进口仅增长了60亿立方米，总进口量不足500亿立方米，进口节奏还要提速。

2. 当前正是加快天然气资源进口的黄金时期

对比不断攀升的石油对外依存度，目前天然气进口的风险较低，主要原因在于，一是全球天然气资源储量相对充足，探明储量远大于石油，我国也具有相对充足的资源储量。二是近年来天然气产能快速扩张，开采技术日趋成熟，全球年产量增幅达到两位数以上，蕴含着巨大的资源和项目投资机会。三是天然气市场的格局尚未定型，并未出现类似石油市场OPEC、IEA、五大石油公司等垄断组织，俄罗斯、美国、加拿大、澳大利亚、挪威等多国确保了供应多元化，特别是美国页岩气革命对全球天然气供需关系已产生深远影响。四是气价相对低廉，同热值天然气价格仅为石油的一半，且天然气市场炒家较少，经济效益较好。为此我国应积极把握天然气进口和资源投资的宝贵时机，积极实施天然气"走出去"战略，通过长期协议、股权投资、联合开发、管网建设、远洋运输等方式参与国际市场建设，开放民营企业投资和进口液化天然气（Liquefied Natural Gas，LNG）资质。

3. 尽快实现天然气进口多元化，建立进口天然气市场十分重要

2010年之后，我国天然气进口"东北－俄罗斯、西北－中亚、西南－中缅、海上－LNG"四足鼎立的格局初步建成，中缅、中哈天然气管道已经建成通气，中俄天然气管道已经动土开工。中缅天然气管道每年可供气100亿立方米，中哈天然气管道每年供气300亿立方米，可稳定供应30年；中俄天然气管道2020年之前可确保供气，预计每年可供气380亿立方米。LNG方面，目前，我国沿海已经建成LNG接收站总接收能力为1800万吨，约243亿立方米，未来规划再建设接收能力为3300万吨，约445亿立方米（见图5-4），主要接收来自东南亚和澳大利亚等国家和地区的LNG。未来我国进一步推进天然气进口的多元化，把握当前欧洲市场不景气和美国页岩气冲击的机遇期，加快与俄罗斯第二、第三管线的商洽；加快推进与"上合组织"成员国、东盟成员国、加拿大等国的进口合作。此外可以考虑依托我国不断增长的天然气需求，建立国际天然气交易市场，降低进口风险。

（四）推广天然气分布式冷热电三联供技术

1. 天然气分布式冷热电三联供可有效促进我国能源清洁高效发展

除居民消费领域外，天然气发电将是未来我国天然气消费的重点领域。当然，受我国天然气资源的约束，大规模推广天然气发电并不现实，装机容量小的分布式天然气发电技术更适合中国国情。

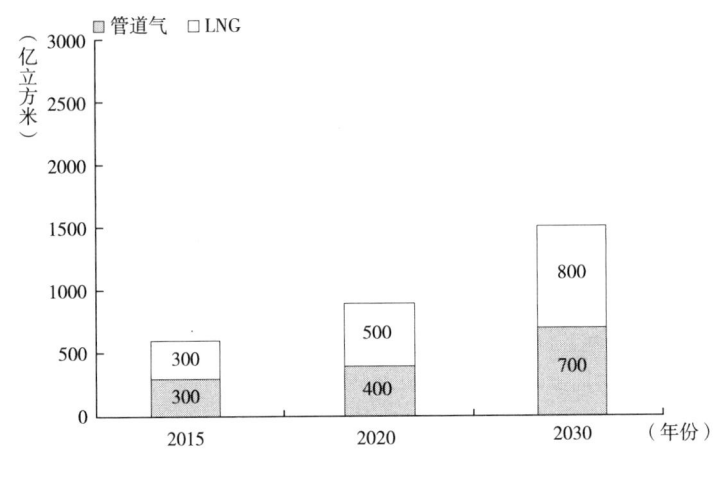

图 5-4 我国天然气进口展望

一是高效，依托能源综合梯级利用，综合能效在 70% 以上，较燃煤发电机组 40% 左右的效率有明显提高。二是清洁，可以大大降低 CO_2 和污染物排放，环保效益十分突出（见表 5-2）。三是有利于电网调峰，分布式天然气发电可在负荷中心有效匹配用电需求，具有启停迅速、可中断、可调节的特征，是理想的"黑启动电源"；其中的冷热副产品可替代电空调、电制热等负荷，起到"移峰填谷"的作用。四是降低天然气管网峰谷差异。目前，我国各地天然气季节性需求极不平衡，两湖地区季节性峰谷差约为 2∶1，华北地区约为 7∶1，北京可达 10∶1。采用可中断、可调节的天然气分布式供应，则可消减天然气管网的峰谷差。

表 5-2 燃煤发电和天然气发电的大气污染物排放比较

单位：g/kWh

排放物	燃煤发电	天然气发电
SO_2	0.420	—
NO_x	0.598	0.253
烟尘	0.259	—

注：以脱硫率 90% 计。

2. 天然气分布式冷热电三联供需要系统化的政策支持

虽然具有一系列的环境效益和社会效益，也符合未来能源发展的集约、高效要求，但是在目前我国环境成本难以显著外部化的前提下，天然气分布式冷热电三联供的发展仍是举步维艰。特别是近期的天然气价格上涨，更是给分布式冷热电三联供发展"当头一棒"。需要认识到，分布式冷热电三联供技术是符合我国能源战略可持续发展方向的关键技术，具有不可替代的优势，应该给予系统的政策扶植。一是应加强国家宏观层面的统筹管理，将分布式能源纳入国家规划，完善产业政策，地方政府积极落实配套。二是给予财税优惠政策，考虑天然气冷热电三联供的社会效益、环境效益，加大投资补贴、税收优惠、气源价格等政策支持力度，提高项目经济性。三是完善《电力法》或设定《分布式能源接入电网管理办法》法规标准。四是加快在经济发达、天然气供应充足、能源需求高的地区进行示范试点建设，探索市场化经验。五是加强核心装备，比如燃气轮机关键技术的研发，突破技术瓶颈，实现国产化，降低设备投资。

四 千方百计力争石油稳产

石油稳产对我国能源安全意义重大。作为交通血液，石油具有不可替代的重要地位。但与煤炭、天然气等传统能源相比，我国石油的自供保障能力最弱。在资源方面，石油地质资源丰度和总体品位偏低，分布地形复杂多样，油气田富集规模不大，勘探开发难度巨大，技术可采储量不多。在需求方面，目前我国年消费石油4.7亿吨，未来需求将进一步刚性增长，2030年有望增长到6亿~7亿吨。在供应方面，目前我国年产石油仅 2 亿吨，且已经处于我国产量的高峰水平；大部分石油依赖进口，目前对外依存度已经高达42.6%，未来进口压力和不确定风险将更大。在此背景下，稳定我国本土石油供应的重要意义就更加凸显。综合考虑石油资源、油田开发现状和技术水平，我国石油生产目标应设定为：确保我国石油产量长期维持在 2 亿吨水平。为实现上述目标，必须从以下三个方面着手。

首先，合理开发利用传统主力油田。遵循石油开采规律，杜绝涸泽而渔。目前我国的主力油田大都已经进入开发的"高含水和储量高采出程度"的中后期，产量呈现递减趋势，初步估算全国每年存在 1000 万吨的减产压力。为此，部分油田为了追求"业绩"，采用"过度水驱"等作业方法，短期虽然实现了稳产，但却破坏了石油地质资源，使长期可采量严重下降，这种涸泽而渔现象必须避免。应当遵循石油开采规律，科学、可持续地推进传统油田的开采工作。采用二氧化碳驱油等技术，努力提高采收率。合理制订产能目标，延长油田开发寿命，统筹资源效益、环境效益、经济效益多元化因素，最大限度地利用好我国珍稀的石油资源。

其次，为非常规石油资源的勘探开发做好技术准备。我国非常规石油资源比较丰富，油页岩地质资源量近 500 亿吨，可采资源量120 亿吨。油砂矿地质资源量约 60 亿吨，可采资源量超过 20 亿吨。遗憾的是总体品位偏差，技术开发的难度较大。初步估计，油页岩含油率大于 5% 的仅有 80 亿吨，油砂矿含油率大于 6% 的仅有 10 亿吨。目前除油砂矿开采技术外，我国非常规石油开发技术的整体水平仍比较滞后，未来需要与非常规天然气开发统筹起来，加强技术研发。争取到 2020 年，油页岩和油砂产量分别达到 300 万吨和 150 万吨，2030 年分别达到 600 万吨和 250 万吨，2050 年分别达到 1500

万吨和 1000 万吨，成为石油供应的有益补充。

最后，高度重视海上油田的勘探和开发。我国的东海、黄海和南海海域，是世界七大油气富集海域之一，海上石油开发蕴含着巨大的机会。基于地质构造可以推断：我国海洋油气资源理论储量丰富。但目前海上石油勘探尚处于初级阶段，南海等大部分海域的勘探工作仍未开展；海上石油产量仅为 4000 万吨（其中绝大部分是渤海和东海生产），不足我国原油总产量的 1/5。未来我国海上油田开发应重视三方面的工作：一是加快推进资源勘探，尽早掌握我国海上石油资源储量、分布、开发难度等整体情况，做到心中有数。二是积极开展南海、东海等重点海域的前期开发工作。目前我国领海、专属经济区以及部分主权争议海域的油气资源，已经被周边国家大量私自开采。由于海上石油地质矿藏的特殊性，石油会在海床下流动，因此在统筹国际关系的前提下，加快东海、南海等重点地区石油资源的勘探和开发十分必要。三是提升海洋石油开发的设计、装备实力。目前我国海上油田的开发设计经验不足，设计理念和规范大多基于陆地工况，与海洋环境差距很大。机械制造和配套能力亟待提高，要加大海洋钻井电钻、交流变频传动系统、作业平台升降机等核心系统的研发力度，重点攻克水下盘基、深水防喷器、万向连接器等装置制造难题。力争到 2020 年和 2025 年，在中国近海和深海海域建成保持稳产的大油田。

五　积极有序开发水电

（一）明确水电优先发展地位

近年来，我国水电开发曾有些不同观点，由于生态环境影响、移民安置等问题，水电开发曾一度比较缓慢。但综合大气污染、能源安全、环境保护、社会稳定等多种因素来看，水电作为目前发展成熟、具备大规模开发利用条件的清洁能源，对我国经济社会发展具有全局性的正面支撑作用。我国拥有的丰富水电资源，是我国能源发展的重要优势，应该努力把水电资源开发利用好。对于水电在生态环境、社会民生领域的相关问题，可以通过加强管理、生态补偿等机制加以解决。总之，水电优先利用、吃干榨净的发展思路需要明确（见表5-3）。

表5-3 水电发展的利与弊

优势	供应保障：有效支撑和保障我国能源供应
	技术经济：水电资源丰富、技术成熟、成本低廉、运行灵活
	清洁能源：有利于优化我国能源结构，助推节能减排和低碳发展
	外部效益：兼具防洪、灌溉、供水、旅游等综合功能，拉动所在区域经济社会发展
弊端	生态环境：水文环境变化、水土流失、地质灾害、物种影响
	移民安置：搬迁难，移民利益难保障；影响库区与安置地经济社会稳定
	国际关系：跨国流域的水电开发面临较大国际关系风险

（二）我国水电开发仍有潜力

与发达国家相比，我国水力资源禀赋丰富（见表5-4）。截至2011年底，我国水电装机总容量已经达到2.2亿千瓦。按照发电量与经济可开发量计算，我国水能资源开发利用率仅为55%，与美国82%、日本84%、法国和德国接近100%、意大利96%、西班牙85%、瑞士80%相比，仍存在较大差距。

西南地区是未来水电开发的主战场。我国水力资源西多东少，开发程度却呈东高西低格局。目前东北、福建、浙江、江西、黄河北干流和湘西等地区的水电已基本开发完毕；中部资源集中的地区

表 5-4 我国水力资源储量

理论蕴藏量		技术可开发量		经济可开发量	
平均功率（万千瓦）	年发电量（亿千瓦时）	装机容量（万千瓦）	年发电量（亿千瓦时）	装机容量（万千瓦）	年发电量（亿千瓦时）
69440	60829	54164	24740	40179.5	17534

资料来源：2003 年水力资源复查结果，不包含雅鲁藏布江流域资源量。

如长江上游、乌江和南盘江红水河等绝大部分已开工建设，预计2015 年投产。而资源最丰富的西南地区开发程度仍然较低。按照技术可开发量统计，我国西部 12 省资源占全国总量的 80% 以上，西南地区云、贵、川、渝、藏 5 省就达到 67%。雅砻江、大渡河、澜沧江、怒江、金沙江、黄河中上游等流域蕴含着较大的开发潜力，将成为未来我国水电发展的重点地区。然而西部地区水电开发也面临着诸多难题：地质环境复杂、开发难度大、成本高；远离负荷中心，需要配建水电输送线；生态脆弱，环境风险大；涵盖跨境河流，涉及邻国关系等，需要通过进一步完善政策体制机制加以保障。

2030 年之前以利用经济可开发资源为主，之后应挖掘技术可开发资源。2012 年，我国水电装机为 249GW，2015 年装机可达到 290GW，2020 年达到 340~350GW，基本上均为经济可开发资源。本着水电"吃干榨尽"的原则，待 2030 年后经济可开发资源基本开发完毕后，应积极开发技术可开发资源。鉴于未来能源成本上涨，以及清洁能源环境和社会效益的逐渐显现，当前概念上的非经济可开发资源，部分将具有开发价值。因此在"传统能源生产革命"的要求下，水电开发进程应如图 5-2 的 CM1 情景所示，到 2050 年水电装机 500GW，年发电 1750 亿度，相当于替代 5 亿 tce 的电煤。如果在更加严苛的环境约束下，则 2050 年水电装机需达到 550GW（见图 5-5）。

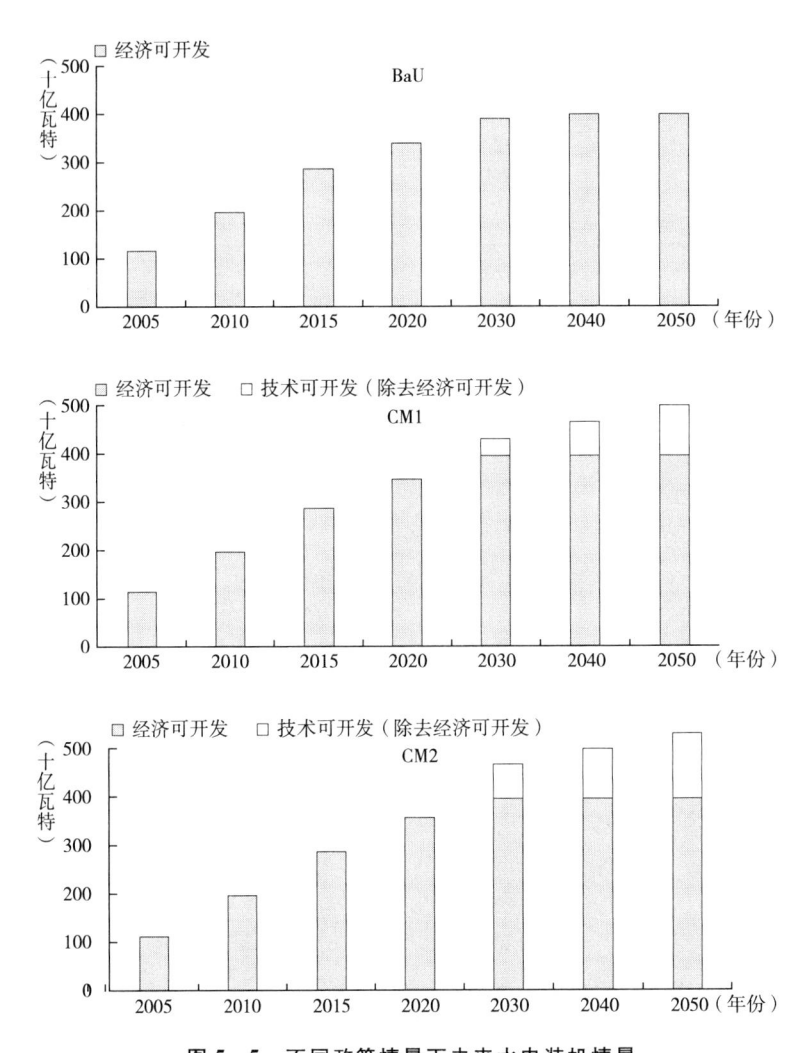

图 5-5　不同政策情景下未来水电装机情景

注：情景定义同图 5-1。

（三）水电开发需要推进机制创新

1. 生态优先，创新水电开发的生态管理机制

一是要变"事后治理"为"事前预防"。综合评价水电项目设计、施工到运行各个环节对生态环境的各方面影响和存在的风险，实现科学合理规划。二是要积极建立生态补偿机制，包括优化梯级

布局，预留天然河段，避开生态敏感区域；实行水电站分层取水、增加过鱼设施；开展河流生境修复等。三是要加强水电项目的长期监管与综合影响评价。借鉴瑞士"绿色水电"认证制度、美国"低影响水坝"标准等国外先进经验，制定科学、系统的环境影响评价体系。

2. 以人为本，创新移民安置和经济补偿机制

改变现有的单一征地补偿方法，借鉴国外水电税收共享、长效补偿、优惠电价等机制，创新我国的水电移民利益共享机制。考虑将部分水电开发利益返回资源区，变一次性补偿为长期货币补偿，实行水电开发流域上下游对口支援，加大对库区和移民安置区的扶持力度，完善移民社会保障等。

3. 互利共赢，创新跨国境水电开发国际合作机制

对于水能资源丰富的雅鲁藏布江、怒江、澜沧江、红河等跨境河流的开发，坚持"走出去"原则，加强与缅甸、柬埔寨等东南亚国家的沟通合作。根据不同国家的具体情况，探索合理的投资、分摊、补偿和管理机制，在坚持互利互惠的原则下，充分发挥我国经济实力、技术水平等多方面优势，积极推动上述国家境内水力资源的共同开发。

六　在确保安全的前提下积极发展核电

核电是我国能源安全、清洁和低碳化发展的理性选择。当前有两大问题影响我国能源可持续发展：供需矛盾日益紧张和化石开发利用引发的生态环境破坏。解决上述问题的关键在于，大力发展清洁零碳能源，既满足需求，又环境友好。在已有的清洁能源中，除水电外（2020年水电开发率将达到经济可开发量的88%以上），核

电是另外一个可行的选择。核电技术成熟,可大规模提供稳定的电力供应;生产过程不受季节性、气候性资源影响;核电不排放 CO_2,也不排放 SO_2、NO_x、烟尘等污染物,一座百万千瓦核电站每年只要补充 30 吨核燃料,而同样功率的火电厂每年却要燃烧 330 万吨煤,排放 900 万吨以上的 CO_2。应该说,大力发展核电既有必要,又有条件,大有可为。

(一) 核电安全风险可以有效防控

一直以来核电安全都面临着较大质疑和争议。但从世界核电发展历程看,核电安全是可以有效防控的。切尔诺贝利事故的起因是人为操作不当,日本福岛核事故的发生和处置也存在较大的人为责任,这两起事故都是核电安全发展的宝贵教训和经验。我国核电站的安全技术起点较高,目前机组的技术水平较世界平均"门槛"高。选址更加保守、安全,防洪和防水淹标准按千年一遇设计,地震记录则要追溯万年。随着第三代、第四代等核电技术的不断进步,未来核电发展的安全性将大幅增加。综合考虑,控制我国核电风险的思路应是提高安全准入门槛,加强安全监管和保障措施,不可"因噎废食"。

适时考虑重启内陆核电。日本福岛核事故后,我国停止了内陆核电的审批,加强了对核电安全的管控,反映了政府审慎的态度。当前,各主要核电大国纷纷重启核电建设,核电安全标准进一步加强,核电的安全性还是得到了国际认可。随着我国能源需求和资源环境压力的逐步增大,特别是内陆地区经济发展水平提高后,可以考虑在地理条件优良、电力资源紧缺的内陆地区,重启核电建设。在国际上,法国和美国的内陆核电所占比重分别为 65.1% 和 75.7%;我国也有建设内陆核电的经验,出口巴基斯坦的恰希玛核电站就建在内陆。重启内陆核电无需设定具体的时间表，可以研究可行的重启条件，包括安全技术水平、社会认知度、环境压力、电力需求缺口等。

（二）依托技术和资源双重保障推进核电稳步发展

2020年之后我国核电应进入稳步发展期。2012年我国核电装机12.57GW，根据在建规模推算，2015年将达到40GW。然而由于福岛事故，以往制订的2020年70GW装机目标恐难以实现，保守估计约58GW。在"传统能源生产革命"的要求下，2020年之后，随着内陆核电审批逐渐放开，我国核电应进入稳步发展期。具体进程是，到2030年，核电装机达到140GW，2040年上涨至280GW，2050年达到420GW。这意味着2020～2030年我国核电年装机规模递增8GW，2030年后年递增14GW。而根据世界核电发展的实践，实现上述增速是可能的，美国在1972～1977年共投产43台机组，装机约34.9GW，年均约5.8GW，其中1985年投产9.0GW；法国在1980～1988年共投产41台机组，装机约40.4GW，年均约4.5GW，其中1981年投产7.2GW。

当前，坚持发展第三代核电以上技术不动摇。当前全球核电站都采用热中子堆技术，按照商业化水平、安全性、防核扩散能力可以划分成传统2代或2.5代机组、第三代技术（AP1000）、第四代技术等。我国已经明确了新建核电机组必须是第三代以上的技术战略，特别是发展大型先进压水堆、引进消化吸收美国AP1000技术并国产化的技术路线，这是具有长期战略眼光、负责任的决策，应坚定不移地贯彻执行。同时，加快高温气冷堆的示范工作，在城市探索开展以热电联供为特点的低温供热堆试点。

中期，做好快堆（包括行波堆）的技术准备和示范运营。与传统热堆相比，快堆的铀资源利用效率高达60%，与传统热堆1%～2%的效率相比具有革命性突破，可以极大地缓解铀资源的约束，也更加安全。目前北京房山已经建成国内第一座快堆实验机组，积累了一定的技术和运营经验。国家核电技术公司也与美国泰拉能源公司合作，开展行波堆技术交流和合作，并提出了"10年内建成行波堆示范工程，15年内实现商业化"的宏大目标。我国应高度重视快堆（包括行波堆）等先进核电技术的研发和示范，做好技术准备。争取在2040年前后，实现快堆技术的商业化运营（见图5-6）。

远期，积极开展聚变堆的前沿技术攻关。核聚变堆将是远期能源供应的终极目标。聚变堆采用海水中丰富的氘资源，更加安全清洁，将有望实现"无穷无尽"的能源供应。目前我国聚变堆研发尚处于规划实验阶段，与国外相比有一定差距，除了积极参与国际合作，如继续深入参与国际核聚变实验堆ITER项目外，更要加大研发投入，针对其中关键基础性技术开展攻关，走自主创新道路。

确保铀资源的充足稳定供应。积极开拓海外资源，加大境外铀矿合作开发利用的力度，为核电发展创造条件。另外，根据铀资源成矿地质分析和模型测算，我国铀资源比较丰富。目前，我国已找到的铀矿资源只是预测总量的一小部分，未来应加强资源勘探和开发。总的看，2040年之前核电发展的铀矿资源可以得到保障。2040年后，随着快堆机组的推广，热堆反应后生成的乏燃料可以继续作为快堆的燃料。

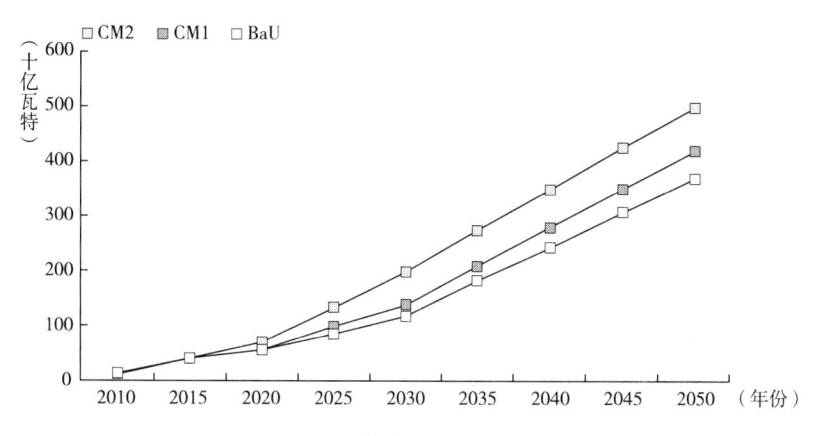

图 5-6 不同政策情景下未来核电装机情景

注：情景定义同图 5-1。

（三）加快推进我国核电发展的体系建设

1. 制定安全、权威、稳定的核电中长期发展战略体系

以"战略必争、高端引领、安全稳健、标准科学、保障有力"为指导方针，制定具有强制性、权威性的核电发展战略体系，涵盖战略定位、发展方针、发展目标、技术路线、技术研发、产业布局、核燃料循环配套、资源保障、设备制造自主化、人才培养等各方面内容，真正成为国家能源规划的重要组成部分。

2. 建立分离、权威、独立、专业的核安全监管体系

分离的关键在于理清核电行业管理与安全监管部门的职能，通过法律明确国家能源局、国防科工局、国资委、国家核安全局各部门职权。权威的基础是有法可依，在核能领域应有《原子能法》保障。独立的关键在于独立决策，不受第三方干预。由于核电安全的特殊性及保障核安全的重要性，未来国家核安全局有必要相对于发改委和环保部更加独立。专业性即要求职能的专业性。要求核电行业管理部门应有足够的能力和资源推动核电技术自主化研发、核安

全保障技术研发以及核电人才的培养。

3. 构建核科技自主研发的创新体系

一是扩大核电相关学科和基础学科的投入，加强三代核电技术的研发，在2020年前形成中国品牌的大型先进压水堆批量建设能力。二是确保对重大核科技项目、核科技研究试验基地建设的投入，加强原型快堆核电站等技术的研发工作。三是充分利用核专业教育资源，建立结构合理、质量优异、竞争开放的教育体系，加强核电专业人才队伍建设。四是营造优良的用人环境，拓宽人才成长渠道，充分调动人才的积极性，不断提升创新创造能力。

4. 建立有公众参与互动的核电政策决策体系

重视民众在核电发展决策中的知情权和参与权。提供风险收益的评估信息，允许民众参与核电研讨，在互动决策中，满足国家战略框架下能源、社会、环境协调发展要求。全方位、多渠道、科学疏导舆情民意，消除核恐慌。鼓励独立社团等第三方力量参与监督，建设能源教育基地，定期举办免费科普宣传，提振安全信心。

第六章　增量革命之二：用发展的眼光支持新能源

　　以化石能源为主的能源结构具有不可持续性，实现高比例的新型能源替代，将是一个世界性的趋势。进入 21 世纪，特别是国际金融危机爆发后，世界经济发展进入新一轮调整期，大力发展新能源和可再生能源的呼声日益高涨，为非传统能源开发利用创造了良好的历史机遇，这对保障世界能源安全、稳定能源市场、应对全球气候变化具有积极意义。

　　发达国家更是将其作为走出经济困境、重塑世界经济主导力量的产业，纷纷制定"绿色能源计划"和"绿色能源新政"，给予新能源和可再生能源前所未有的政策支持。美国颁布了能源新政、《未来能源安全图》以及《美国清洁能源与安全法案》，计划在未来十年投资 1500 亿美元，用于清洁能源开发、积极发展下一代生物燃料和燃料基础设施，并正式提出国家层面的可再生能源目标，即在 2020 年以可再生能源和能效改进的方式满足电力需求的 20%，其中 15% 由风能、太阳能和生物质能等可再生能源实现。欧盟峰会于 2008 年通过 "20 - 20 - 20" 战略，即到 2020 年温室气体排放量在 1990 年的基础上减少 20%；可再生能源占总能源消费的比例在 2006

年8.2%的基础上提高到20%；能源利用效率提高20%，即能源消费量在2006年的基础上减少13%。为实现此目标，欧盟将该目标在成员国之间进行分解，并要求各国启动立法程序予以保障。2011年8月，日本参议院全体会议通过了《关于电气事业者采购可再生能源电气的特别措施法》，扶植可再生能源发展。从各国的战略决策看，以核能、风电、太阳能、生物质能为代表的新能源技术将持续突破，可再生能源发电成本的下降速度很可能大大超出预测。《世界能源展望2013》指出，新能源和可再生能源将迎来大发展。预计到2035年，可再生能源将成为电力行业的主要燃料，占全球发电能力增长的近一半，在全球发电结构中所占比例将从2011年的20%上升到2035年的31%，其中以风能和太阳能光伏为主的间歇式供电占比将达到45%。这意味着在未来几十年，可再生能源将超过天然气，成为仅次于煤炭的电力第二大来源（见图6-1、表6-1）。

我国新能源储量丰富，开发利用潜力巨大，发展以新能源为主的替代能源是保障我国中长期能源安全的重大战略举措。目前我国

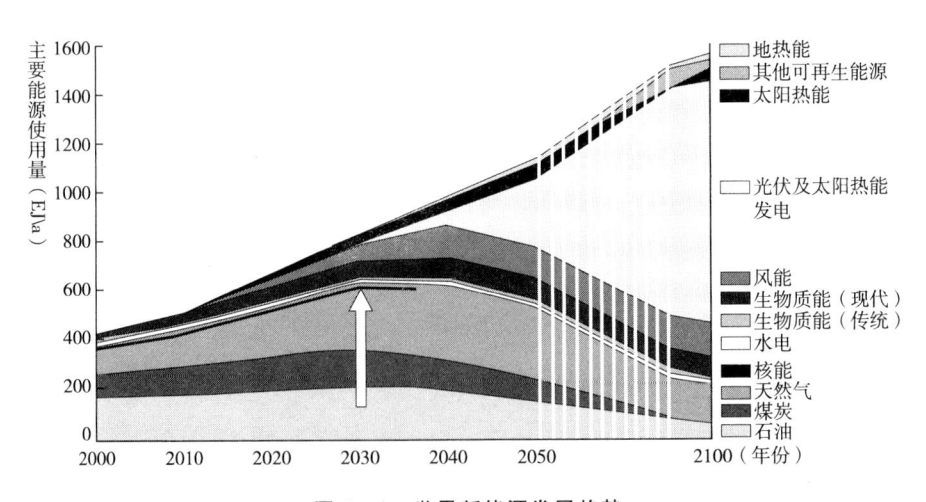

图6-1 世界新能源发展趋势

注：E表示10的18次方，J为焦耳，a为年。

表6-1　美、欧、日可再生能源中长期发展目标

地区	发展目标
美国	未来十年将向清洁能源投资1500亿美元、创造500万个就业机会，2015年普及100万辆插电式混合动力车，2025年25%的电力来自可再生能源等目标
欧盟	到2020年，可再生能源占欧盟总能源消费结构的20%
日本	2030年，使海上风力、地热、生物质、海洋（波浪、潮汐）四个领域的发电能力扩大到2010年的6倍以上

新能源产业取得了很大发展，虽然还处于发展的起步阶段，尚不能完全发挥替代能源作用，但随着化石能源开发利用的局限性日益显现，新能源的替代作用将越来越明显。亚洲的咨询机构Solidiance调查显示，自2004年起，中国对可再生能源的投资以每年80%的速度递增。中国对清洁能源的投资额从2004年的15亿美元飙升到2010年的490亿美元，并在2009年首次超过美国，成为清洁能源的最大投资国。彭博社提供的数据显示，中国于2012年再度以680亿美元的投资额称霸全球，这个数字占到全球清洁能源总投资的1/4。至此，中国奠定了其全球可再生能源领军人物的地位。2013年，中国依然大规模增加清洁能源装机，太阳能、风电以及水电均有不同程度的增加。所有数据都显示，中国的可再生能源规模巨大，同时正在高速向前发展。但快速发展的背后是不断恶化的顽疾，特别是对补贴的过度依赖。新能源的未来需要更简单的补贴机制，并且需要创造一个公平和开放的市场环境，目前很多可再生能源项目无法投建或无法接入电网，迫切需要解决基础设施建设和电网政策缺陷（见图6-2）。

当然，我国新能源总体上成本还高于火力发电，尽管如此，发展新能源是我国的必然选择。长期以来存在的发展方式粗放和唯GDP论英雄等现象，已使资源环境逐渐成为我国经济社会建设与发展的制约瓶颈。固守片面发展观和错误政绩观，资源难以为继，环

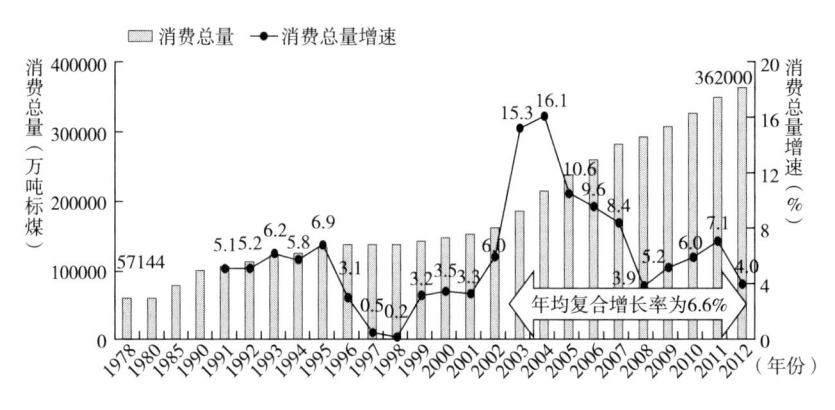

图 6-2 我国能源消费趋势

境难以承受,发展难以持续,我国经济发展面临越来越突出的资源环境制约。我国的资源消耗水平与世界先进水平甚至世界平均水平有着较大差距,在许多方面,资源浪费依然十分严重。我国正面临资源约束趋紧、环境污染严重、生态系统退化的严峻形势,生态系统正在经历重重考验,生态环境危机正在敲响生存与发展的警钟,人民群众对良好生态环境的要求越来越迫切。想要从源头上、从根本上跨过资源环境这道槛,就要加快转变经济发展方式,大力推进绿色、循环、低碳发展。因此,我们仍应着眼长远、坚定信心,使新能源在中长期的发展战略、思想和认识上不动摇。

一 风力发电:初具规模,走势看好

经过几十年的发展,风电已成为国际上公认的技术最成熟、开发成本最低、最具发展前景的新能源之一,大规模发展风电已经成为我国新能源战略现实而有效的选择。在2004年,中国的风力发电仅仅占世界风电的1.66%,但是目前已经占到27%。2012年,风力发电在全国4.85万亿千瓦时发电量中占2%,已经超过了核电的发电量。2012年，我国核电发电量为980亿千瓦时。也就是说不到10年的时间，原来名不见经传的小产业已经发展成为发电量高于发展了几十年的核电的新兴产业。我国风电规模仍然控制在理性范围内，与丹麦相比，我国的风电占比依然很低，因此仍然有不小空间，2030年超越250吉瓦也不足为奇。我国政府的目标是在2015年拥有100吉瓦的风电装机，其中离岸风电的比例将大幅提高。从资源分布来看，我国风能资源丰富、分布广泛，是全球风资源最丰富的国家，开发风电潜力巨大。据初步统计，全国离地50米高3级以上风能资源潜在开发量为25.8亿千瓦，是目前我国总发电装机量的近3倍。同时，我国风电经过几年来的产业进步，一些地方的风电价格逐渐接近火力发电，而且还呈进一步的下降趋势。因此，实现"平价上网"，挑起与传统能源竞争的重担，风力发电是一个重要选择。综合我国各区域风能资源优势及开发条件，未来应着重加强河西走廊风电产业带、南方低风速风电场、海上风电三大风力发电市场布局（见图6-3）。

（一）加强河西走廊风电产业带输送能力建设

甘肃是我国风能资源丰富的省区，大部分风能资源集中在河西走廊，尤以河西走廊西段的酒泉市最为丰富，这里有号称"世界风库"的瓜州县和被称为"风口"的玉门市。有资料显示，玉门市70米高度的年平均风速达7.9米/秒，瓜州则可达8.3米/秒，相当于一年到头都吹着四五级大风。河西走廊不仅风能资源非常丰富，气候环境和风电场的建设条件好，而且也是西北边疆通向内陆的大通道，"河西走廊风能产业带"的发展有着国内其他省份无可比拟的资源优势与区位优势，它的建设对我国风电产业的发展、缓解东西部

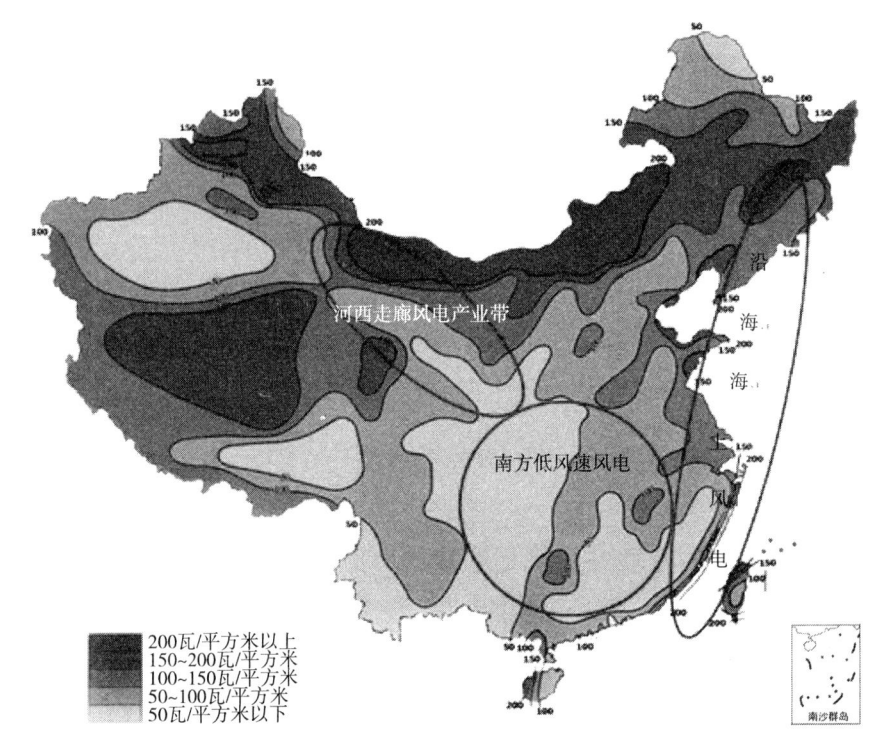

图 6-3　未来应着重加强三大风力发电市场布局

地区电力紧张将起到重要作用。据推算，酒泉千万千瓦级风电基地建成后，年发电量可达 292.33 亿度，按照火电每度电耗标煤 350 克计算，每年可节约标煤约 972 万吨，减少烟尘排放量约 13.18 万吨，减少二氧化硫排放量约 10.91 万吨，减少二氧化碳排放量约 2930 吨。

然而，伴随着风电装机的快速发展，受电网输电能力的制约，河西走廊"弃风"和"窝电"现象持续发生。甘肃风电基地发生的多起风机脱网事故，给电网的平稳运行带来风险。可再生的风电要实现可持续发展，须迈过"三道坎儿"，即电量如何更好消纳、风电如何更加稳定、在发展模式上如何进一步创新。解决这些问题，关键是要坚持科学发展，统筹兼顾，协调好各方关系、平衡好各方利益。消纳风电必须坚持就地消纳和电力外送并举的原则，任何单一的方式都是不可取的。实践证明，如果风机的低电压穿越能力不提高，风电发展规模越大，潜在的危险也越大。风电的调峰问题，实现风光的（风和太阳能）互补问题，风电的基地化发展与因地制宜的分布式发展的互补问题，电价、税收等问题都应高度重视。

因此，应加快电网建设，解决西北风电集中外送问题。加强预测预报和电网调度，保证风电机组和电网安全；提高风电机组技术水平，强制提高低电压穿越能力；发展先进高载能产业，鼓励风电就地消纳；落实和完善电价、税收政策，进一步增强企业和地方发展风电的积极性。能否改变当地电网较为薄弱的现状，是关系河西走廊风电基地建设成败的关键。当务之急是要统筹考虑电源与电网建设，包括特高压直流输电线路，为河西走廊风电基地电力外输提供保障。

（二）加大南方低风速地区风电开发

据统计，全国范围内可利用的低风速资源面积约占全国风能资源区的68%，且均接近电网负荷地区，具有较大开发价值。但目前国内的风电开发集中在风能资源丰富的高风速地区，低风速区的风电开发几乎处于空白。在用电负荷区频繁出现"电荒"、风能资源较好地区的风电开发受限于并网瓶颈而不断"弃风"的背景下，加大对南方低风速地区的风电开发具有重要的现实意义。虽然目前低风速风机造价比普通风机高，低风速风电场投资比普通风电场要高约5%，但由于低风速区都靠近负荷中心，道路运输、建设条件都相对优越，而且接近消纳中心，传输成本降低了，风机上网也能得到充分保证，基本不存在"弃风"问题，这就保证了稳定的投资收益率，项目综合效益要优于高风速区风电场项目。低风速地区的开发是对风电基地外风电上网的有效补充，未来应因地制宜、积极稳妥地探索分散式接入风电的开发模式，发展南方低风速风场。

（三）积极稳妥推进海上风电开发建设

海上风电是风电产业发展的技术制高点。我国海上风能资源丰富，10米高度可利用的风能资源约7亿千瓦。一般估计海上风速比平原沿岸高20%，发电量增加70%，陆上设计寿命20年的风电机组在海上可达25年到30年，且距离电力负荷中心较近，随着海上风电场技术的发展成熟，经济上可行，将来必然会成为重要的可持续能源。目前我国海上风电资源评估不足、部门协调不畅，整体发展仍处于探索阶段，技术门槛和成本还比较高。国家应加快开展海上风能资源评价、地质勘察等准备工作，积极协调海上风电建设的统筹规划，通过一定规模装机容量的先行先试，优化海上风电建设技术和经济模式，积极稳妥推进海上风电开发建设。

（四）努力营造使风电与煤电平价竞争的环境

风电在我国的发展还面临一些困难，太过复杂的风电补贴是原因之一，税收政策是另一个原因。地方政府受到政策激励，强迫风电企业购买本地生产的设备、鼓励低级别的制造业，导致行业畸形发展。此外，风电并网和跨区输电也困难重重，我国的风电设施集中于北部的三个相对偏远、经济欠发达地区，这导致规模化发展遭遇巨大难题。上述障碍，是我国今后风电发展要着力解决的关键问题。有专家提出，要在2020年使风力发电具备与煤电的竞争力，其实现在已经可以做到了。风电每度6角，比煤电标杆电价看起来似乎还要高一点。广东以前的燃煤标杆电价是4角8分,最近又加了一点,现在广东省的火力发电上网电价就差不多5角钱一度。看起来,广东省的风电是6角钱一度,还是要比煤电多一角钱,但如果我们仔细分析,这一角钱的差距有诸多的原因,特别是大量存在"弃风"问题。2012年,全部放弃的风力发电大概200亿度,2013年情况好些,弃风也要达100亿~150亿度电。一个合理的解决办法是在风电运营商降些电价的条件下,国家电网保证收购,例如再降10%电价,但多收购15%电量。要使风力发电具备与煤电的竞争力,就是要尽量少"弃风"、不"弃风",同时运营商适当降低电价。

二 太阳能:方兴未艾,迎头赶上

当前,不论是从资源的丰富程度,还是从环境影响的潜值看,太阳能都是最具有潜力的新能源。各方面估计的基本结论是,到2050年,如果新能源的比例超过50%,至少一半是来自太阳能,今后应积极推进太阳能的多元化利用。

(一)依靠行业和市场引导光伏产业健康发展

我国的光伏产业虽然遇到国外"双反"和国内上网困难等压力,但仍在扩张。尽管目前全球70%的光伏装机分布在欧洲,但我国却是太阳能光伏市场发展最快的国家。2013年上半年,全球光伏需求已达到15GW,其中60%以上需求来自四个国家:德国、中国、日本和美国。在中国、日本需求快速增长带动下,2013年第三季度全球光伏需求进一步攀升,单季需求达到了9GW,第四季度以来需求持续旺盛,单季需求有望达到10~12GW,全年全球的装机容量有望达到 35~36GW，同比增长约 20%。预计全球的装机容量有望实现 15%~20% 的增长，达到 40GW 以上。未来随着成本的继续下降和转化效率的提升，平价时代必将来临，行业的需求有望再次出现爆发式增长。2013 年我国光伏装机量将达到创纪录的 9GW 左右，2014 年在大型电站持续增长、分布式项目爆发式增长带动下，我国光伏装机有望达到约 12GW，继续维持高速增长态势（见图 6-4）。但值得注意的是，光伏行业自身仍存在不少根源性问题亟待解决。

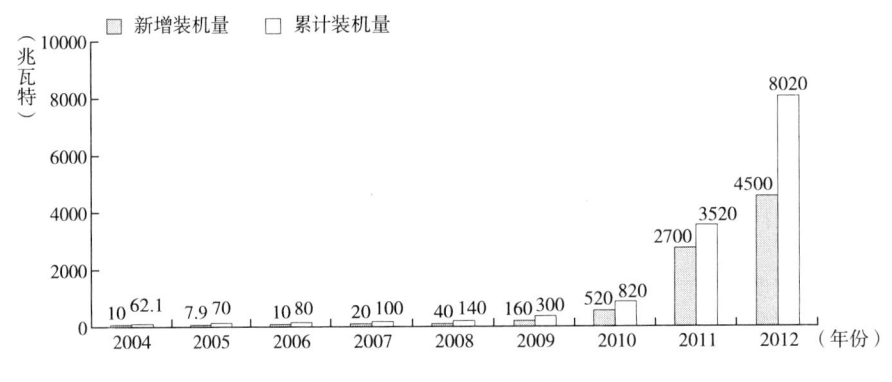

图 6-4 我国光伏装机情况

1. 产能问题

我国光伏行业产能过剩矛盾仍然严重，产业内部技术和市场严重依赖国外，加之政策影响下产生冲动性重复投资，导致产业大而不强、生而不长。数据显示，2013 年上半年以来，国内光伏业产能达 40GW，实际出货量仅 11.5GW，这意味着结构性产能过剩状况依然明显。从下游电站开发来看，目前电站建设坐享如电价补贴和增值税减半等一系列直接财税利好，投资收益率能维持 10% 以上的水平，导致电站开发进入了井喷阶段。数据显示，目前国内已披露的达成意向、签约以及正在开发建设的光伏项目达到 130GW，甚至比国家新拟定的到 2015 年装机达 35GW 的"十二五"目标还要多出 3

倍之多，潜在产能过剩问题已不容忽视。

2. 电价问题

我国光伏市场总的装机量已经突破10GW，今后5~10年每年的光伏装机量都会超过10GW，早已经不是发电市场中的"贵族"，不能再幻想享受电网企业的免费服务。如果把光伏发电量看成一个商品，那么检验商品竞争力的根本就是看最终售价，这种售价包括生产成本和流通成本，这里的"流通成本"显然就是指电网企业所获得的利益。为了扩大市场份额，我国的光伏制造商过度依赖补贴所带来的价格优势，而不是依靠技术进步和效率提高来减少成本。

3. 土地税问题

太阳能光伏发电在新能源总体战略中具有战略意义。我国西部地区光照资源丰富，土地广阔，国内光伏装机大部分集中在西部，西部大型地面光伏电站的集中式发展，对我国光伏装机容量的快速提升起到重要推动作用。然而，据了解，目前西部光伏电站普遍面临较高的土地税问题，这客观上增大了光伏发电站开发商的资金成本，成为制约西部光伏发电成本进一步下降、电站建设健康发展的重要影响因素。西部光伏电站占用的大都是戈壁、盐碱地等不毛之地，根据《中华人民共和国城镇土地使用税暂行条例》，对于在西部荒漠中建设太阳能发电站所占用的土地，是否应收土地使用税并没有明确规定。而在西部一些太阳光照富集区域，每平方米超过3元的土地税很多，增加了企业负担，影响了电站建设积极性。为促进西部光伏电站建设健康发展，建议对西部戈壁滩上建设的光伏电站免征土地使用税，或按照上述条例条款确定一个定期限的免征期。

(二) 光热发电政策推动是关键

光热发电具有稳定可调、绿色环保等特色优势，是最有条件逐步替代火电担当基础电力负荷的新能源。尽快发展光热发电替代燃煤火电，将有助于解决蔓延东部地区的雾霾问题。当前全球光热发电产业化进程加速推进，也是我国抢占光热制高点的关键时期，我们必须从宏观战略角度重视光热发电产业的发展。

1. 光热发电的独特优势

第一个优势是稳定可调。光热发电是一种高品质的清洁电力，其采用成熟的储热技术可以实现24小时稳定持续发电，具有并网友好、储热连续、规模效应和清洁生产等优势，是最有条件逐步替代火电担当基础电力负荷的新能源。第二个优势是绿色环保。光热发电在资源开发过程中不会对生态环境产生破坏和影响，在发电过程中也不会对外产生污染物和温室气体，相比风能、水能、海洋能等具有环境友好的优势，是一种真正绿色环保的清洁能源。光热发电非常适合在我国发展：光热技术除了发电之外，还可供热，可进一步减少燃煤的使用，对破解东部地区"雾霾"问题的意义重大；在我国西部地区集中建设光热电站，在发电的同时，某种程度上还可以减少地表水蒸发，有利于防沙治沙，是整个西部环境治理的大战略。第三个优势是产业辐射力强。光热发电产业链辐射范围极广，涉及玻璃、钢铁、化工、机械等多个国民经济的重点产业领域。除了能推动集热管、反光镜、锅炉、储热材料、汽轮发电机等能源设备行业的发展外，由于光热电站50%左右的成本为玻璃和钢铁原材料，因此对当前产能严重过剩的玻璃和钢铁产业有较大的带动作用。发展光热发电产业将为国民经济的重点领域注入新的增长活力。

2. 我国光热发电产业发展现状及面临的形势

从国际市场看，光热发电已成为全球多个国家重点支持发展的战略性新兴产业。西班牙、美国、印度、南非等国光热发电技术成果的商业化运作已全面展开，装机容量稳步增长。截至2012年底，全球实现光热发电在运装机2553MW，其中美国在运装机为571MW。但从未来趋势上看，美国目前建设中的光热发电项目总装机约1318.5MW，另有正在开发阶段的项目总计1525MW，规划中的项目达1990MW，居世界首位。并且美国光热发电呈现大规模的开发趋势，基本上所有规划电站或在建、在开发光热电站的装机规模都在100MW以上。南非100MW塔式光热发电项目也已启动，印度、摩洛哥、澳大利亚等国家也逐步加快了市场拓展的步伐。当前是我国抢占全球光热制高点的关键时期，如果到"十二五"末，我国在大型项目（50MW以上商业化运行光热电站）上未能实现零的突破，我们将丧失在该行业全球竞争的主导权。我国光热发电起步较晚，目前总体上还处于产业化导入阶段，已建成项目基本上以小型示范电站为主，大型光热电站正处于建设阶段，尚无规模化运行的光热电站。但经过较长时间的试验运行，我国光热发电在技术上已基本成熟，且掌握了一批核心技术，同时国内企业在光热产业链上下游元件生产方面高速成长，基本具备全产业链生产能力。目前，国内数个数十MW的商业化光热发电项目已相继启动，我国光热发电无论从技术上还是从应用上都已到了全面开启的时机。

3. 着力解决我国光热发电产业发展面临的问题

光热发电近几年在世界范围内快速发展，而我国产业发展还处于起步阶段，究其原因主要是我国光热发电产业发展目前还面临以下几点问题：一是我国气候和环境条件对光热发电技术提出了更高的要求，国内核心设备和关键配件还有待实际项目运行检验；二是成本尚不具备竞争优势；三是政策支持力度不足，上网电价政策还未出台；四是系统集成经验缺乏、管理欠规范、规模相对较小，具有开发、设计、施工、调试、运营全过程技术能力的人才较为缺乏；五是检测平台及标准体系还处于空白，设计、施工、调试和运营的全过程标准体系匮乏。为此，我们提出以下几点建议。

（1）加强政策配套，加快技术升级。技术是光热发电产业持续健康发展的重要保障，因此建议加强对光热发电项目国家政策的配套支持。进一步加大对系统集成、装备、关键零部件等技术攻关的支持；加大对示范工程建设的支持力度，从国家层面上更好地统一协调各环节的科研政策。推动自主知识产权的光热发电技术向商业化过渡。

（2）加大政策支持，降低发电成本。光热发电尚处于发展的起步阶段，需要政府政策的引导和扶植。建议参照风电、光伏等新能源产业，对光热发电和设备生产企业给予融资、投资、税收等方面的优惠政策。如在融资上提供政府担保贷款，给予贷款优惠利率；在投资上，可以参考光伏发电已出台的"太阳能屋顶"计划和"金太阳"工程进行一定比例的投资补助；在税收上，建议参照风电在所得税方面享受三免三减半、增值税方面减半征收的税收优惠。

（3）调研电站成本，出台合理上网电价。合理的上网电价是推动光热发电商业化发展的关键，政府应该像当初扶植风电、光伏那样扶植光热，给光热发电公平发展的机会。国家相关部门应组织专门的工作小组对国外已有电价政策和国内有代表性的试点示范项目建设成本进行调研，适时出台合理的上网电价（这种电价政策应考虑目前光热发电的发展阶段及所发电力的稳定性特征，可保证企业获得理想的内部收益率）。

(4) 建设大型示范项目,积累实战经验。国家应加大对示范项目建设的支持力度,明确示范项目财政补贴模式及电价招标范围,以国家科技计划项目为纽带,建立政府与企业、企业与企业的合作伙伴关系,加快示范项目建设。为加快光热发电从前沿技术向集成示范的延伸步伐,政府应调动产业链各相关单位积极性,使与市场相适应的技术研发及时得到市场的认可与鼓励。此外,在国内条件不成熟的情况下,政府还可以鼓励企业到海外投资光热电站,获取建设大型示范光热电站的经验(见表6-2)。

表6-2 光热发电主要设备和工程国产化情况

场地及基础设施	机械与设备	土建与安装
导热油系统		
导热油加热器(%)	0	100
蒸汽锅炉(%)	100	100
导热油罐/热交换器(%)	100	100
泵(%)	0	100
发电区		
汽轮机/发电机(%)	100	100
蒸汽/水系统(%)	100	100
电气辅助系统(%)	100	100

(三) 太阳能热利用工程化、国际化、规范化

近年来,我国太阳能热利用产业发展迅速,已成为世界太阳能热利用生产应用大国。2012年,我国太阳能热水器的年产量达6390万立方米,占世界年产量的80%左右,热水器的总保有量达2.57亿立方米,占世界总量的60%左右,形成一定的产业规模。但就目前来看,我国太阳能热利用产业还存在应用面窄、国际化不足、行业标准和规范不完善等问题。为促进我国从太阳能热利用生产大国向

世界强国迈进，应加快三大步伐：第一，加快太阳能热水系统在中高层建筑领域中的应用，提高太阳能热水系统的技术集成能力、集约化程度，促进太阳能热利用工程化发展；第二，加快提升国内企业产品质量与技术含量，真正实现"走出去"，建立全球化光热利用产业体系；第三，加快行业标准建设，规范企业生产、服务，保护消费者权益，实现产业可持续发展。

三 生物质能：潜力巨大，尚待开拓

与太阳能一样，生物质能是典型的低碳能源，具有可再生、低污染、分布广泛等特点，被称作"世界第四大能源"。我国生物质能资源广泛，主要有农作物秸秆及农产品加工剩余物、林木采伐及森林抚育剩余物、木材加工剩余物、畜禽养殖剩余物、城市生活垃圾和生活污水、工业有机废弃物和高浓度有机废水等。其中可作为能源化利用的农作物秸秆和农产品加工剩余物每年约4亿吨，可供能源化利用的林业剩余物每年约3.5亿吨。适合人工种植的能源作物（植物）有30多种，包括油棕、小桐子、光皮树、文冠果、黄连木、乌桕、甜高粱等，资源潜力可满足年产5000万吨生物液体燃料的原料需求。目前全国每年城市生活有机垃圾清运量约1.5亿吨，其中50%可作为焚烧发电的燃料或垃圾填埋气发电的原料，可替代1200万吨标煤。厨余垃圾还可作为生物柴油的原料，每年可获得量约300万吨。城镇污水处理厂污泥年产生量约3000万吨，其中约50%可能源化利用。酒精、制糖、酿酒等20多个行业每年排放有机废水43.5亿吨、废渣9.5亿吨，可转化为沼气约300亿立方米。规模化畜禽养殖场粪便资源每年约8.4亿吨，生产沼气的潜力约400亿立方米。

近几年来，在国家先后出台的一系列扶植政策的鼓舞下，我国生物质能源的利用备受关注，生物质能产业发展取得了突破性的进展。2012年印发的《生物质能发展"十二五"规划》指出，到2015年，我国要形成较为完整的生物质能产业体系，在电力、供热、农村生活用能领域初步实现商业化和规模化利用。预计2015年，农林剩余物年利用量将达到7500万吨，年利用各类能源作物2500万吨，年处理畜禽粪便5.6亿吨、城市生活垃圾6400万吨、城镇污水处理厂污泥1500万吨、废弃油脂90万吨，合计年替代化石能源5000万吨标煤，相应年减排二氧化碳9500万吨、二氧化硫65万吨。

下一步应重点解决阻挠产业发展的几大难题，因地制宜推动生物质气化供气、生物质成型燃料、生物质发电、生物质液体燃料等多元化发展（如图6-5），加快生物质能产业化进程。

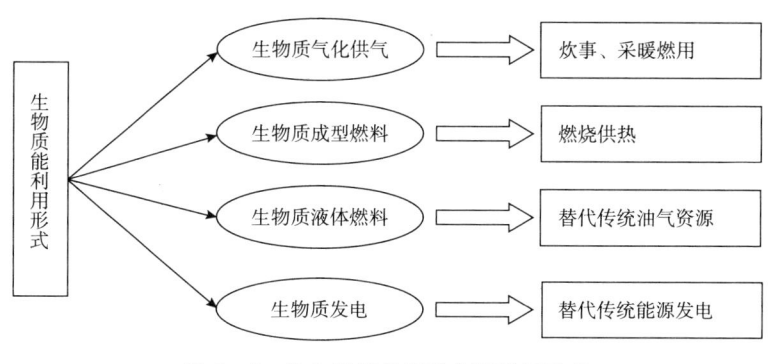

图6-5 生物质能的四种主要利用形式

（一）确定最佳原料收集半径，防止因收集范围相互叠加引发冲突

我国生物质能源利用潜力较大，但生物质原料的分散性和季节性的特点导致收集难度大，因而对燃料的获得直接影响生物质能企业的规模和效益。最新数据显示，在生物柴油发展的黄金期，国内涉足企业数量一度超过300家，截至目前，这一统计数据缩水了九成。与生物柴油生产企业一样，原料供应、终端销售的问题同样困扰着燃料乙醇、生物航空燃料、生物燃气等生产企业。部分生物质企业在燃料供应不足的情况下，不断扩大收集半径，有电厂的燃料收集半径已在原有基础上扩大数倍，导致原料收集范围与其他企业叠加引发矛盾与冲突。农林生物质原料具有分散性和季节性的特点，目前原料收集主要依靠人工和小型机械，运输主要依靠通用运输工具，缺乏完整的专业化原料收集、运输、储存及供应体系，收、储、运效率低，原料供应不稳定，难以满足生物质能规模化利用的需要。生物质原料制约是实现产业化的"绊脚石"，一是运输成本，如果超过一定的运输半径，生物质原料运输费用成本就会大幅上升，导致企业无利润空间；二是储存成本，生物质原料的季节性供应使企业储存成本成倍增加。由于没有和农民形成互利的利益"共同体"，有的农民为了多卖钱，就可能会掺杂使假，如在秸秆里泡水、掺土以压秤。因此，厂家必须重视和农民建立互利共赢的关系，从而在数量、质量、价格上确保原料的供应。生物质能源产业发展要创新一种善于同农民打交道的原料收购模式。前期涉足生物质能源的企业在这一点上对困难估计不足。发展生物质能源产业必须宣传发动亿万农民参与、支持，并使其受益；依靠各级政府支持建立原料收购市场的诚信体系；优化收购系统的业务流程，坚持流程标准化、作业机械化、过程信息化建设；像中国每年5亿多吨粮食收购工程一样，取消中间商与经纪人，实行公开透明的阳光收购。为保障原料的有序供给，有关部门应积极负责组织开展生物质资源评价和生物质发电规划工作，优化项目布局，明确最佳的原料收集半径，防止"一哄而上"，从源头上避免恶性竞争。

（二）出台相应措施，防止掺烧比例作假

国家《关于进一步加强生物质发电项目环境影响评价管理工作的通知》明确提出，"采用流化床焚烧炉处理生活垃圾作为生物质发电项目申报的，其掺烧常规燃料质量应控制在入炉总质量的20%以下。其他新建的生物质发电项目原则上不得掺烧常规燃料。国家鼓励对常规火电项目进行掺烧生物质的技术改造，当生物质掺烧量按照质量换算低于80%时，应按照常规火电项目进行管理"。但从实际情况看，为牟取高额利润，部分生物质发电厂存在故意掺烧或过量掺烧常规燃料的不正当行为，阻碍了生物质发电产业的健康发展。为防止掺烧比例作假现象的频繁发生，政府应出台相应的措施，尽快完善生物质掺烧数据的计量、管理和监测体系，定期对企业生物质掺烧比例进行核查，对达不到国家规定掺烧比例的企业采取一定的惩罚措施。

（三）加强技术研究，提高锅炉效率

技术也是中国生物质能源产业发展的瓶颈。目前，国内生物质能利用技术和装备处于起步阶段，仍未掌握循环流化床气化及配套内燃发电机组等关键设备技术，非粮燃料乙醇生产技术需要升级，生物降解催化酶等核心技术亟待突破，生物柴油生产技术应用水平还不高，航空生物燃油、生物质气化合成油等技术尚未产业化。与发达国家相比，目前我国生物质锅炉燃烧运行技术还不成熟，锅炉效率偏低，运行优化还有待提高，影响了产业竞争力的提升。建议加大对生物质锅炉技术的研究支持力度，推动产学研用结合，组织联合攻关，突破关键技术的制约，使我国生物质产业发展向巴西看齐。

四 其他新能源：探索前沿，期待突破

（一）根据地理条件，合理发展海洋能

我国海洋能资源丰富，包括潮汐能、波浪能、海流及潮流能、海洋温差能和海洋盐差能等，海洋能开发空间巨大。但与此同时，海洋能具有分布分散不均、能流密度低、经济性差、不稳定、运用困难等特点，若要将海洋能顺利转化为可利用能源，需要高端的技术研发。在各种海洋能源中，潮汐能的开发利用历史最为悠久，技术最为成熟。我国潮汐能发电始于20世纪50年代后期，迄今已建成潮汐电站8座，总装机容量为6120千瓦。我国潮汐发电技术历史较长，已有较好的基础和丰富的经验，小型潮汐发电技术基本成熟，已具备开发中型潮汐电站的技术条件。目前，相对于海洋能资源的巨大储量而言，我国海洋能资源利用程度较低，只有部分潮汐电站实现商业利用，小型波浪能和潮流能装置尚处于示范阶段，温差能和盐差能处于实验室研究阶段。因而，未来海洋能开发空间还有待于进一步拓展，尤其是我国东南沿海地区海洋能具有很大的开发利用价值，而且可以缓解该地区常规能源短缺、电力不足的问题，因此，在这些地区要加快技术研发、合理开发以潮汐能为代表的海洋能。

（二）基于地质条件加大力度开发地热能，浅层地热能开发要确保环境安全

地热能是一种新的洁净能源，在当今人们的环保意识日渐增强

和能源日趋紧缺的情况下，对地热资源的合理开发利用已愈来愈受到人们的青睐（见表6-3）。在地热能利用规模上，我国近些年来一直位居世界首位，并以每年近10%的速度稳步增长。我国地热能分布较广，但由于深层地热水的形成要经历漫长的过程，大量开采而不回灌，地热水会越来越少，同时，地热水经使用完沿着污水管道进入地下水体系后，会对土壤和动植物造成热污染，因此地热资源的开发利用必须做好规划管理工作，确保对环境无污染以及地下水安全。

表6-3 对照当前实际分析未来发展目标

		2009年底统计	2012年底统计	2015年规划	2020年规划	说　明
地热发电	装机容量（MWe）	24.18	27.28	100		2015年可望达到60MWe，实现100MWe较难
	利用能量（TJ/a）	511	576	2207		
	节约标煤（万吨）	2.91	3.28	12.5*		
地热直接利用	装机容量（MWt）	3688	4909	10168	71555	年累进增长率至2012年为10%，至2015年需为28%
	利用能量（TJ/a）	46313	60369	125048	880000	
	节约标煤（万吨）	263.1	343	710.5*	5000	
浅层地热能	装机容量（MWt）	5210	7497	16065		年累进增长率至2012年为30%，至2015年仍需为30%
	利用能量（TJ/a）	29035	63855	136777		
	节约标煤（万吨）	165.0	363	777*		

注：*总计1500万吨，即满足"十二五"规划1500万吨标煤的目标。

（三）突破技术、成本障碍，加快氢能产业化发展

随着全球能源需求不断增长和环境污染问题日益加剧，氢能正成为一种来源丰富、绿色环保、能量密度高、储存方式与利用形式多样的无碳二次能源。目前，氢能利用已得到世界各国政府、科研机构和企业的高度关注。2011年，我国氢气需求量达到1407万吨，

未来我国氢气需求量将大幅增长，预计 2016 年将达到 2802 万吨。不过，氢能能否真正被广泛应用，氢气的制取、储存和输送等技术研发，显得尤为重要。目前，氢气制取消耗一次能源造成的成本过高，而氢气的储存和输送还没有好的办法，利用金属氢化物储氢率太低，高压罐储氢耗能又太高。因此，未来要顺利推进氢能的产业化发展，从氢能的生产、储存、运输到相关基础设施与产业体系以及标准的建立，都要经过长期、艰苦的科技攻关。

（四）加强资源勘探，加快可燃冰的开发利用步伐

继页岩气之后，可燃冰（甲烷水合物）成为新能源领域的又一热点。2008 年我国专家预测，可燃冰远景资源量 2000 亿吨油当量以上，其中南海海域储量约 700 亿吨油当量，青藏高原和黑龙江省冻土区储量约为 1400 多亿吨油当量，加快可燃冰的开发利用具有重要战略意义。目前，总体来看，我国的可燃冰开发尚处于起步阶段，与国外先进的试开采技术差距较大。同时，由于海洋水合物绝大多数分布在 500~3000 米水深的海底沉积物中，储存条件复杂、埋深浅，开发过程中易引发工程地质灾害、温室效应等。此外，资源分布状况尚不够准确，开采成本过于高昂，也极大地制约着我国可燃冰的开发。因此，要尽快组建国家级可燃冰科学研究中心，全面掌握可燃冰资源分布、储量等情况，开展技术攻关，解决勘探、开发、运输、使用等方面存在的难题，为实现规模开发奠定坚实基础。

五　走分布式与集中式相结合的路子

当前关于新能源发展是应该采取分布式还是集中式的发展思路

的讨论不绝于耳，主张集中开发新能源的观点认为，中国北方土地辽阔，风能、光能资源非常丰富，但电力负荷小，电网薄弱，不能按照欧洲那种"分散上网，就地消纳"的模式发展，只能采用"大规模-高集中-远距离-高电压输送"的发展模式；主张分布式发展的观点认为，由于新能源具有能量密度低、带有随机性和间歇性、尚不能商业化储存的特性，根据技术经济约束条件，宜采用分散式、分布式开发方式，将其就地、就近利用。应该说，发展新能源不能简单地采取集中式或分布式的发展模式，而应结合新能源的分布特点以及我国东西部用电需求布局的情况采取"分布式与集中式相结合"并重的发展战略。

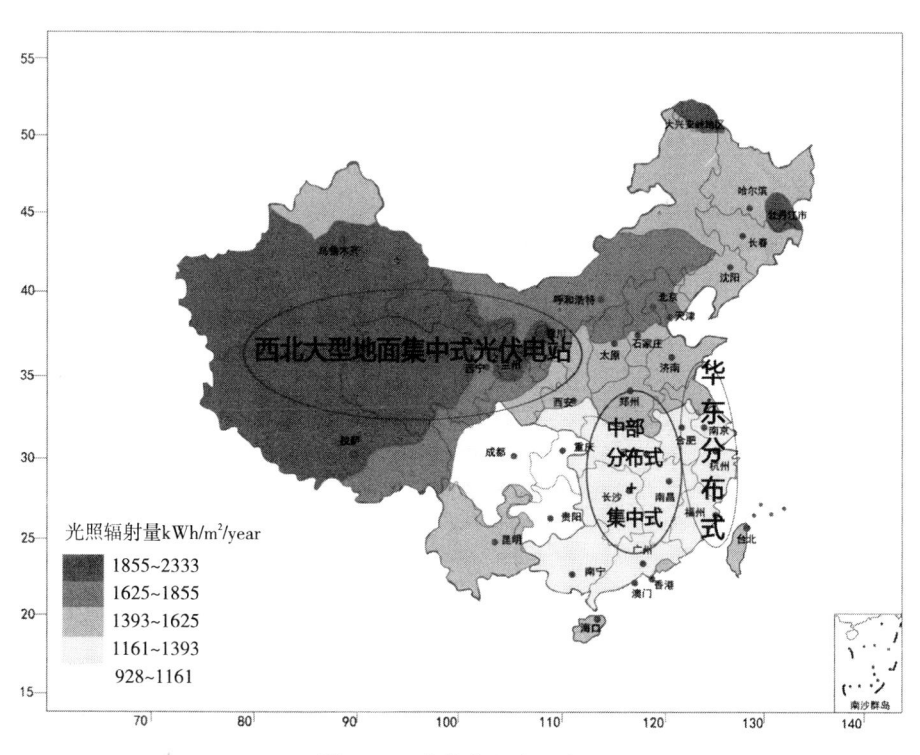

图 6-6 光伏产业发展布局

（一）分布式适合于分散开发、就近利用

分布式发电也称分散式发电或分布式供能，一般指以新能源和可再生能源为主的小型发电装置就近布置在负荷附近的发电方式。分布式能源系统具有灵活的变负荷、较低的初期投资、可靠性高的供电等特点。许多发达国家开发利用新能源都遵循了一个哲学道理：将分散的资源分散利用。欧洲风电和太阳能发电采用了分散开发、就地供电的模式。例如北欧诸国，风电机组星罗棋布、三三两两，还有许多是单台接入20千伏~10千伏以及电压等级更低的电网，大都直接接到供电系统。德国光伏发电容量2011年底达2300万千瓦，超过我国三峡水电站装机规模，基本都分散地建在用电户屋顶上，分布式接入系统。用电户可以投资风电光电，自建自发自用，调度机构优先调度、系统整体平衡调节，富余电量可向电力市场出售，供电不足则由大系统补给。如此的开发模式，优点显而易见：一是电力就地消纳，基本不弃风不弃光，电量得到充分利用；二是不用远距离送电，故不用配套新建大量高压、超高压输变电设施，节省大量投资并减少大量输电损耗；三是电源分散，故接入系统电压等级很低，好比在"毛细血管系统"里运行，出力不稳定的新能源电力对涉及主系统安全和电能质量的电压和频率等重要参数指标影响甚微。在我国人口稠密、电力需求旺盛、用电价格较高的中东部地区，分布式发电已经具有较好的经济性，具备了较大规模应用的条件。

（二）集中式适合于远距离、大规模利用

我国西部地区地广人稀，风能、太阳能资源丰富，集中开发建

设巨型风电场和光伏电站，具有项目建设、管理的效率较高等突出优势，如果经论证集中式开发具备经济合理性，应统筹资源禀赋条件、电力输送和市场消纳，加快规模化风电、太阳能的集中开发步伐。应在太阳能资源丰富、具有荒漠化等闲置土地资源的地区，建设一批大型光伏电站；结合水电开发和电网接入运行条件，在青海、甘肃、新疆等地区建设太阳能发电基地，探索水光互补、风光互补的太阳能发电建设模式；统筹风能资源分布、电力输送和市场消纳，优化开发布局，有序推进大型风电基地建设。结合电力市场、区域电网和电力外送条件，积极有序地推进"三北"和沿海地区大型风电基地建设。当然，集中式开发利用必须解决好电力外送问题，建设远距离、大容量的电力输送网络。

（三）基地式集中发展与分布式开发利用相结合

为推动新能源在较短时间内实现跨越式发展，我国将长期以来"集中力量办大事""兵团作战"式的管理模式运用到了新能源领域。近几年来，风电、光伏建设规模增长较快，而许多项目上马时并没有考虑电力输送和系统调峰的条件。经过一段时间的实践证明，高度集中开发风电、光电的模式，给装备工业和设备制造领域带来跨越式飞速发展，然而目前电网企业在系统安全平稳运行和新能源消纳方面遇到较大困难，出现较多弃电和数次系统稳定事故。在当前出现较多问题的情况下，应对我国新能源大基地式大发展的开发模式进行反思。从规划上看，未来我国大电网和配电网、微电网的发展是并行不悖的，大规模能源基地的建设开发、输送和分布式电源的开发建设都是必要的，分布式电源是大电源装机的很好补充。因而，从我国新能源发展的思路上，应改变过去单纯基地式大发展的路径，将大规模集中利用与分布式生产、就地消纳有机结合起来，从而形成分布式与集中利用"两条腿"走路的格局。

综合而言，应发挥新能源资源分布广泛、产品形式多样的优势，鼓励各地区就地开发利用各类新能源，大力推动分布式新能源应用。同时，根据新能源资源和电力市场分布，应加大资源富集地区新能源开发建设力度，建成集中、连片和规模化开发的新能源优势区域，形成分布式利用与集中开发并进的新能源发展模式。

六 培育新能源产业集群

从世界来看，传统能源产业发展格局已经基本定型，但新能源产业尚处于发展之中。培育新能源产业不仅可以打造新的产业板块，而且可以形成全球产业竞争的新亮点。我国新能源和可再生能源发展取得了显著成就，同时也带动了相关领域的产业化发展。但一些国家层面、战略层面的设计与调整措施的落后，影响了我国新能源产业的长期培育。因此，应着力从战略层面解决一些涉及我国新能源发展的产业培育的问题，努力形成强有力的支撑体系。

（一）产业布局上，由"两头在外"向国内外并重转变

近几年来，我国新能源产业发展迅速，但部分行业发展（主要是光伏行业）仍然没有改变"两头在外"的畸形产业结构。所谓"两头在外"，一头是核心技术在外；另一头是应用市场在外。在美欧"双反"、国际经济复苏缓慢、贸易壁垒加大的背景下，"两头在外"的发展模式弊端尽显，我国光伏企业不得不面对量价齐跌、产能过剩、库存高企的不利局面。"两头在外"的产业结构困局充分显

示我国新能源产业国内市场开发不够,为促进我国新能源产业的可持续健康发展,在产业发展结构上必须尽快扭转"两头在外"的现状,加大对国内技术创新的支持力度,加大对市场终端用户的补贴力度。一方面,在核心技术方面,应提高科技创新能力,培育核心竞争力,摆脱技术和设备生产高度依赖进口的局面,同时也要借鉴国外的先进经验来补充自身发展的短板,从而降低新能源进入市场的成本;另一方面,在市场结构上,要加强国内市场的培育。目前,对还处于发展初期的新能源产业必须坚定扶植态度,初期补贴是非常必要的。应明确终端市场是新能源产业政策发力的关键,在补贴形式上应转变思路为对终端用户进行补贴,尽快明晰对终端用户的补贴力度、补贴办法、补贴落实才是政策与市场最佳结合的不二选择。此后,待新能源产业逐步发展成熟,以市场技术提高为前提,采取补贴递减政策。

(二)建设节奏上,由"一拥而上"向合理稳步发展转变

新能源产业是我国发展最快的战略性新兴产业之一。目前,我国已建成数十个规模较大的新能源基地,包括中部地区在内的诸多省份提出打造新能源基地,近百座城市提出要把太阳能、风能作为当地的支柱产业发展。在配套设施不完善的情况下,许多规模小、资金实力不够雄厚、技术落后的企业一窝蜂的涌入,扰乱了市场竞争秩序,造成了产能过剩,加大了产业风险。就光伏产业情况来看,我国已经连续几年从产能到出口量都位居世界第一,形成了多家世界级的光伏产品生产企业。我国光伏产品产能在 2009 年就已供大于求,在当前国外市场紧缩、国内市场需求不足的背景下,全行业鲜有赢利企业。发展新能源是未来大势所趋,但新能源的发展

不能一蹴而就。对于新能源产业一拥而上、重复建设的问题，需要国家正确引导和合理规划，防止对新能源过度吹捧和提出不切实际的发展目标，使其向合理稳步发展的状态转变。有关部门应尽快明确国家及各地区新能源产业的发展方向以及发展目标，建立国家层面和区域间协调机制，因地制宜、合理布局，坚决防止盲目布点，将产业引入合理稳步发展的轨道，避免企业的重复建设和资源浪费。

（三）市场主体上，由依靠国有为主向国有、民营平等市场主体转变

民营企业首先掀起了我国新能源发展的高潮，但央企后来居上，依托其垄断和融资优势，抢占了大量相关项目、资源，迅速占据了市场。数据显示，2012年央企风电项目占全国风电总装机容量的81%（见表6-4）；在光伏发电方面，从此前特许项目招标情况来看，投标主体以国有企业为主而民营企业仅以供应商形式出现，光伏电站建设基本由国有企业主导。对于发展路径还不清晰、大量技术瓶颈有待突破的新能源产业而言，如果被国有企业所垄断，将不利于整个产业的发展、创新及电力的市场化改革。在市场经济条件下，市场主体的多元化是促进我国新能源产业健康发展的重要基础。对新能源产业的未来发展而言，必须促使其向国有与民营并重、竞争与合作并存的局面转变。具体来讲，应改变当前国有企业在新能源领域"一头独大"的局面，向国有、民营平等市场主体转变：一方面，在需要集中力量、大规模发展的领域应以国有企业为主导；另一方面，应鼓励民营企业积极开拓小型分布式利用领域。

表 6-4　2012 年部分开发商的风电装机容量份额

企业类别	新增容量（MW）	新增份额（%）	累计容量（MW）	累计份额（%）
电力央企	7052.45	54.3	43146.80	57.2
能源央企	1410.30	10.8	8910.05	11.8
其他企业	1462.00	13.1	7493.20	10.0

（四）发展思路上，新能源产业与传统能源协调发展

新能源是代表未来发展方向的新型能源，但总体来看，新能源产业还处于发展的起步阶段，在技术上、商业模式上，还存在一些困难和问题。目前新能源产业尚不能发挥替代能源作用，传统能源在相当长一段时间内仍将占主导地位。要客观看到目前传统能源产业仍具有效率提升和技术改进的空间，应将传统能源的改造升级与新能源技术研发和产业化协调发展，在煤炭、石油等传统能源科学供给合理利用的基础上稳步增加新能源的比例，这是中国能源发展的长远之计。为积极培育新能源产业发展、提高新能源开发利用比例，应强化政策支持，严格执行可再生能源配额制，确定各省消纳方案及发电企业可再生能源发电指标。

（五）技术支撑上，集中解决一批新能源产业发展的技术难题

我国新能源优先发展的领域仍然是太阳能、风能和生物质能，因此必须为这些能源 2030 年乃至以后较长远地大规模应用和发展奠定技术基础。在太阳能方面，重点发展的技术包括晶体硅技术、薄膜电池技术、并网发电系统技术、建筑一体化太阳能技术、高温太阳能集热及太阳能热发电技术；在风能方面，重点开发大型风力发

电装备，包括变速驱动和直接驱动机组，同时建立我国风力发电产业标准体系，进行海上风电场开发的资源评价；在生物质能方面，则重点发展利用非粮资源开发燃料乙醇、生物柴油和发电的产业化关键技术，进行产业化应用示范研究。建议采取"三家"（国家、专家、企业家）结合的方式共同推动新能源技术与产业发展。国家要进一步加大研究开发投入，重点承担基础研发和实验示范的责任；专家应积极开展应用研究，广泛参与科技成果转化和产业化的集合市场，寻求科技成果交易的专业化服务；企业家应承担科技转化的职能，决定如何让技术转化，实现商业化和规模化发展。

（六）消纳并网问题上，理顺上网补贴的电网与国家责任

我国新能源产业还处于发展初期，发电成本高、经济性差是制约新能源市场扩张的关键因素，在未来一定时期内，对新能源产业实施一定的补贴和扶植仍然是必要的。目前，我国新能源上网发电的补贴资金主要来源于可再生能源电价附加费（见表6-5），由于电价附加一直是由电网企业代为征收，单独记账，有关部门对资金监管、资金使用和发放的各个环节并不能做到完全掌握和有效监督，一定程度上导致补贴资金征收和资金保障能力严重不足，这也成为补贴资金缺口逐年扩大的重要因素之一。为了使未来补贴下发的流程更透明可控，亟须理顺上网补贴的电网与国家责任。电网方面，国家应规定电网公司在发展新能源方面的具体义务和责任，电网企业必须真实、完整地记载和保存新能源发电上网交易电量、价格、电费结算情况等资料，应及时足额上缴可再生能源电价附加，不得多征、减征、缓征、停征或截留、挤占、挪用可再生能源电价附加；国家方面，应充分发掘现有政策潜力，取消各地自行出台的可再生

能源电价附加减免政策，加强对可再生能源电价附加的征收、拨付、使用各环节的管理。

表 6-5 中国可再生能源电力附加可筹集资金预测

年份	2013	2014	2015	2016	2017	2018	2019	2020
装机量（GW）	1200	1300	1400	1500	1600	1700	1800	1900
发电量（Twh）	5500	5900	6400	6700	7100	7400	7800	8200
旧补贴（厘/度）	4	4	4	4	4	4	4	4
旧补贴（亿元）	190	200	220	230	240	250	270	280
新补贴（厘/度）	8	8	8	8	8	8	8	8
新补贴（亿元）	430	460	500	520	550	580	600	640

资料来源：根据有关资料综合测算。

（七）法律机制上，解决新能源"走进家庭"的法律障碍

法律法规的完善是新能源真正"走进家庭"的基本保证，然而现行《中华人民共和国电力法》（下称《电力法》）第 25 条规定一个供电营业区内只设立一个供电营业机构，第 35 条规定仅有供电企业才能向用户收取电费，此规定意味着一个供电营业区内，电网公司成为唯一可向用户收费的供电企业，电力生产企业没有向最终用户直接供电的权利，最终用户也没有自由选择电力供应商的权利。《电力法》供电唯一性的规定使风能、太阳能等分布式能源不能直接售电给终端用户，制约了新能源的应用普及。建议修订《电力法》，鼓励电力直供，为新能源发电应用于国内市场扫清法律障碍。

第七章　增量革命之三：实施积极有为的国际能源合作战略

当前，国际经济环境依然严峻，能源危机、能源安全、全球气候变暖等问题正成为亟待解决的世界性难题，而能源是支撑经济发展的基础动力。在全球各国的经济发展战略中，能源都被放到极其重要的地位，能源的深入合作也将给经济发展带来更多活力。从世界能源生产与消费格局来看，"西斜东倾"特征越发明显，世界能源消费的重心正向以中国为代表的新兴国家转移。中国作为世界最大的能源消费国，是世界能源格局中最大利益相关者之一。因此，构建能源安全新版图、积极开展国际能源合作，是中国能源革命必须思考的重大战略。必须未雨绸缪，善抓机遇，化解挑战，积极应对，延长战略机遇期。积极开展国际能源合作，建立双边或多边能源合作机制，坚持不懈地开展能源对话与交流，实现能源供应来源多元化，促进能源科技进步，提升能源安全，为国内经济社会持续、快速、健康发展增加后劲。

一　国际合作是中国能源未来发展的大趋势

随着经济全球化、产业全球化和贸易全球化的不断深化，能源全球化进程正在加速,参与国际能源大循环成为各主要经济体的必然选择。当前,世界能源消费的重心正向以中国为代表的新兴国家转移,而在供给端,以美洲为代表的西半球所占比重越来越大。

(一) 一个特征:全球能源新格局初露"西斜东倾"端倪

目前,一条新的能源轴线已在西半球悄然崛起,并可能改变世界能源分布版图(见图7-1)。但在美国"能源独立"的影响下,中东主导的世界能源生产版图将发生改变。在所有能源进口地区中,北美属于特例。到2030年,随着生物燃料供应和非常规油气产量的增长,北美目前的能源赤字(主要指石油)将转为略有盈余,正在成为世界能源供应版图中隆起的板块,将在一定程度上削弱中东地区能源的战略地位,并深刻影响地缘政治和全球经济格局。

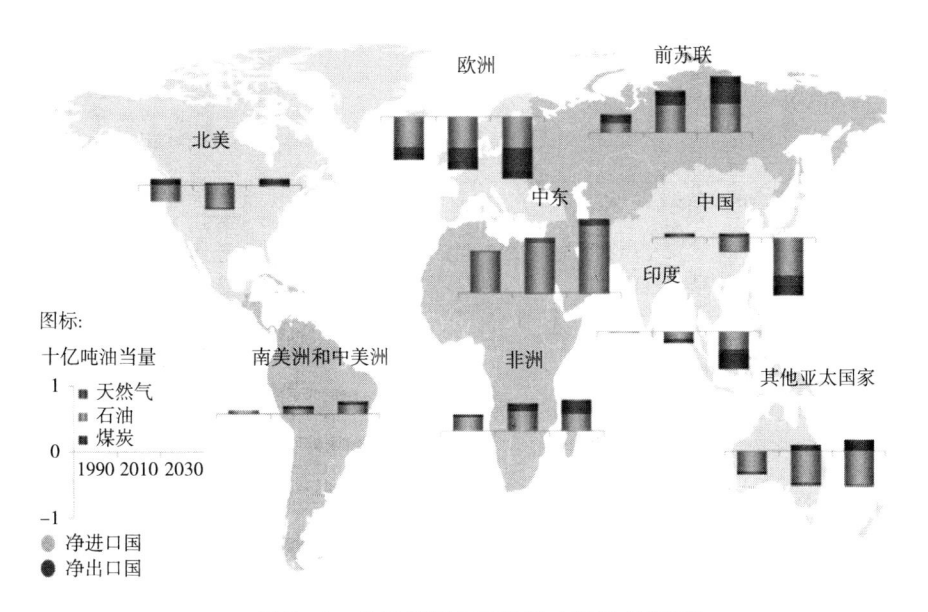

图7-1 世界能源分布版图(2030年预测)

资料来源:BP《2030世界能源展望》。

随着亚洲新兴经济体的快速崛起，全球主要能源需求正在向东转移，而且，美国能源需求渐渐回归北美，欧洲也更多地依赖俄罗斯、中亚和北非，中东将在更大意义上成为亚太的中东。因此，构建中国能源安全新版图，积极开展国际能源合作已迫在眉睫。

（二）一个趋势：能源大幅进口和对外依存度上升是中国未来能源的基本走向

近年来，中国能源进口需求逐年增长，其中，石油对外依存度已达到60%（见图7-2），天然气对外依存度接近30%，煤炭净进口全球最多。

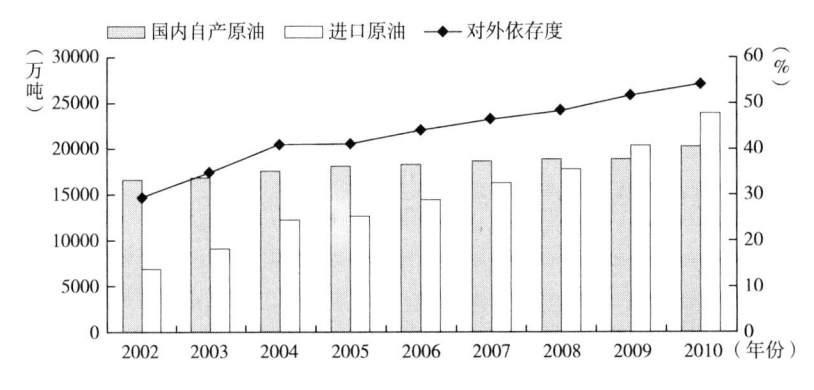

图7-2 中国原油生产量、进口量以及对外依存度

资料来源：综合有关资料整理。

《2030世界能源展望》预计，中国的能源赤字将增加8亿吨油当量（涵盖所有燃料类型）；印度的进口需求将增加4亿吨油当量（主要是石油和天然气）。亚太地区其他国家仍将进口大量石油，进口量与目前基本持平。欧洲在石油和煤炭领域的能源赤字将大致保持目前水平，但天然气赤字将增加65%。

总体而言，当前的能源进口国在2030年的进口量将比现在高出

40%，欧洲和亚太地区的能源赤字将通过中东、前苏联地区、非洲以及中南美洲的新增能源供应量予以满足。但是美洲国家能源净盈余的增加对全球能源贸易的再平衡将产生影响。

据国际能源机构预测，2015年中国石油消费量的65%将依赖于进口，高度依靠石油进口成为中国能源消费不能改变的现实，是大势所趋。能源对外合作是保障全球能源安全的重要举措，也是维护能源安全的必然选择。

（三）一个规律：实施能源外交和全球战略是一国经济成长的必然选择

能源对外依存度和大国责任，使中国的能源国际话语权需求提高。中国作为全球最大的能源消费国，是全球能源格局中的最大利益相关者之一。能源对外依存度高是经济发展中存在的规律，但能源全面进口使得能源安全风险加大。因此，构建安全的能源战略至关重要。能源资源空间分布的地域性差异决定了大部分国家的能源资源都不可能完全满足自身需求。在全球范围内通过广泛合作和贸易等多种方式实现能源资源的优化配置是世界经济社会发展的客观需要，更是各个国家无法回避的一种必然选择。从发达地区的经济成长历程看，无论是美国、日本还是欧洲，都将能源海外战略作为其核心战略，时至今日，依旧在国际能源体系中占据主导地位，在全球各主要能源生产地区拥有强大的政治、军事存在，因而也占有了巨大的利益。

中国虽然对外仍将继续强调作为发展中国家的基本国情，但作为一个举足轻重的经济大国，应当实施能源外交战略，有意识地在国际经贸事务中发挥更大的作用，更加主动地参与多边规则的制定，在多方回合谈判中积极发挥影响力，加快实施自贸区战略，广泛参与区域经济合作，完善以周边为重点、辐射全球的自贸网络，积极参加气候、环境等问题的全球对话。

中国要长期保持能源需求和能源安全，就必须加强同世界上其他国家的能源合作，做到能源进口来源上的多元化。一方面，中国应尽可能搞好与能源出口国和消费国的关系，争取尽早加入国际能源组织，充分利用该组织在协调国际能源政策、加强各国能源信息交流、开展国际技术合作与提高全球能源安全性方面的作用，享受国际能源机构石油储备再分配体系提供的石油供应；另一方面，中国应进一步加强与中东、西亚等主要产油国和地区的关系，鼓励企业到国外进行油田勘探开发，建立海外石油生产基地，使进口源分散化，减小对单方能源进口的依赖度。充分发挥消费大国的需求优势，积极融入全球定价体系，争取定价的参与权、发言权和调控能力，变国际价格的被动承受者为积极影响者，缓和国内能源对价格的敏感度。

（四）一个判断：世界能源资源依然丰富，为开展能源合作奠定必要基础

目前，世界一次能源需求仍将保持稳定增长态势。2005~2050年世界一次能源需求增长率预计为1.3%，到2050年，世界一次能源需求将达到290亿吨标煤，其中，发展中国家的增长速度仍将高于发达国家，发展中国家所占比重将增长至60%，经济转型国家小幅上升至10%，发达国家所占比重将进一步降低至30%。

与此同时，全球石油、天然气、煤炭等化石能源资源储量依然

丰富，其中，石油、天然气、煤炭以现有速度分别可以再开采约 45 年、57 年、130 年。世界能源理事会（World Energy Council）2013 年发布报告，认为现在的世界能源资源比之前任何时候都更丰富，如果得到合理利用，甚至可以满足未来几十年需求的大幅增长。报告指出，探明能源储备的增长和更先进的能源生产及转化能力使能源工业满足了 20 年前无法想象的能源需求。石化能源仍占主导地位，提供了全球 80% 的能源。风、太阳、海洋及地热等新的可再生能源仅提供了 1.5% 的能源。石化能源为电力生产提供了 66% 的来源，而新能源仅占 5%。过去十年，煤炭份额提高了 4.5%，占 28%；石油份额则下降了 6%，为 31%；天然气份额提高了 2%，为 23%。报告认为，所谓的"石油峰值"（peak oil）到来的时间已经被远远推后了，石油、天然气和煤炭在今后很长一段时间里将继续为许多国家经济提供能源。随着科学技术的进步，能源资源储量仍有上升空间，同时全球单位 GDP 能源资源消耗量却在下降。因此，现有能源资源储量总体上可以满足世界经济中长期发展需要，可以为能源国际合作奠定必要基础。

二 在国际能源大格局中规划好中国能源对外战略棋局

能源战略布局是经济战略布局的一部分，也是十分重要的一部分。在世界能源战略格局正在变化的当下，中国的国际能源战略也应相应做出调整。我国应在以往能源合作的基础上，重新梳理对外合作重点和方式，制定和实施新一轮的能源合作战略。

(一) 石油战略

1. 以两伊（伊拉克和伊朗）为重点的中东战略

中东地区是世界上最大的能源供应中心。随着世界各国对石油需求的稳步增长，中东石油在未来国际能源安全中的地位和作用更加突出。无论国际能源格局如何变化，中东仍然是我国石油进口首选之地。一是储量庞大，沙特阿拉伯（简称"沙特"）拥有大量尚未开采的已探明储量的巨大油田，伊朗储采比接近100年（见图7-3），伊拉克超过100年。二是政治上较为友好，与我国无明显冲突。三是在美国进口能源大幅下降的情况下，中东石油出口需要寻找新的稳定大买家。我国与大多数中东产油国有着传统友好关系和能源合作基础，中东地区一直是中国最主要的石油进口地（见图7-4）。

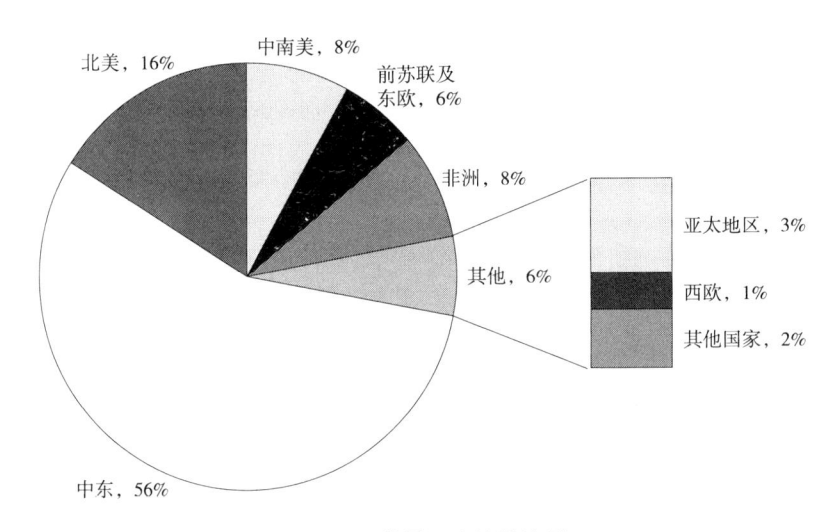

图7-3 世界石油储量比例

中国能源安全战略要以中东为基点，采取更加灵活多样的方式来应对伊拉克战争后复杂多变的中东局势。伊拉克在两次海湾战争

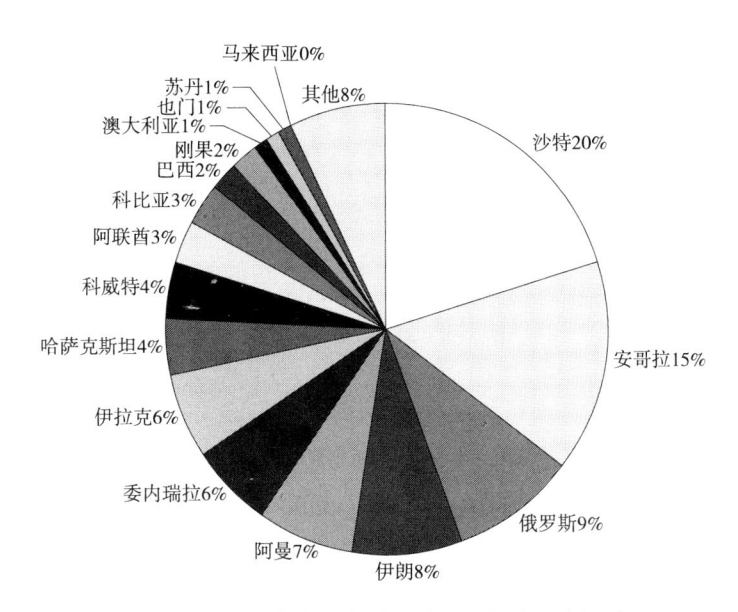

第七章 增量革命之三：实施积极有为的国际能源合作战略 | 175

图 7-4 2012 年中国大陆原油进口量主要来源地

中遭到重创，战后国内长时间处于动荡不稳的状况，但从长远来看，不会再有大规模的军事冲突，国内形势应会渐渐趋于缓和与稳定。伊朗虽然长期在核问题上与西方严重对立，但近年来呈现了缓和态势，尤其是一旦经济制裁解禁，就将大大增强伊朗对外石油出口。从发展眼光看，未来两伊总的国内政治经济形势将逐渐趋于稳定缓和，与其开展石油合作的空间将不断加大。中国应抓住机遇，积极扩大与两伊的石油合作。

当然，考虑到中东局势的不稳定性和风险，且进口中东石油必须经由马六甲海峡，一旦出现意外，这条石油生命线很可能就被切断。为此，应该仿效美国和日本，对石油进口采取分散化方式，以避免对某一地区进口的过分依赖，从而带来石油危机。所以，中国应在稳定中东石油来源的前提下，多渠道寻找和形成多元的石油供应市场，实现多元化石油战略，确保中国能源安全。从长远来看，开展石油领域的相互投资也是石油生产国与石油消费国开展能源合作、取得共赢发展的一个重要举措。

2. 与非洲合作

近年来，非洲石油产销量不断增加，已成为继中东和拉美之后的世界第三大产油区。除储量丰富外，非洲油田所处地理位置优越，而且中非能源合作事关中国的国际地位、经济利益和发展前景。中非在许多方面有共同语言、共同感受，中国可利用这些优势，与非洲国家加强沟通与协商，深化与非洲国家在政治领域的合作，为能源领域的合作创造良好的政治环境。将非洲作为开发海外油气资源的重点地区是实施能源进口战略多元化、保障安全稳定海外能源供应的重要一环。非洲一些国家正在修订本国的能源法规制度，以期增强当地石油公司的控制权，改变外国石油公司控制其石油勘探开发权的现象。中国石油企业应加强与非洲当地石油公司的合作，发挥非洲当地石油公司的优势，为中国企业生产经营争取更多的区块权益，并可以通过本土化经营降低投资风险。除了参与非洲能源的勘探开发外，还应在规避风险、条件合适的情况下，择机在产油国当地投资建设炼油厂和石化装置，努力实现海外石油基地的上下游一体化。

3. 与俄罗斯合作

从资源量及可获得的便利性而言，要加强与俄罗斯的周边合作。中俄两国经济互补性强，两国经济协作的潜力巨大。近年来，两国领导人又达成多项共识，合作机制日臻完善和有效。双方应抓住机遇，加快能源领域的合作。下一步中俄能源合作要推进中俄石油管道工程建设，不能仅停留于能源和原材料的简单交易，双方还可通过股权、技术和经验交换等方式帮助各自企业直接进入对方市场，深度参与对方能源项目开发。

4. 与拉美国家合作

拉美地区的巴西、委内瑞拉等国近年来处于油气大发现阶段，探明储量急剧增加，在世界能源市场中的地位日益突出。拉美不仅能够实现本地区的能源自给，而且还将成为全球重要的能源出口地区。尽管拉美目前尚未进入各大国的外交战略重点，但是，巴西的崛起和区外大国对拉美外交争夺的张力正不断提升拉美的国际地位。中国与拉美能源合作，在实现拉美能源自足的基础上，有助于局部影响、改变世界能源供需关系，从而为确保中国能源安全争取到"机动地缘空间"。中国应利用自身市场、资本和技术的优势，参与拉美能源市场，在油气勘探、开发和基础设施建设合作等方面加强与拉美合作，推动中国和拉美能源产业合作、延伸合作链条，从侧面提升中国在全球能源格局中的博弈能力。

5. 与北美合作

近年来，北美国家在全球能源贸易领域的互动发生了重大变化，特别是美国对进口美洲区域外所产油气依存度开始降低。对中国而言，为保障未来的能源供应安全，需要考虑如何突破双边能源合作局限，将拓展中美之间、中加之间能源商品贸易渠道纳入与北美能源合作的选项。北美地区自身能源供应保障能力的提高，给中国能源安全带来新的课题，如果中美之间在煤炭、石油、天然气等战略性商品贸易领域的相互依存度能够提高，将有利于中美两个大国走出全面战略竞争的宿命。北美能源独立进程不是绝对的、排他的，中国油气企业可以积极与美国油气企业一道，在美国和加拿大寻找资产。

(二) 天然气战略

中国天然气产量的年均增速预计为6%左右，国内自产煤层气和页岩气可能在增量中共占近一半的份额，但仍需通过液化天然气和天然气管道来增加进口。就天然气资源量及可获得的便利性而言，重点加强与中亚、俄罗斯等周边合作，同时扩大海上液化天然气（LNG）进口。

1. 重点与中亚合作

无论是从资源状况、地理位置，还是从地缘政治等角度看，中亚都将是中国天然气国际合作的重点区域。在中亚各国中，油气资源主要集中在哈萨克斯坦、土库曼斯坦和乌兹别克斯坦等国。据估计，中亚地区天然气可开采储量约为23.1万亿立方米，未来潜力十分巨大。中国－中亚天然气管道是世界上最长的管道，截至2013年底，已向中国输出天然气700亿立方米。当前，A/B线已具有年输气能力300亿立方米，正在兴建的C线年输气能力为250亿立方米，D线也在规划中。能源合作扎实推进是中国与中亚经济合作的最大亮点，中亚能源合作对中国与中亚的经济、金融、产业的提升益处颇多。未来中国应进一步从战略高度规划双边能源合作，加大进入中亚油气上游产业的力度，获取更多的油气份额，扩大油气管道的建设，积极参与里海资源的开发及推动天然气项目的合作。展望未来，中国从中亚地区进口的天然气力争在2020年达到每年800亿立方米，2030年达到每年1200亿立方米。考虑到中亚地区存在大国力量博弈的现实，中国既要敢于面对欧、美、俄等国家和地区石油企业的竞争，也要善于与其加强国际合作，力求双赢或多赢，尤其要加强与俄罗斯在中亚地区事务中的磋商和协调，减少摩擦，增强合作。同时通过外交、经贸、文化和民间交流等途径为实施中国和中亚能源合作、打造"新丝绸之路经济带"发挥积极作用。

2. 加强与俄罗斯合作

俄罗斯的天然气储量丰富，约为47.6万亿立方米。俄罗斯天然气销售对象主要是欧洲各国，但在欧洲债务危机后，欧洲国家降低了对俄罗斯天然气的依赖，加上俄罗斯在天然气定价上实施长期协议价格模式，受到国际能源消费市场所诟病，俄罗斯可选择的合作对象并不多。此外，北美页岩气革命以及中亚天然气出口多元化等因素，也有利于中国在中俄未来天然气合作中的谈判。中国宜把握机会，稳妥开展与俄罗斯的天然气合作，推进中俄天然气管道建设，缓解国内天然气需求（见图7-5）。

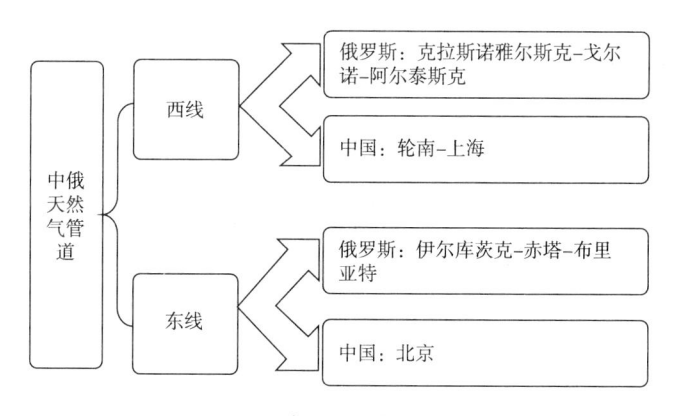

图7-5 中俄天然气管道示意

3. 扩大LNG进口

国际LNG市场是中国可以开发的一个重要资源。2012年，中国进口LNG共1468万吨，占全球的6.7%。预计2020年，中国进口LNG需求将上升到6000万吨（840亿立方米）。未来LNG进口需处理好价格这个问题，采取稳步发展、气源多元的战略。卡塔尔、澳大利亚等主要LNG出口国在亚洲积极寻求10年以上的长期供应合同，美国、加拿大等正在开辟 LNG 出口市场的国家，也把目标客户群定在了亚洲。我国宜积极开展工作，在与日本、韩国的竞争中不断扩大 LNG 进口。

(三) 煤炭战略

拓展煤炭海外进口渠道是我国未来国际能源合作的重要途径之一。一方面，境外丰富的煤炭资源，使中国从海外进口优质、廉价煤炭成为可能。另一方面，随着经济增长对能源需求的攀升，近十年来国内煤炭出口量逐年下滑，进口量大幅增长。2009 年，煤炭进口量超过出口量，正式进入煤炭净进口的时代。2012 年，我国进口煤炭 2.9 亿吨，同比增长 59.3%，占世界煤炭贸易总量的 24.1%。这表明，中国特别是东部沿海地区对境外煤炭有相当大的需求。

澳大利亚和印度尼西亚是两个主要煤炭进口来源，中国将近 60% 的进口煤炭来自这两个国家，其次是南非、越南、俄罗斯、蒙古等国。近几年的数据显示，中国煤炭进口量呈现逐年增加的态势，已从煤炭出口大国变成进口大国。开拓煤炭进口渠道、积极进行海外投资是中国未来煤炭国际合作的重点。

1. 澳大利亚应是首选煤炭进口来源国

澳大利亚煤炭资源丰富，2012 年，澳大利亚煤炭出口 3.13 亿吨，是全球最大的煤炭出口国。中国和澳大利亚煤炭供需状况、储量与质量、资源分布，以及煤炭运输基础设施、地理位置、政治经济状况等因素构成了双方煤炭贸易坚实的合作基础。

随着中澳煤炭贸易的不断深入和多样化，双方的合作将受到多方因素的影响，应采取各种措施保持并拓展。从 2012 年 7 月 1 日起，澳大利亚开始征收碳税和矿产资源租赁费，这抬高了澳大利亚动力煤的成本，必将缩减市场赢利空间，为稳定进口渠道、进口价格和进口数量，建议中澳双方签订长期贸易合同，提前协定好价格和数量。同时，未来要加强中澳政府间的协调，发挥行业组织的作用，并重点组织国内大型煤炭企业和铁路投资公司联合进行当地煤田勘探和开发，同时也促进当地交通基础设施建设，改善运输环境，实现共赢。

2. 印度尼西亚是重要煤炭进口来源国

2012年，印度尼西亚煤炭出口3.04亿吨，是世界第二大煤炭出口国，且出口量不断猛增。印度尼西亚煤炭资源获取价格相对较低，市场化程度高，在中国煤炭市场拥有优势。未来中国和印度尼西亚要创新合作模式、合作勘探开发、联合投资煤炭资源，在减少运输成本的同时，增加当地的就业数量，提高产品附加值，培育边境地区产业合作链条。

3. 加拿大也是比较理想的投资目标国

加拿大煤炭储量丰富，约为100亿吨。加拿大炼焦煤主要出口到欧洲、美国以及东北亚各国。加拿大炼焦煤品质较好，一般具有低硫、低灰、低磷的优质特点。中国可以通过股市收购以及与其他国际大矿业公司、加拿大公司合作的方式共同开发加拿大煤炭项目或进行资产并购。

4. 南非有增长潜力，但难有突破性增长

南非主要生产电煤和少部分冶金煤，其煤炭主要出口大西洋市场，随着印度对煤炭的需求迅速增加，南非煤炭开始进军亚太市场。但南非煤炭产业受管制、港口及铁运能力建设滞后等因素影响，短期内煤炭出口增长不会太大。未来应加强交流和合作，互相了解，签订更为完善的煤炭勘探开发和交易的合约。

煤炭进出口量的变化主要受经济发展、行业需求、进出口政策等因素的影响。国内外价格倒挂、货源供应以及出口关税是影响煤炭出口的主要因素。而煤炭进口量的多少取决于国内外煤炭价格和供求关系等众多因素。国家政策也是推动国际煤炭合作的重要因素。在煤炭国际合作迎来的新阶段，政府应采取措施支持煤炭的国际贸易，鼓励企业"走出去"，参与国际煤炭市场。

三 积极主动开展能源外交

能源问题越来越明显地具有全球性质，大规模的能源外交活动日趋活跃，各国之间的相互依存度不断增大，能源外交内涵正向纵深化发展，呈现一系列新的特点，亟须通过世界范围内的共同机制和框架来实施全球治理。能源安全关乎中国核心利益，如何在国际能源外交格局中开创新局面已成为一个重要问题。积极正面宣传中国能源战略与政策是"预防甚于治疗"的外交策略。新形势决定了中国要实现由"能源为外交"向"外交为能源"的观念转变，从过去的服务政治向服务经济转变，从单纯的稳定供给转变到多边性的、合作性的甚至是国际组织框架性的以稳定石油价格为目标的能源外交上来。

（一）积极参与构建国际能源治理机制

现有的国际组织在能源资源集体安全保障方面的协调作用有限，很多国际组织只具有论坛性质，缺乏约束力和实质治理作用。国际能源资源领域出现的贸易纠纷、投资争端还很难在统一的框架下得以有效协调。许多国际组织认识到，能源资源的全球性自由流动，亟待国际组织发挥国际协调和政策制定的统领约束作用。很多国际性组织已开始有意识地制定有约束力和影响力的能源技术标准、产业政策、管理制度和交易规则。但受组织本身影响力所限，这些约束规则还只能局限在区域范围。作为能源生产和能源消费大国，中国应和其他新兴国家合作，推动在二十国集团（G20）机制框架下构建全球能源治理机制。考虑在适当时机加入如国际能源署（IEA）等能源国际组织。加强与石油输出国组织（OPEC）的交流合作，最大限度地提高能源话语权。探讨建立具有足够代表性的石油输入国组织（OPIC），这一平台包括新兴经济体和发达国家在内的能源消费大国，以加强石油输入国之间的协调与合作。积极参加能源宪章会议、国际能源论坛等，形成与发达国家和国际资本间的合作关系，变挑战为机遇，最大限度地消除"中国能源威胁论"。通过政府间、非政府间、学术界的、科学界的、商业和金融之间的合作来创造机会、应对挑战，通过经济和环境的联合行动来使合作双方包括国际社会受益。

（二）加强海外能源开发的跨部门协调力度

能源外交战略的实施涉及诸多机构和部门，需要统筹兼顾。国家应进一步完善包括能源、发展改革、外交、商务在内的跨部门协调机制，更好地统筹对外能源合作工作，避免多头对外。能源企业"走出去"应尽量协调行动，在目标地区、国家、区块等方面做适当划分，避免恶性竞争，实现最大利益。充分发挥行业协会的作用，整合国内企业的优势，采取各种有效措施实施联合竞标，协调企业的海外矿产资源开发行动。同时，中国应积极培育金融、法律、会计、咨询等市场化中介组织，建立和完善社会中介服务体系，充分发挥中介社团组织机构以及大学等的作用，积极地为企业海外并购提供规范的中介服务。政府或者驻外机构也可以利用各种资源条件，为国内企业海外并购搭建信息化平台。

（三）利用国际金融市场规避价格风险

随着国际金融市场的迅速发展，能源的金融属性逐步增强。由于能源商品自身的稀缺性和分布上的地域性，能源被赋予了强大的战略属性，因此能源金融主导权成为各国必争之地。事实上，能源的"准金融属性"已日益凸显，能源金融正从能源资源中裂变出来，大大推动了能源金融垄断国在新的全球分工重组中获得巨大套利空间。首先，欧美垄断全球主要能源交易市场。国际能源金融交易市场主要包括纽约商品交易所、伦敦国际石油交易所和东京工业品交易所三大场内交易所。其中，纽约商品交易所的能源期货和期权交易量占全球能源场内衍生品交易量的一半以上，WTI 原油和 Brent 原油是全球石油市场最重要的定价基准。其次，全球石油金融市场交易几乎全部以美元定价。石油的美元本位制建立在美国一系列的战略布局和金融发展基础之上。两伊战争开始，欧佩克成员国之间的长期分歧使美元进一步统治了欧佩克组织的石油标价权。最后，欧美大型金融机构是市场交易的主导力量。欧美投行、基金公司等金融投资者逐步成为能源金融市场的交易主体，能源产品与股票、债券、房地产衍生品等一起成为金融投资产品。

从国家战略高度，构筑国际能源金融背景下的中国能源国际合作体制机制至关重要。为减少价格波动风险，中国应积极参与国际石油期货市场交易，充分发挥中国的需求优势，融入全球定价体系，增大价格话语权。在规避价格风险的同时，争取更大的国际石油定价话语权，要加快建立中国能源金融市场体系，充分发展能源衍生品市场，如构建原油期货市场和石油期货衍生品产品国际交易平台，为确立能源的定价中心地位奠定基础。

（四）通过国家力量确保能源通道安全

通道安全是事关重要战略性资源海外获取成功的重要方面，要确保石油等能源资源运输安全、分散海运风险，需要深入做好能源资源跨区域运输通道建设，协调海运、陆运、管道等多元化渠道衔接，加快国际资源港口及储运系统整合与储备，建立安全保障，同时借助政治、外交、军事和其他手段维护能源资源运输通道安全。

实现运输多样化及加快石油管网构架建设是保障我国进口石油运输安全、分散海上石油运输风险的基本出路。对有关国家开展重点工作，主要是"一区两线"："一区"是中东地区为主的产油国。"两线"，一是海上石油通道，结点国家是伊朗、斯里兰卡、马来西亚、印度尼西亚等；二是陆上天然气通道，丝绸之路上中亚各国。这些国家与地区应作为我国对外交往重点考虑对象，在外交资源（包括对外援助）上应予以倾斜。同时，逐步扩大远洋石油运输船队的规模，不断增加国轮运油量在进口油海运总量中的比重。投入必要的海空力量，包括海军常态化护航行动，为油气运输线，特别是海上石油通道提供安全保障。

（五）力争周边海上能源合作实现新突破

目前，中国石油进口的主要运输方式是海运，约占进口石油总量的90%。长期、稳定的海外供应渠道应是我国能源外交的首要目标。中国东海和南海的油气资源开发，在当前的地缘政治条件下显得十分特殊。未来还应在坚持"主权在我、共同开发"原则的同时，采取灵活的方式，寻求共赢的结果。

在南海方面，大力提升深海油井开采技术，加强勘探基础工作。积极探讨两岸南海合作开发可能性，共同开拓南海油气开发新渠道。改善周边政治关系，缓和军事紧张气氛，提倡南海新秩序，探索采取股份并购、承包、联合开发等模式，开展海上油气合作。利用经济、外交、贸易等手段，增强对周边国家的影响力。

在东海方面，中日争端与能源问题密不可分，能源合作也是缓解冲突的重要突破口。中国应积极构建东北亚多边能源合作机制，将多边合作作为参与全球和区域事务新的突破口，采取多边与双边相结合的方式，在开展中日双边实质性项目合作的同时，重视多边合作政策、技术和经验的交流与分享。

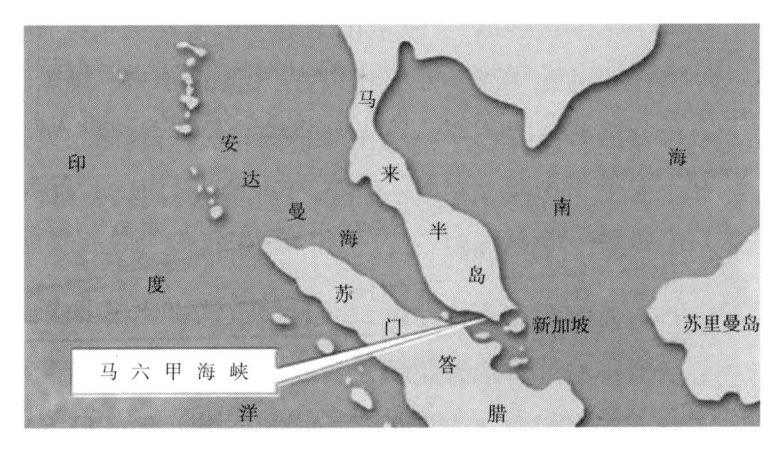

图 7-6 马六甲海峡要道示意

四 通过国际技术合作打造新能源产业新优势

近年来，新能源开发作为缓解能源供应矛盾的重要措施，成为各国能源发展战略的重要组成部分。谁掌握了技术,谁就掌握了新能源发展主动权。传统能源产业已经形成较稳定的格局,但新能源产业方兴未艾。加强新能源产业技术国际合作,有利于中国形成产业发展制高点和新优势。近年来,中国的新能源国际合作已经取得了一些成绩,与美国、欧洲、日本和俄罗斯建立了一系列合作机制,与印度、南非、以色列等国家也开展了广泛的合作。但合作中也存在诸如合作地位不对等、核心技术和知识产权保护严重、互信不足等问题。未来国际合作应积极审慎,既不畏手畏脚,也不盲目跟风,发挥资金、市场优势,通过各种方式的合作,全面掌握主流技术,支撑新能源战略性新兴产业的发展。

(一)利用充足外汇储备换取先进技术和装备

针对国际合作中互补型合作不对等和核心技术无法获得的问题,当下的经济危机为其提供了机遇。中国可以利用充足的外汇储备和欧元、美元贬值的机会并购欧美拥有先进核心技术的新能源企业和购买技术研发环节,换取相关技术和先进装备,扩大对外投资以改善这种不对等合作的情况。一些有眼光、有实力的企业或者投资基金,已经实施了一些有效的海外并购,从而获得核心技术,提高了在国际合作中的地位。

(二)借助外交战略消除核心技术和知识产权保护壁垒

我国在新能源国际合作中的战略定位立足于国家能源外交的保障能力,既主动融入现有国际新能源秩序,又积极推动制定对中国有利的国际新能源规则;既服务于中国的经济发展,又服务于中国的安全和外交;既争取国际新能源互利合作,又确保中国利益最大化；既充分调动新能源企业的积极性，又确保国家的主导作用。建议在新的外交战略中务必要将国外对核心技术和知识产权保护的因素考虑进去，制定相应的应对策略。

（三）积极拓宽新能源合作领域

新能源领域的合作不仅包括光伏发电、风力发电，还包括生物质燃料与生物质发电、氢能、核能及燃料电池、天然气水合物开发、可燃冰等方面的合作；不光是技术、资源的合作，还包括人才、机制、标准制定等多方面的合作。这些方面的合作，有利于提升新能源技术水平，增强自主创新能力，推动能源科技创新体系的完善与建设，实现新能源合作的多元化，建立一批新能源应用产业化示范工程。同时，开展对外新能源合作，与世界各国一起探讨建立清洁、安全、经济、可靠的全球能源供应体系，也有利于中国在应对气候变化和可持续发展事业中树立负责任大国形象。

（四）健全协调机制，消除互信不足

新能源国际合作的主体来自方方面面，既包括国家决策层、政府部门，也包括各级地方政府、能源企业，要形成整体合力，必须建立统筹新能源战略和政策的协调机制。与此同时，不断提升新能源国际合作的作用，努力消除互相猜忌对国际合作的影响，拓展为新能源企业服务的途径，改善新能源国际合作环境。加强国与国的沟通与协调，共同创造良好的国际环境，更好、更快地推动新能源产业的发展。

第八章　效率革命之一：构建安全高效智能绿色的能源网络

能源网络是能源输送的通道，是沟通能源生产和消费两端的纽带，能源网络的效率与安全很大程度上影响着整个能源系统的效率与安全，构建现代化的能源网络，是推动能源生产和消费革命必不可少的环节。能源网络包括电网、油气管网和煤运通道等子网络，各个子网络之间既相互关联，又有各自的物理特点和发展规律。因此，研究能源网络建设应当坚持"统分结合、双管齐下"的原则，既要有"全国一张网"的整体观念、系统观念，加强统筹规划；又要根据不同网络的特点和存在的问题，有针对性地加以谋划和推进。

一　现代能源网络重塑方向

作为重要的基础设施，改革开放以来，我国能源网络建设实现了从小到大、从落后到先进的发展蜕变，在网络规模、输送能力、技术含量等方面都实现了跨越式发展，目前已基本形成全国联网、覆盖城乡、运行稳定的能源网络系统，为经济社会持续快速健康发展提供了有力保障。当前存在的突出问题是，各个子网络发展缺少相互协调，能源网络的整体性、系统性不强，网络整体效率有待提高；子网络建设存在短板，影响网络安全的风险点较多；网络智能化程度不高。鉴于此，应从顶层设计入手，按照综合协调、多能互补、供需互动、节能环保的思路，构建安全、高效、智能、绿色的现代能源网络。

（一）安全、高效、智能、绿色是现代能源网络建设的目标

安全是现代能源网络发展的基本前提，能源网络的设计、建造，能源传输技术和管理方式的利用，都应当在确保安全的前提下进行，充分考虑各种风险因素，建立安全维护和应急体系，确保能源的稳定可靠传输。高效是现代能源网络发展的核心目标，应通过不断优化能源网络结构，改进能源传输技术和管理方式，不断提高能源传输的效率。智能是现代能源网络发展的必然趋势，应利用信息化、自动化的手段实现供给侧和需求侧的互动，有效调节供需平衡，提高网络调峰能力，实现能源的更有效配置。绿色是现代能源网络发展的内在要求，应在能源传输中落实可持续发展战略的要求，逐步推广应用有利于可再生能源传输和有效利用的技术和管理方式，促进绿色能源快速发展。

（二）多能互补趋势对能源网络系统提出新要求

未来几十年，我国能源种类多样化发展是大势所趋，将改变新中国成立60多年来煤炭、石油、水电等常规能源长期占90%以上的生产和消费格局，天然气、核能、非水电可再生能源等清洁能源将获得更大发展，占据越来越重要的位置。同时，各类能源间的互补、替代、耦合和协调将日益深化，主要体现在，传统能源行业的分割

和壁垒将逐步消除，综合性能源集团成为能源企业的重要发展趋势；风电、太阳能等可再生能源持续规模化发展，逐步对煤炭、石油等高碳高污染能源形成替代；能源生产和利用技术的集成和耦合形式日益多样化，包括风光互补、水光互补、太阳能和火电集成、分布式能源和微网集成等。

这就需要加强对整个能源网络的统筹规划，合理发展各个子网络，建立子网络之间有效协调的机制，形成动态互补、综合平衡的物理平台，满足经济社会不断增长的多样能源需求。各个子网络的发展思路是，大力发展先进电网，积极探索智能电网，提高电力传输效率和比重；完善全国油气管网，重点是实现内外衔接、互联互通，提高覆盖率和普及率；按照控制煤炭消费总量的目标，坚持煤运通道的调整优化，通过就地就近将煤转化成电等方式，减少煤炭长途运输量。

（三）能源市场建设与能源网络建设互为前提和动力

能源市场化可以推动能源网络建设，同时能源网络建设也为能源市场化提供必需的硬件基础。作为世界上增长潜力最大的市场，我国将逐步发展成为全球第一大能源消费国，必然在今后的全球资源配置中发挥更重要的角色。这个发展趋势要求我们改革传统的能源管理体制，加快能源市场化改革步伐，进一步厘清政府与市场的关系，充分发挥市场在能源配置中的决定性作用，通过经济杠杆最大限度地调动广大用户参与能源市场的积极性，通过市场信号响应供给侧的变化和限制，参与实时能源供需平衡，更有效地为我国经济社会发展提供安全稳定、价格合理、清洁高效的能源产品。这是提高能源配置效率、形成多能互补格局的前提。

要放开竞争环节，强化网络运营的政府监管。一是开放生产和零售领域，建立竞争性的批发交易和零售市场，完善能源交易品种和方式；二是引入竞争机制，调动社会各方参与能源网络建设的积极性，实施投资主体多元化和运营管理专业化、所有权与经营权分离，对自然垄断的能源网络运营实施政府监管；三是完善价格体系，竞争环节价格由市场供需决定，综合反映资源稀缺、生产成本、供给限制和投资引导功能，能源输送价格由政府管制，统筹考虑能源网络发展建设任务和能源输送成本；四是重视天然气发电在改善天然气管网和电网运行特性、提高系统灵活性和接纳间歇性可再生能源能力等方面的战略地位，通过完善天然气和电力市场化机制，鼓励气电一体化和天然气分布式能源发展。

（四）强调需求侧作用来实现供需良性互动

我国是世界上最大的发展中国家，处于工业化、城镇化加快发展阶段，未来能源需求总量和增量都是巨大的。这就要求推动需求侧能源革命，减少路径依赖，摒弃敞开口子、千方百计保障能源需求的传统模式，充分发挥需求侧在平衡供需、提高能源传输系统效率等方面的作用，降低能源需求增速和能源传输需求，变千方百计保供应为控制能源需求总量，变以供给侧为主导为供给侧和需求侧高度融合、协调配合。同时，随着风电、太阳能等可再生能源在能源供给中的比重不断提高，这些资源的随机性、间歇性、不稳定性和不可调度性将给传统的能源供需平衡模式带来严峻的挑战，迫切要求需求侧能够适应和响应供给侧的变化和限制。能源用户日益多元化的服务需求也要求实现供给侧和需求侧的双向互动，通过需求侧响应加大用户参与力度，也有利于促进能源企业创新商业模式。

最大限度地发挥能源需求侧的作用，实现供需互动，需要从以下几方面采取措施：一是分门别类、严格实施能源消费总量控制，重点控制煤炭和石油消费，特别是分散的、高污染的利用方式；二是不断推进和完善我国能源市场化改革进程，依托能源市场深入推进能源网络发展，让广大用户根据市场信号响应供给侧的变化和限制，自主决策能源消费（包括节能）、生产、储存和买卖交易；三是大力支持分布式能源发展，促进能源生产者和能源消费者的角色融合，有效减少上游集中式能源供应和输送系统的投资和建设，降低能源输送系统峰谷差，提高能源网络利用效率和调峰能力；四是推进节能增效，加强用能管理，强化工业部门、建筑部门、交通部门等关键部门能效标准，出台优惠政策支持合同能源管理、节能量交易等市场化节能机制，推动节能环保产业发展。

（五）开展节能调度以实施"节能环保"导向

能源网络的节能调度，主要是指电网的节能发电调度，即在保障电力可靠供应的前提下，按照节能、经济的原则，优先调度可再生发电资源，按机组能耗和污染物排放水平由低到高排序，依次调用化石类发电资源，最大限度地减少能源、资源消耗和污染物排放。长期以来，我国电网的发电调度沿用传统计划经济的办法，对各个机组平均分配发电利用小时数。这种看似公平的调度方式，使高能耗、高污染的小火电，与水电、核电等清洁电源以及大型高效燃煤发电机组享有同样的发电时间，造成了巨大的能源浪费和环境污染。针对这一问题，2007年8月，国务院办公厅转发了发展改革委、环保总局、电监会、能源办等部门制定的《节能发电调度办法（试行）》，要求通过实施节能调度鼓励可再生能源和高效、清洁大机组多发电，旨在以此促进电力行业节能减排，推进能源和电力结构调整，实现电力工业的可持续发展。同年，河南、江苏、四川、贵州开展试点工作，南方电网公司则于 2010 年底在全网推行。这是我国电力调度体系的一次重大变革，对提高可再生能源比重、降低煤炭等化石能源消耗具有立竿见影的效果。据国家能源局统计，2010 年我国节能发电调度试点地区节约标煤约 500 万吨，减少二氧化碳排放约 1150 万吨，减少二氧化硫排放约 11 万吨，节能和环保效益显著。

但遗憾的是，由于配套制度不完善等，节能发电调度遭遇"推广难"。我们在调研中了解到，目前节能调度在技术上不存在任何障碍，只是缺乏利益补偿机制和相关配套政策，电网企业和地方政府缺乏积极性。节能发电调度从本质上讲是合理利用现有存量资源、追求经济效益最大化的一种制度优化，它的实施必将对改变我国能源消费结构发挥实质性作用，也是我国能源生产和消费革命的有力助推剂，建议相关部门继续完善政策，建立起节能减排的长效机制。

综上所述，结合能源网络各个子网络的现状和发展趋势，展望今后 20 年我国能源网络的发展情景如下几点。

到 2020 年：连接能源生产基地和消费中心的输电通道、石油管网和煤炭运输体系基本成型，智能电网、天然气管网具备相当规模；关键能源市场化改革取得重要突破，政府监管体系和市场交易体系基本建立，多能互补格局初步形成，为供需有效互动奠定坚实基础；节能发电调度得到推广，节能减排效果进一步显现。

到 2030 年：安全、高效、智能、绿色的能源网络建设基本完成，日益发挥综合协调、多能互补、供需互动、节能环保的物理平台功能；政府监管体系有效运转，能源市场日益完善，交易机制灵活多样，各类交易模式不断涌现，供需双方有效互动；整个网络体现节能调度理念，推动可再生能源和低碳高效机组的快速发展，化石能源使用得到控制（见图8-1）。

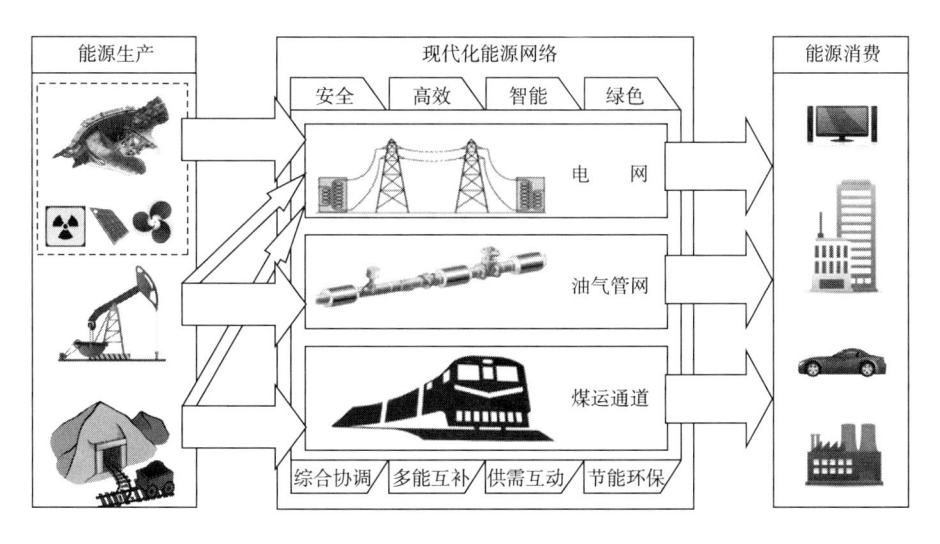

图8-1 现代化能源网络示意

二 先进电网是现代能源网络的核心

2014年新年伊始，美国中部、东部大面积地区遭遇40年不遇寒潮，局地出现了零下40℃的极端天气。严寒天气中，美国中西部地区数万户居民遭遇停电考验。而此前，2012年10月的飓风"桑迪"更是造成美国740万户大停电。"逢灾停电"似乎成了美国的惯例，究其原因主要是电网设施陈旧落后。难怪就连美国前能源部长、新墨西哥州州长比尔·理查德森也在美国Politico时政新闻网撰文指出，美国电网还停留在第三世界国家水平，近十年来鲜有进步，美国应该好好向中国学习。这个事例生动地说明了建设先进的、安全可靠的电网的重要性。我国应坚持发展先进电网，为经济社会发展提供可靠的电力传输保障。

（一）发展先进电网意义重大

电力是现代社会使用最广泛的二次能源，是中国特色新型工业化、信息化、城镇化和农业现代化的重要物质基础和载体，未来数十年我国电气化水平将继续提高，这决定了电网建设在我国能源生产和消费革命中具有举足轻重的作用。首先，提升电能消费比重有利于促进我国经济效率的提高。按可比价格测算，1980 年以来，我国电能消费比重每提高 1 个百分点，单位 GDP 能耗就下降 4% 左右。其次，能源结构优化将是我国今后数十年长期坚持的发展方向，水能、核能、风能、太阳能等主要依托电力载体发展的低碳清洁能源，将得到持续大规模开发利用，煤炭等高污染能源的低效率终端应用将进一步得到抑制或替代。最后，随着生产、流通和消费等领域电气化深度和广度的不断发展，电能占终端能源消费的比重将持续攀升，这是我国现代化进程和社会不断进步的客观要求。2012 年，我国人均用电量约 3660 千瓦时，仅相当于发达国家 20 世纪 80 年代的水平，远低于目前中等发达国家人均 7000~8000 千瓦时的水平。

（二）我国电网发展面临新形势和新要求

我国未来电网发展必须做到四个"相适应"。

1. 电网发展必须与我国电力发展阶段相适应

我国仍处于工业化、城镇化快速发展阶段，电力消费增长将持续较长时期，电力建设任务艰巨。据预测，2020 年，我国电力需求将达 7 万亿~8 万亿千瓦时，是 2010 年的 1.67~1.91 倍，这和发达国家基本稳定的电力需求特征截然不同。发达国家的发展经验表明，在完成工业化和城镇化之后，能源消费有望达到一个稳定的水平，而电力消费仍将持续增加，展望 2050 年，我国电力需求可能达到 12 万亿～15 万亿千瓦时（见图 8－2）。因此，在未来较长的历史时期内，我国电网发展都将面临艰巨繁重的建设任务。

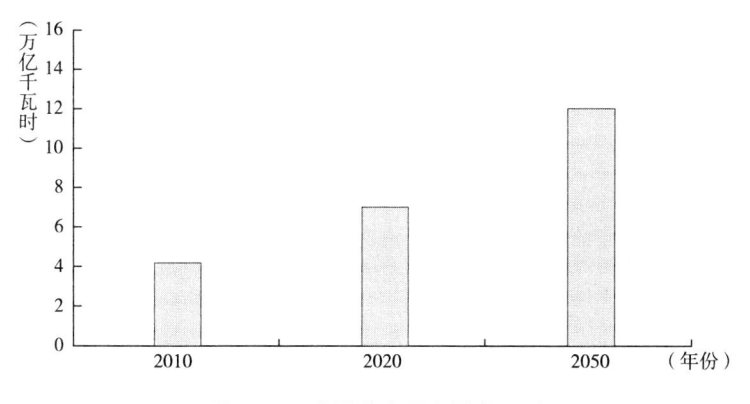

图 8－2 我国未来用电需求预测

电网峰谷差逐年加大，造成高峰负荷时段电力短缺和总体电力设备能力过剩并存，需要有效引导需求侧参与电力市场，提高电力设备的利用率。2010 年，上海电网峰谷差达到 1020 万千瓦，是 2005 年的 1.48 倍，约占最高用电负荷的 40%，预计到 2015 年将提高到 45%。2010 年，华东电网峰谷差接近 3500 万千瓦，是 2005 年的 1.5 倍，2000 年的 2.3 倍左右（见图 8－3）。这是一个普遍现象，即使是发达国家也不得不为尖峰负荷建设大量的调峰发电机组和相应电网设施，美国 2000 年以来最高负荷增加了 15% 左右，约是其供电量增幅的 2 倍（见图 8－4）。此外，由于我国缺乏有效的快速调峰机组，大容量高效煤电机组不得不参与调峰，这使发电煤耗大幅增加，机组性能得不到有效发挥。

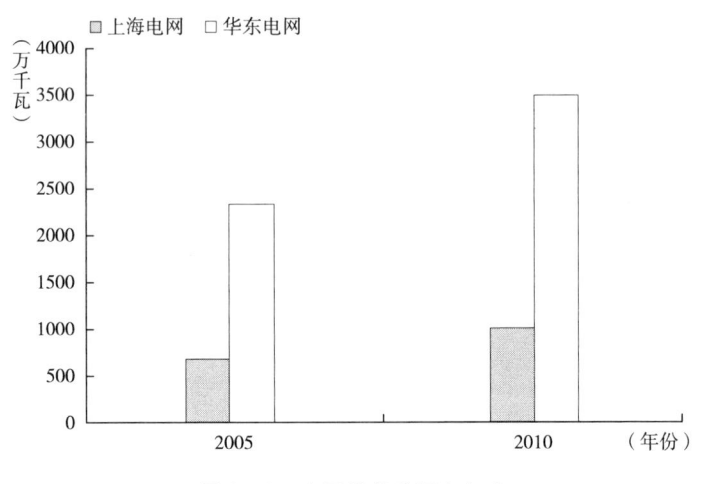

图 8-3 电网峰谷差逐年加大

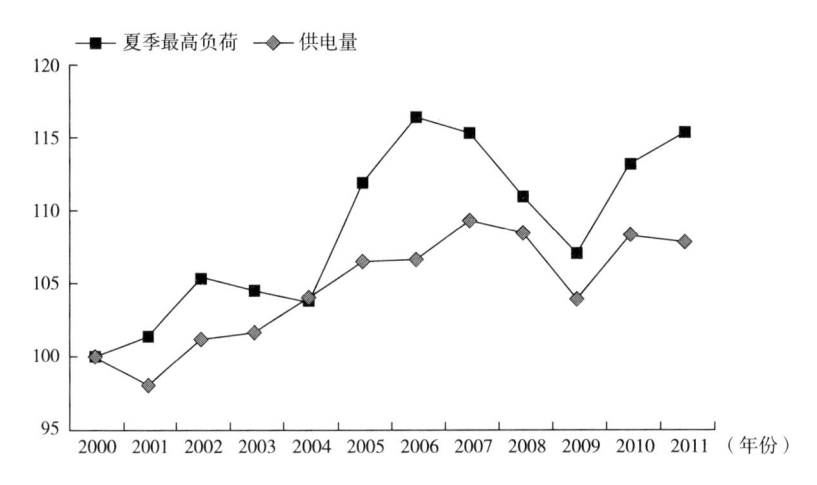

图 8-4 美国 2000 年以来夏季最高负荷和供电量的变化（2000 年 = 100）

2. 电网发展必须与我国能源大规模、跨区域配置的需要相适应

我国电网发展必须基于一次能源资源与生产力布局不平衡的基本国情，满足能源大规模、跨区域配置的需要。我国能源资源与能源需求呈逆向分布。我国 80% 以上的煤炭资源分布在西部和北部地区，晋、陕、蒙、宁、新五省区煤炭保有储量约 8570 亿吨，占全国的 77.7%，我国规划建设的十三大煤炭基地中神东、晋北、晋中、

晋东、陕北、黄陇、蒙东、宁东基地分布在这五个省区，规划的大型煤电基地也主要集中在这一地区。全国85%的陆地风能集中在"三北"地区；水电资源的80%以上分布在西部。我国东部、中部地区则集中了70%以上的能源和电力需求，能源消费中心存在不同程度的电力缺口，需要从外部调入大量能源。未来我国能源生产中心将不断西移和北移，大型煤电基地、水电基地、风电基地等能源基地建设客观上要求不断加大跨区输电通道建设力度，在全国范围内配置资源。

3. 电网发展必须与清洁能源大规模开发利用和各类分布式能源加快发展的趋势相适应

大力发展清洁能源、积极寻求新能源发展的技术突破，是应对气候变化、降低温室气体排放的根本途径，也是各国保障能源供应安全、保护生态环境、实现可持续发展的必由之路。近年来，我国清洁能源发展迅猛，2012年底，天然气发电、水电、核电、风电和太阳能发电装机容量达到3.6亿千瓦，位居世界第二，非化石能源发电装机超过3.2亿千瓦，位居世界第一。今后数十年，清洁能源仍将保持快速发展态势，对电网发展提出了更高要求。

电力生产和供给方式将从传统的集中式大规模发展模式逐步转变为"集中式供应与分散式就地利用相结合"的发展模式。分布式发电以天然气和可再生能源的转化和利用为主，规模因地制宜。这就要求电网发展一方面要在集中供给侧接入更多的清洁能源，如大型天然气发电厂、水电基地、风电基地、核电基地等清洁能源基地，另一方面更要在需求侧和低压配电网接入更多的分布式能源系统（包括分布式发电、需求侧响应、储能等），实现多能互补、物尽其用、因地制宜的电力生产、输送和消费格局。

4. 电网发展必须与电力市场化发展趋势和方向相适应

电力市场化是我国市场经济体制建设的重要环节，电网发展必须与电力市场化发展趋势相适应。电力市场化应继续放开竞争环节，加强电网监管，构建"多买多卖"的市场格局和灵活多样的市场交易机制。随着电力市场化的逐步深入，电力交易手段日益丰富，市场供给和需求双方的互动将会越来越频繁。需求侧将积极参与电力市场，根据价格等市场信号自主决策是否用电、发电、储存和买卖交易，和供给侧一起实时平衡电力供需，进而提高整个电力系统的效率和对间歇性可再生能源的消纳能力。这就要求电网在保证电能质量和供电可靠性的同时，实现与需求侧的智能互动，以友好的方式适应用户的自主选择。

（三）未来我国电网发展建设的两个重要方向

第一，适应我国一次能源资源和消费负荷中心逆向分布的基本国情，加强跨区输电通道和区域网架建设，增强大范围能源资源优化配置能力，将我国山西、蒙东、鄂尔多斯盆地、新疆和西南等五大能源基地集中开发的煤电、水电、风电等资源在全国范围内消纳。

为适应大规模、远距离输电需要，建设先进的特高压电网，架设高效便捷的电力"高速公路"势在必行。我国地域辽阔，西电东送距离远、数量大，从大型水电、火电和可再生能源基地向外输送电力，需要加强高等级、大容量输电能力建设。特高压电网能大大提升我国远距离、大容量输电的能力，减少输电损耗，降低输电成本，推动我国能源的高效开发和利用。据测算，1000kV 特高压交流输电线路的自然输送功率是 500kV 超高压交流输电的 5 倍左右，在采用同种类型的杆塔设计条件下，其单位走廊宽度的输送容量约为

500kV 超高压交流输电的 2.5 倍；±800kV 特高压直流输电线路单位走廊宽度输送容量约为 ±500kV 超高压直流输电的 1.3 倍。目前，我国已经掌握了国际领先的特高压输电技术，晋东南－南阳－荆门 1000kV 特高压交流输电、向家坝－上海 ±800kV 特高压直流输电等试验示范工程自投运以来一直保持安全稳定运行，建设特高压电网的条件已经成熟。今后要进一步提高特高压技术安全水平，保障线路和设备在特高压电压等级条件下的长期可靠运行，避免线路事故对整个大电网形成冲击。同时，做好特高压电网对生态环境影响的评估，使电网对生态环境的影响降到最低。

第二，加强配电网和智能电网建设，以市场信号引导需求侧自主管理，积极参与电力市场，充分发掘各类分布式能源（包括分布式发电、需求侧响应、电动汽车和储能等）的潜力，改善负荷特性，提高电力系统的整体调峰能力和运行效率，进一步提高能源系统对间歇性可再生能源的消纳能力。

三 用智能电网推动需求侧能源革命

智能电网概念的提出已有 10 余年的历史，随着信息通信技术（ICT）的不断升级，智能电网的内涵也日渐清晰和明朗化，国外很多智能电网示范项目也已预示智能电网在推动需求侧能源革命、满足电网未来发展要求、提高能源系统效率和安全性等方面的巨大潜力。

（一）智能电网是电网未来发展的方向

智能电网是当今世界能源产业发展变革的最新动向之一，代表着电网未来发展的方向。目前，建设智能电网的必要性已经在世界范围内被广泛接受。美国总统奥巴马 2009 年 8 月发表讲话时提出，美国要建设横跨东西海岸、跨越四个时区的智能电网，意图打破州际壁垒，实现全国范围内的电力资源优化配置。欧盟提出要在 2050 年之前实现一个能够大范围集成欧洲和欧洲以外的太阳能、水能、风能、潮汐能的可交互运行的电网，并正在支持有关"超级智能电网"项目的研究。英国、德国等国也先后制订了电网发展计划，将建设智能电网作为国家战略。

我国的智能电网正处在研究阶段，最具代表性的是国家电网公司提出的"坚强智能电网"概念[①]：以特高压电网为骨干网架、各级电网协调发展的坚强电网为基础，以通信信息平台为支撑，具有信息化、自动化、互动化特征，包含发电、输电、变电、配电、用电和调度各个环节，覆盖所有电压等级，实现"电力流、信息流、业务流"高度一体化融合的现代电网。

（二）案例分析：美国奥林匹克半岛智能电网示范项目

2006 年，美国西北太平洋国家实验室在能源部资助下，联合巴那威利电力管理局（BPA）、国际商业机器公司（IBM）等多家单位，在美国华盛顿州的奥林匹克半岛上进行了为期 1 年的智能电网集成示范。该示范项目集成了一个虚拟的电力交易市场，一台 30 千瓦的微型燃机，两台备用柴油发电机（功率分别为 175 千瓦和 600 千瓦），112 户家庭，一座海洋科学实验室的办公大楼和 5 台 40 马力的泵类负荷。

虚拟的电力交易市场是一种出清间隔 5 分钟、双向结算的电力

---

① 刘振亚：《智能电网知识读本》，中国电力出版社，2010。

零售市场，通过实时价格信号引导分布式电源和需求侧响应发挥作用，将需求侧转变为市场驱动的积极参与者。能源供应和需求双方都要进行报价。采用虚拟市场的主要考虑是便于示范项目的实施，避免监管程序的耽搁。该示范项目中，每个用户都有一个借记账户，账户结余根据用户对市场价格的响应发生变动，结余按季度发放给项目参与方。示范项目提供了三种合同类型：固定电价、分时电价和实时电价。

112个家庭用户连接的用电负荷主要是热水器和暖通空调系统，热水器带有用户可编程控制的自动响应功能，暖通空调由恒温器控制，总功率共计160千瓦。另外，还有50台干衣机和25台热水器安装了低频甩负荷控制器，当控制器感应到电流频率降低时，自动调整用电设备的运行模式减少用电负荷，协助平衡电网供需。办公大楼各区域通过恒温器控制，利用交易式建筑控制技术响应市场价格信号，即各区域依据设定温度和实际温度的偏差进行报价，暖通空调系统对赢得标价的办公区域输送能量。

经过1年的集成示范，奥林匹克半岛示范项目取得的成果可以归纳为以下几点。

第一，证明了电力用户能够参与供需平衡，跟踪和响应供给侧的变化和限制。和传统的发电出力跟踪负荷变动的电力系统运行模式相比，需求侧响应更加清洁、更加经济，也可避免不必要的上游供给侧发电和电网投资。同时，这也意味着，将来智能电网可以满足上游供给侧接入大量间歇性可再生能源的需要，通过价格等信号让需求侧跟踪和响应供给侧的变化和限制。

第二，需求侧响应机制可以给用户节省电费，每户家庭平均下来比1年前节省了10%的电费。示范结束时的调查显示，电力用户更愿意选择响应电价的电力合同。

第三，需求侧响应将 1 年内电网尖峰负荷减少了 15% 左右。在高峰负荷的几天里，需求侧响应和分布式电源一起可以将电网尖峰负荷减少 50%。[①]

第四，智能电网能够将一部分高峰负荷转移到负荷低谷时段。示范项目的实时电价用户组，将空调负荷转移到低谷时段，进行预冷或预热，避开了高价的尖峰负荷时段。负荷转移可以平滑系统负荷特性，降低电网峰谷差，从而提高上游发电和电网资产的利用率。

第五，验证了各类智能电网支撑或使能技术，包括基于互联网的信息及控制技术、响应电价和频率信号的智能家电、家庭和建筑能源的自动管理系统等。自动化技术在实现需求侧响应中起到了关键作用，需求侧能够自动根据市场信息决策交易，这也是该示范项目区别于传统分时电价项目的主要特点。通过"电价到设备"的实现，用户一旦完成设置，用电设备会自动响应电价信号而不是始终依靠人为调整。

上述示范项目的成果已经预示了智能电网发挥需求侧作用的巨大潜力，这将给电力系统的运行模式和商业模式带来革命性的变革。一是将促进上游供给侧多能互补的发展格局，尤其是促进各类间歇性、不可调度可再生能源的持续规模化发展。二是能够适应和促进各类分布式能源系统的发展，为分布式发电、电动汽车、储能等应用和推广提供了广阔的发展空间。三是通过需求侧响应机制充分发挥需求侧作用，积极参与电网和电力市场运行，实时平衡供给和需求。这将对 100 多年来电力系统主要依靠供给侧（包括发电和输电）

---

① 这里是针对上游供给侧而言的，事实上一部分负荷需求由分布式电源满足。

实时跟踪用户负荷的变动、而需求侧基本不参与电力供需平衡的传统运行模式带来革命性的变革。四是有利于革新商业模式，提供诸如自动能源管理、点对点能源交易、信息服务、节能咨询等增值服务模式，满足用户日益多元化的服务需求。

（三）电力市场化是发展智能电网的基础和前提

智能电网的最重要标志是零售侧实时电价和需求侧的广泛参与，因此，必须坚定不移地推进我国电力体制和市场化改革进程。目前我国只进行了有限的发电侧市场化改革，发电市场仍然沿用发电计划机制，发电价格仍由政府管制而不是由竞争性的发电市场决定。为适应我国未来电网发展的形势和要求，推动智能电网发展，应当采取以下措施。

首先，建立竞争性的发电市场，通过竞价确定实时发电价格，反映实时供需形势和实时发电成本。

其次，输电和配电由政府监管，输配电价由政府制定。建立电网建设的竞争机制，调动社会各方参与电网建设的积极性，实施投资主体多元化和运营管理专业化、所有权与经营权分离。

再次，配电侧和需求侧进行智能电网适应性改造，便于接入各类分布式能源系统、自动能源管理系统和智能用电设备。

最后，建立电力零售市场，供需双方确定实时零售电价，需求侧依据电价信号自动和自主决策发电、储能或买卖交易。

四　建设互联互通的全国油气管网

油气管网是合理配置油气资源、科学布局油气产业的重要途径。

加快油气管网建设，对促进国内油气资源开发、更好地利用国外资源、满足日益增长的国内油气需求具有重要意义。油气管网也是连接资源与市场的重要通道，与其他运输方式比较，管道运输具有运量大、效率高、运费低、安全可靠的优势。能源发展"十二五"规划提出，加快西北、东北、西南和海上四大油气进口通道建设，完善国内主要消费地区的区域管网。"十二五"时期，我国将新建油气管道7.3万公里，其中天然气管道4.4万公里，预计到2015年，我国油气管道总长度将达到15万公里，几乎比"十一五"期末翻一番，这样的建设力度是空前的。今后，要做好全国油气管网建设的规划布局，统筹进口油气和国内产需，合理完善国内配套管网建设，特别是加快天然气管网建设，尽快形成互联互通的全国管网体系，提升管网运营管理水平，保障管网运行安全顺畅。

（一）适应多元化进口战略，完善国内配套管网

巩固拓展石油进口来源和渠道多样化，控制石油进口风险。增加管输石油进口比例，加快西北、东北和西南三大陆路原油进口通道建设，扩大从中亚、俄罗斯、中东和非洲的石油进口规模，加强配套干线管道建设，尽快改变过度依赖马六甲海峡的局面。在中远期，不断扩大从南美洲（巴西深海石油）、北美洲（加拿大油砂）以及北极地区的进口规模，拓展远洋运输渠道。

进一步完善连接国内油田、进口口岸和炼化基地的国内原油输运管网建设。依托进口战略通道建设大型化、集约化的炼化产业带。根据炼化基地分布和区域消费布局，加快成品油输运管网建设。

完善石油储备体系建设。优化储备布局和结构，推进石油储备方式多元化。推进重点储备工程建设，稳步提高国家和企业储备能

力。积极推进成品油应急调节储备。采用地下水封岩洞储存等先进技术，建设大型地下储备库。

（二）全面加快天然气管网建设

天然气是最清洁的化石能源，是我国现阶段最现实的替代能源，能够尽快实现对石油和煤炭的大规模替代。天然气在我国一次能源消费中的比重将持续快速攀升，2012年达到5.4%，比2002年提高3个百分点，预计2015年和2020年将分别提高到7.5%和10%左右。目前，加快我国天然气开发利用的最大瓶颈制约就是天然气管网基础设施极度落后，全国大口径天然气运输管网只有5.5万公里左右，输送能力不到德国的50%、美国的10%。

按照"统筹规划两种资源、分步实施、远近结合、保障安全、适度超前"的原则，全面加快天然气管网和输送能力建设。

1. 加快主干管网建设

加快西北、东北、西南和沿海四大输送通道的天然气主干管网建设，形成以中亚管道、中俄管道、中缅管道、西气东输、川气东送、陕京管道、海气登陆、沿海LNG接收站及其配套外输管网等为大动脉，连接主要生产区、消费区和储气库的骨干管网。

2. 完善区域管网建设

在主要天然气生产区和消费区，统筹跨省联络线、配气管网及地下储气库建设，完善长三角、环渤海、川渝地区等天然气管网，加快推进东北、珠三角、中南地区等区域管网建设。

3. 兼顾非常规天然气输送

加强非常规天然气开发和管网建设的综合统筹，支持煤层气、页岩气等非常规天然气的开发和利用，将非常规天然气就近接入天然气骨干管网或区域管网，形成多种气源公平接入、统一输送的格局。

4. 抓紧建设储气设施

在东北、华北、西北、西南、长三角、华南及中部川陕豫等主要天然气生产、进口和消费地区，建设以地下储气库和 LNG 接收站储罐为主的天然气储备体系，加快城市调峰储气设施建设。

5. 加强天然气、电力统筹协调

加强规划统筹，因地制宜、优化布局，充分发挥天然气发电的独特优势，改善气网和电网运行特性，提高系统灵活性和接纳间歇性可再生能源的能力。

（三）大力支持天然气分布式能源发展

天然气分布式能源可以优化天然气利用，并能利用燃气、电力消费季节性峰谷特性互补的特点，对电网和天然气管网运行起到双重削峰填谷的作用，尤其是平衡夏季电网用电高峰和气网用气低谷，从而在更高的层面上提高我国能源利用效率和能源供应安全性。

根据常规天然气和非常规天然气的供应条件和用户能量需求，重点在能源负荷中心，加快建设天然气分布式能源系统。对开发规模较小或尚未联通管网的页岩气、煤层气等非常规天然气，优先采用分布式利用方式。统筹天然气和电力调峰需求，合理选择天然气集中式发电和分布式利用方式，实现天然气和电力优化互济利用。近期，通过健全财税金融价格等优惠政策、完善并网和上网运行管理等措施积极扶植天然气分布式能源发展。远期，通过电力市场化改革和智能电网调动广大潜在用户的积极性，充分发挥市场配置资源的作用，引导天然气分布式能源投资。

此外，油气管道铺设距离远，运营时间长，周边环境经常变化，安全风险因素众多。2013年11月22日，位于山东省青岛经济技术开发区的中石化东黄输油管道发生泄漏和爆燃事故，造成62人死亡、136人受伤，直接经济损失7.5亿元，这为油气管网的安全问题敲响了警钟。用鲜血和生命换来的惨痛教训告诉我们，在油气管网的设计、建设和运营过程中，应始终把安全放在突出位置，落实安全生产责任制，加强管网维护和安全检查，及时排除管网损坏、腐蚀、泄漏等安全隐患，确保管网运行安全。

五 调整优化煤运通道建设和运行

今后较长一段时期，煤运通道应坚持调整优化的思路，以既有线路的扩能改造为主，适当开展必要的新线建设，重点做好煤炭的就地就近利用、煤转化成电等工作，尽可能减少煤炭的远距离、大规模运输。

（一）我国煤炭运输总量增长势头将放缓

未来较长时期内，国内煤炭运输总量增长势头将放缓，铁路运力将不再成为我国能源供应的瓶颈制约。事实上，2012年，我国煤炭铁路运输量22.6亿吨，同比下降0.6%，是近十年来我国煤炭铁路运输量首次下降。2013年前11个月，全国铁路累计发运煤炭21.1亿吨，仅比去年同期增长2.4%，其中电煤14.7亿吨，仅增长0.9%。出现这一局面的主要原因包括以下几点。

1. 国内煤炭供需都将保持相对过剩的局面

截至2011年底，我国煤炭产能已经达到39亿吨左右，在建规模11亿吨，全国现有煤矿和在建煤矿总产能超前问题比较严重。资料显示，2013 年煤炭产能可能达 46.3 亿吨，大幅超过需求量。

2. 煤炭消费总量控制是我国能源消费总量控制的主要抓手

《能源发展"十二五"规划》已明确将 2015 年煤炭消费总量控制在 39 亿吨左右，远期雾霾控制、应对气候变化和生态文明建设将给我国煤炭消费施加越来越严格的约束。

3. 进口煤将持续保持快速增长势头

世界经济增速整体放缓，国际煤炭市场总体呈现供需宽松的态势，国外煤炭相比国内煤炭具有很强的竞争力。"充分利用国际国内两个市场、两种资源"将是我国长期坚持的能源发展策略，我国煤炭市场全球化程度将日益加深，进口煤将持续保持快速增长势头。2013 年，我国累计进口煤炭 3.3 亿吨，同比增长 13.4%。

4. 坚持输煤输电并举，逐步提高输电比重，是我国能源基地建设的必然趋势

如前所述，建设连接我国五大能源基地和中东部负荷中心的跨区输电通道是我国未来电网发展的一个重要方向，输电比重的提高将进一步降低煤炭运输需求。到 2015 年和 2020 年，新增跨区输电通道有望分别减少 3 亿吨/年和 5 亿吨/年的运煤量。

（二）多措并举，优化煤运通道建设

应综合考虑山西、蒙东、鄂尔多斯盆地和新疆四大能源基地的煤炭开发布局和建设时序，统筹协调中东部煤炭消费中心的需求预测和总量控制，远近结合，多措并举，优化煤运通道建设。

一是以新线建设与既有线改造为重点，完善西煤东运和北煤南运的铁路运输大格局。建立煤运通道建设的竞争机制，调动社会各方的积极性，实施投资主体多元化和运营管理专业化。

二是以北方下水港和南方接卸港以及沿长江、京杭大运河的煤炭下水港为主，构建北煤南运和进口煤水上运输系统。

三是严格控制公路长途运煤。

四是加快建立煤炭应急储备体系，提高应急调运能力。增加港口煤炭堆存规模，形成一批储配煤基地，提高煤炭下水能力。

五是综合统筹煤炭、电力发展。加大煤运通道规划与电力发展规划（包括电源和电网）的统筹协调力度，优化西部能源基地能源外运方式和能源流向，从源头上提高能源系统的传输效率和安全性。

第九章　效率革命之二：让市场在能源配置中起决定性作用

随着社会主义市场经济体制的建立，中国能源的市场化进程有了长足发展。但相比较为完整的能源产业体系，中国能源市场体系仍显发育不足，尚待完善。煤炭是我国能源领域最早开始市场化改革的行业，也是改革比较成功的行业之一，但仍然存在与运力、电力市场协调的问题。电力行业实行了"厂网分开"，大用户直购电试点加快推进，但输配电环节改革滞后，由市场决定电价的机制尚未形成。油气领域在成品油价格机制上取得了一些突破，但大型企业依旧覆盖了从勘探、开采到运输、流通，再到冶炼、批发、零售的全部环节，其他各类企业进入的空间很小。新能源虽然有了较好的市场化开端，但节能减排的市场机制还未能建立，其推广应用还存在一定的体制和法律障碍。能源领域中很多品种尚未实现市场定价，政府对微观经济活动的干预较多，市场机制无法充分发挥资源配置的作用，在一定程度上也影响了国际社会对中国市场经济地位的认可。

近年来，煤电矛盾反复发作，"油荒""气荒""煤荒""电荒"轮番上演，能源企业政策性亏损频现，工商企业用电负担沉重，新能源、可再生能源发展受到制约。这些矛盾和问题凸显能源市场体系的缺失与相关改革的滞后，市场主体不健全、竞争不充分、价格机制未理顺、行政管理色彩浓、法律体系不健全等诸多问题掣肘能源生产和消费的诸多环节。

推动能源生产和消费革命，关键是按照能源的商品属性，遵循价值规律，发挥市场在资源配置中的决定性作用，深化能源市场化改革，构建起统一开放、竞争有序的现代能源市场体系。政企分开，网运分离，放开竞争性业务，培育市场竞争主体；尽快形成市场导向的能源价格机制，真实反映市场供求和资源稀缺程度；转变政府对能源的管理方式，发挥好宏观引导、市场监管、资源保护和利益协调职能。

一　还原能源的商品属性

推动能源市场化改革，首先需要进一步明确一些观念和认识，特别是应还原能源的一般商品属性。很久以来，包括煤炭、电力、油气在内的能源一直被认为是特殊商品，是市场失灵的领域，应该由政府管制、国企垄断经营。其实，回顾历史可以看到，在计划经济时代，由于对煤、电、油、气管得过多过死，供需关系长期紧张，能源消费领域出现"政府管制什么就短缺什么"的怪象。缺电、缺煤、缺油、缺气是国民经济多年一直不能摆脱的瓶颈。事实上，能源虽然是关系国家安全的战略性资源，但也是商品，具有一般商品的基本属性，受价值规律和供求关系调节，可由竞争优化配置资源，由供求决定价格，由契约规范交易。自20世纪70年代以来，回归能源的商品属性、推进能源领域的市场化改革成为全球性趋势。无论是成熟的市场经济国家，还是体制转轨国家，大都转变理念，对能源领域实行放松管制、打破垄断、引入竞争，大大提高了能源的供给能力和能源利用效率。

中国的实践也可以证明，市场化改革对能源发展的重大推动作用。自20世纪90年代确立社会主义市场经济体制以来，中国对能源企业制度、价格体制、投融资管理体制、对外贸易体制等进行了一系列改革，从下放地方煤矿、拆分国家电力公司、重组中石油和中石化，到通过淘汰落后电厂、兼并小煤矿、提高行业集中度，再到改革和重组能源管理机构，能源生产力得到极大释放，供给能力显著增强。1993年放开部分行业和地区煤炭价格，提高了市场调节比重，煤炭产量快速增长。2002年，电力行业实行厂网分开，引入竞争机制。电改十年，发电装机容量从2002年3.57亿千瓦增长到2011年的10.5亿千瓦，增速达世界平均水平的20倍，创下世界电力发展历史的奇迹，彻底解决了计划经济时期电站工程造价连年攀升、制约发展的老大难问题。在材料、设备价格上涨的条件下，发电工程造价居然降低40%~50%，企业投入产出效率显著提高。在新能源领域，实施风电场招标制度之后，电价由高达1元快速下降到目前的0.5元左右，初步具备了经济竞争力，风电项目则由最初作为地方形象工程变为可大规模推广的能源，设备国产化也获得空前发展。

还原能源商品属性需要科学界定竞争性业务和非竞争性业务。垄断并非能源行业的天然特性，笼统地认为能源行业具有自然垄断性不够科学。因为市场的垄断有各种形态，有的具有自然垄断性质，有些垄断则来自人为。不仅如此，产业的自然垄断属性也会随着技术进步和实践深化而发生演变。例如，早期被认为属于自然垄断的发电环节，通过厂网分开等改革建立起竞争性市场，已被公认不在自然垄断之列。而原来意义上具有自然垄断性质的邮政、电信、铁路运输、自来水、煤气等行业，随着竞争机制的引入，垄断格局正在瓦解。一些行业虽具有自然垄断特征，但并不等于这个行业中的所有业务都应当一体化经营，通过竞争提高效率的规律在这些行业同样适用。构建能源市场体系的前提是将这些行业中的竞争性业务与非竞争性业务分开：属于竞争性领域的完全放给市场，引入多元投资主体，扩大对外开放，让供求关系决定价格，竞争优化资源配置，由契约规范交易；属于非竞争性领域的业务实行公平接入、提高普遍服务水平，加强政府对其经营业务、效率、成本和收入的监管。与此同时，改进政府管理，对市场失灵领域应切实履行宏观管理、市场监管和公共服务职能。

能源市场体系建设不仅要着眼国内，也要统筹用好国际国内两个市场、两种资源。中国应当树立互利合作、多元发展、协同保障的新能源安全观。传统的能源安全观强调，尽可能提高石油自给率，尽可能多地获取海外石油资源。能源安全观要从自我保障向集体安全、协同安全转变。中国领导人首倡在 G20 框架下建立全球能源市场治理机制，在国际上赢得广泛好评，应当充分利用这个平台，推动能源供应国、消费国、过境国之间的对话，共同讨论能源政策、市场建设、定价机制、运输通道安全等重大问题，形成在国际上有约束力的机制和共同行动计划。

二 培育企业竞争主体地位

我国能源企业大多为大型国有企业，其中又以中央企业为主，民营资本进入较少，市场主体不健全，竞争不充分，行业分割和垄断现象仍然存在。一些大型国有能源企业实际上还承担了部分政府职能，以企代政的现象比较突出。同时，这些企业也因为享受一定程度的政策性资源，尚不能成为自由竞争的市场主体。在这种主体格局下，国有能源企业不能完全按照市场经济的模式运营，国有大型企业占据主导地位，企业与市场之间的关系尚待理顺。这不但在一定程度上抑制了能源市场正常竞争机制的发挥，也不利于国有能源企业尽快成长为真正强大的具有国际竞争力的现代能源企业，难以与国际能源巨头相抗衡。此外，社会上对国有大型能源企业某种程度的垄断存在很多意见，近年来火电业务和炼油板块的真实亏损也无法得到公众的理解，国有能源企业为此承受着巨大的社会舆论压力。

我国能源市场主体结构不够合理，有待于进一步重组。过去十多年，煤炭、发电领域先后打破垄断，实现了竞争。然而在油气行业、输配电领域，仍然呈现国有企业"一家独大"的局面，包括民营、外资在内的社会资本较难进入，多元化的主体格局尚未形成，市场缺乏公平竞争的环境，企业提高效率的动力不足，影响社会资源的有效配置和能源行业整体竞争力的提升。即使在国有企业内部，也存在竞争不充分的问题。譬如，目前我国只有 3 家公司拥有国内石油勘探开发权，其中一家公司独家拥有海上石油开发权，两家拥有陆上石油勘探开发权，陆地不能到海上开采，海上不能到陆地开采，致使中化集团、中信集团、北方工业等一些对石油投资感兴趣的大企业只能到境外进行勘探开发。

应该看到，培育多元竞争主体是形成市场的基础，也是能源改革的方向。首先，实现政企分开，剥离政府应当承担的职能，使企业轻装上阵，专注于提高经济效益。其次，根据不同行业特点实施网运分开，对于电网、油气管网等网络型自然垄断业务，可继续保持国有资本控股经营；对于具有竞争属性的生产（包括进口）、销售环节应放开准入，打破行业分割和行政垄断，引入多元竞争主体。最后，营造各类所有制企业都能公平竞争、规范准入的制度环境，减少对国有企业的特殊政策与优惠。

1. 煤炭行业是我国能源领域市场化改革进行最早，也是相对最彻底的行业，其经验和教训可以为其他行业提供重要参考

在放开煤炭市场、放松管制之前，煤炭紧张是常态。十多年过去了，煤炭作为我国最重要的一次能源，产量逐年提高，即使在关停非法小煤矿政策执行最严厉的时候，煤炭的供应也基本保持了充足的状态。这些年，煤炭在我国能源消费中占据了 2/3 以上的比重，可以说，正是因为煤炭在能源行业中发挥了中流砥柱的作用，才保证了经济快速发展对能源的需要。

当然煤炭行业也存在很多问题，最让人关注的是安全生产。但应该看到，煤炭安全在政府有关部门的强力监管和支持下，正在逐年改善，成效显著。相对而言，政府和市场在煤炭行业都有相对比较准确的定位，政府为煤炭安全的忧心忡忡，其实也验证了在市场经济条件下，政府需要有更高的执政水平。可以说，在市场起主导作用的煤炭行业遇到的问题和油气以及电力行业相比，属于更高层次的问题。石油和电力行业常常在为短缺而战，煤炭行业已经在实现充足供应的基础上，努力朝着更好的方向迈进了。

2. 电力市场竞争主体尚不健全，社会资本并没有完全进入

从电力市场开放范围来看，目前对社会资本开放的领域已经包括电源建设和发电市场，但自然垄断的电网建设仍然保持国有独资的产权形式。在发电市场，国务院在 2005 年和 2010 年先后出台了鼓励非公有制经济发展的"旧 36 条"和"新 36 条"，并在 2012 年出台了"新 36 条"的实施细则，实际上非公有制经济进入电力行业还存在一些隐形障碍。由于电力价格机制尚未理顺，投资回报率无法保证，一些民营资本进入电力行业后无法获得稳定的投资收益，已有的进入资本近年来则纷纷退出。目前，民营及外资发电企业装机容量占全国总装机容量的比重不到 5%，国有资本仍然占到 95%以上。我国电网在输电、配电、售电环节仍然维持了上下游一体化的组织结构，电网企业依然处于"独买独卖"的垄断地位，发电企业和电力用户没有太多选择权，市场机制在发电、输电、配电和售电等领域无法发挥更大的作用。

投资主体多元化是解决电力供应短缺和促进电力行业改革发展的重要举措。电力行业具有投资大和回报周期长的特点，因此应该为社会资本进入电力行业提供稳定合理的投资回报率，以确保经济主体投资电力建设的积极性。应该进一步扩大电力行业市场开放范围，放松市场准入条件，即使是自然垄断的输电环节，也应该允许社会资本进入电网领域，推进电网企业投资主体多元化。应该允许民营、外资资本通过多种形式进入电力行业，并促进非公有制经济资本的集聚化和规模化。只有放开市场准入，打破行业分割，才能形成多元市场主体，从而激发电力行业的活力和效率，构建起公平公正的电力市场。

3. 相比电力而言，石油天然气的市场化改革更显滞后

1998 年，中石油和中石化的拆分是一个巨大进步，形成了一定的竞争，但在很多领域，垄断仍然存在。当初的政策设计有加入 WTO 后过渡阶段保护民族工业的考虑，然而这种暂时的保护却逐渐成为长久的政策，双刃剑的弊端日显。频现的油荒已经表明垄断体制并不能有效地保证供应，开放、多元的石油市场更加有利于维护石油安全，原油、成品油进出口和国内市场的放开将会增加油气的供应能力。竞争在短期上可能会损害几个国家公司的利益，但长期上将增强整体行业的运营效率，更大的利益会在新主体和消费者中间实现。当前，国内有人担心能源领域的开放会降低国家公司的竞争力。其实，只有在竞争中形成的竞争力才是真正的实力。一个例子是，巴西对石油行业实施市场化改革后，原来的巴西国家石油公司不仅没有衰落，反而在市场化的竞争中焕发了新的活力，十年产量翻了一番，巴西也从一个石油一半靠进口的国家成为石油净出口国。

4. 新能源领域已经有了很好的市场化开端

在国家新能源政策推动下，尤其在"新36条"提出"鼓励民间资本参与电力建设，鼓励民间资本参与风能、太阳能、地热能、生物质能等新能源产业建设"的政策鼓舞下，民营企业数量和规模迅速扩大，民间资本在太阳能热利用、生物质能开发以及晶体硅材料、太阳能热水器、太阳能电池制造等领域居于主导地位，民间资本在风电设备制造产业中的作用越来越重要。目前，民间投资新能源和可再生能源领域总额已经超过8000亿元，发电项目装机容量超过4900万千瓦，约占全国新能源和可再生能源总装机容量的18%；从投资分布看，民间投资小水电项目约2500亿元，风电项目约640亿元，太阳能光伏发电约230亿元，生物质能发电约200亿元。民间投资风电设备、太阳能电池及组件、晶体硅制造领域2300亿元，太阳能热水器全行业投资约2200亿元。太阳能热水器累计安装集热面积2.2亿平方米，其设计、施工、制造、服务等主要由民营企业完成。由于各类风电企业的竞争，新能源价格不断下降，譬如风电价格已经降到了 0.5 元左右，初步具备了大规模应用的基础。可以说，民间资本会随着能源体制的改革和市场建设的有效推进，更多地进入新能源领域，这将对我国新能源的发展发挥不可替代的生力军作用。

三　坚持由市场形成能源价格

能源价格是能源市场体系的核心，市场配置资源的决定性作用主要通过价格信号的引导来实现。改革开放以来，国家对传统计划经济体制下的单一价格进行了多次调整与改革，取得了明显成效。但能源领域价格改革总体上相对滞后，对于能源企业的价格和投资仍然采用计划管理方式，由政府部门行政审批。过多地依靠行政手段配置资源的机制使市场作用得不到有效发挥，容易导致"政府失灵"，也会造成一定程度的价格扭曲。

一是能源价格市场化程度不高，价格无法如实反映能源稀缺程度和市场供求关系变化。长期以来，各类能源市场没有发育起来，或根本不存在能源市场。能源市场竞争不充分，能源价格水平总体偏低，不能真实反映能源产品市场供求关系和稀缺程度，缺乏对投资者、经营者和消费者有效的激励和约束。能源使用者缺乏动力通过技术革新寻找更经济的替代能源或者可再生能源，不利于节能技术和节能设施的推广，也没有建立有效利用和节约能源的约束机制。

二是能源价格构成不合理，缺乏科学的价格形成机制。现代经济学认为，能源价格应包括开发成本、外部成本和代际成本，而且，无论是外部补偿还是代际补偿都无法通过市场机制自发实现。目前，资源破坏和环境治理成本没有反映在能源价格中，外部成本没有内部化，环境损失不能从能源产品的销售中得到补偿，代际成本也没有得到应有的体现，致使清洁能源的真实价值不能得到足够体现，其推广利用在现实中遭遇"价格瓶颈"。

三是能源产品市场体系不健全，没有国际市场定价话语权。由于能源市场发育不足，石油等产品的现货、期货市场体系并没有建立，作为全球能源生产和消费大国，却没有国际市场定价话语权，对国际市场价格变动只能被动接受。相对较高的能源进口价格，使中国消费者损失了大量的利益，也影响了国内产业的整体竞争力。

另外，无法利用价格信号合理引导投资，投资项目行政审批制度使能源建设与需求时有脱节，盲目投资、重复建设、无序发展与投资不足并存。"市场煤"与"计划电"的矛盾始终未能从根本上得到解决，影响正常的电力供应。缺乏用户参与和需求侧响应机制，行业内外普遍不满，历次价格调整都面临较大的社会舆论压力。

不合理的能源价格无法正确引导合理的能源生产和消费方式，不利于我国经济发展方式的转变和产业结构的升级，还将影响我国经济的可持续发展。长期偏低的能源价格不能及时和充分地反映市场供求及资源稀缺程度，反而会激励企业将增加投入、增加消耗作为进一步发展的选择，缺乏提高技术含量和加速产业升级的动力；同时导致资源能源密集型产业过度发展，造成能源的低效率使用和需求过快增长。不合理的能源价格结构，加剧了化石能源的消耗，使环境遭受严重破坏，也使新能源和可再生能源不能得到有效的利用和推广，由此影响我国能源结构的调整和环境保护。滞后的定价方式在一定程度上破坏了市场的自我调节功能，有时还加重了"油荒""气荒""煤荒""电荒"问题，影响能源的供给安全。

能源价格改革关键是建立起合理透明的价格形成机制，使能源价格既能有效反映供求关系、资源稀缺程度和环境的损害程度，又能有效发挥对消费、投资和资源配置的引导作用。首要的是区分行业的不同属性，明确各环节价格改革的方向和模式。应按照网运分开的原则，对相关产业链实施结构性改革，对油气管网、输电网络等自然垄断环节，核定其输配成本，确定企业的合理回报率，加强价格和成本监管；对于其他竞争性环节，则应打破垄断格局，鼓励多元主体参与竞争，形成市场化的价格机制（见表9-1）。具体来说，各能源行业的价格改革目标有如下几点。

煤炭方面，核心是从根本上解决"计划电"与"市场煤"的体制矛盾和机制冲撞。真正实行煤电价格并轨，结束实施多年的煤电双轨制。在取消电煤合同价的基础上，着手推进煤炭价格完全由市场定价；配套实施煤、电、运全产业链综合改革，建立煤炭价格、上网电价和销售电价实时联动机制，彻底解决煤电矛盾；鼓励煤电企业相互进入，签订长期供货合同，减少煤价波动的风险。

表9-1 我国能源主要领域不同环节价格形成机制的目标模式

	上游	中游	下游
煤炭	勘探开采：市场定价	运输：市场定价	批发零售：市场定价
石油	勘探开发：市场定价	管道运输：政府调控	批发零售：市场定价
天然气	勘探开发：市场定价	管道运输：政府调控	批发零售：市场定价
电力	发电：市场定价	输电配电：政府调控	售电：市场定价

石油方面，启动市场化改革，允许各类投资主体公平进入，构建有效竞争的市场格局。在新的成品油价格形成机制的基础上，进一步完善定价机制，包括调价周期、调价幅度、调价方式等。定价权应更多地下放给行业协会或企业，在实现了与国际接轨的基础上，价格调

整不必由政府发布，可以由行业协会按照政府确定的规则，自行调整发布。

天然气方面，在门站价进行市场净回值定价的基础上，建立上下游联动机制，形成真正反映资源稀缺程度、市场供求关系、环境补偿成本的价格，最终实现天然气出厂价由市场竞争形成，政府只对具有自然垄断性质的输配气价进行管理。

电力方面，应坚持2002年电力市场化改革的正确方向，进一步区分竞争性和非竞争性业务，对电力产业结构进行重组，改变电网企业赢利模式，上网电价、销售电价尽量减少由政府制定，逐步形成发电和售电价格由市场决定、输配电价由政府制定的价格机制，即"放开两头、管住中间"。

四 转变政府对能源的管理方式

政府职能转变是深化行政体制改革的核心，也是构建能源市场的体制保障。多年以来，我国对能源主要采取行政手段，经济手段和法律手段运用不多，行政管理色彩较浓。电煤生产中有生产计划、运输计划，电力行业有发电量计划，煤炭、电力、油气、能源运输行业仍实行计划与市场并存的双轨制。在这种管理方式下，价格机制在能源生产经营中的自动调节作用受到抑制。无论是现代经济理论，还是改革开放之前30年的实践都表明，过多的行政管制无益于解决短缺和提高效率。例如电力领域，上网电价由政府审批决定，发电量由地方政府下达的生产计划决定。如果在产品产量和定价上没有自主权，一个企业将不是一个真正的微观竞争主体。

长期以来，政府对能源行业的管理主要体现在两个方面。一是政策职能，二是监管职能。在以往能源管理体制下，主管部门更加注重通过投资项目审批、制定价格和生产规模控制等方式干预微观经济主体的行为，而对行业监管及其他职能相对而言重视不够，政府职能缺位与重叠并存。主要体现在以下几方面。

一是能源基础信息薄弱，统计分析体系不健全。政府主管部门对能源基础信息掌握的及时性和准确程度，对制定规划和政策至关重要。当前大量的能源信息统计和分析工作由中国煤炭工业协会、中国电力企业联合会、中国石化协会等行业协会和国家电网、中石油、中石化等大型国有企业承担，而政府部门专门负责统计分析的人员缺乏。相对于拥有数百员工、年度预算经费上亿美元的美国能源信息署，我国能源基础信息工作存在差距。

二是一些重大战略尚未形成统一认识，规划政策存在反复。统一、明确、稳定的国家能源战略和政策对能源发展至关重要，必须认真研究，稳健决策，切实贯彻。但是在能源布局、特高压建设、新能源与可再生能源发展、油气资源开发、能源与环境等重大问题上尚未形成统一认识，有的重要能源规划和政策经常调整，甚至国家已经形成的决策得不到再贯彻执行。

三是缺乏对外合作的协调机制，难以有效应对日趋严峻的国际形势。在当前的能源管理体制下，国家能源局、国家发改委、商务部、外交部等有关部门以及大型能源企业都在通过各自渠道分别开展对外合作，能源全球战略与国际能源合作缺乏统一部署和协调行动，存在多头对外、单打独斗的情况，难以形成合力。况且几大石油企业均为国内外上市公司，其目标也不可能与国家战略目标完全一致。

四是未能形成对能源企业的有效监管，市场监管职能尚待增强。

比如，作为自然垄断性企业的电网公司的输配价格和投资至今未按规则接受监管，输配电价成本尚未明晰，合理的输配电价至今无法出台；"三桶油"内部成本始终无法厘清，历次油价调整饱受社会议论；在煤炭交易中间环节存在市场操纵、破坏市场秩序等乱象。

转变政府对能源的管理方式，必须坚持市场化改革方向，清晰界定政府和市场的边界，大幅放松对企业的微观管制，发挥市场在资源配置中的决定性作用，把重心转到市场无法发挥作用的方面。政府对能源的管理应更多体现四大职能：宏观引导、市场监管、资源保护和利益协调。

1. 在宏观引导方面，致力于弥补市场缺失

一是构建以《能源法》为统领的能源法律体系，以法律法规为依据指导能源市场化改革；二是加强能源基础信息体系建设，为准确决策提供可靠依据；三是强化能源战略规划，集中力量深入研究，形成明确的国家能源战略，特别是在能源布局、特高压建设、新能源与可再生能源发展、油气资源开发、能源与环境等重大问题上形成统一认识；四是统筹协调多部门和大型能源企业分别对外合作局面，形成统一的纲领性的能源全球布局与国际合作战略，有效保障国家能源安全。

2. 在市场监管方面，形成对能源企业的有效监管

坚持市场化改革方向对纵向一体化的能源产业进行结构性改革，对竞争性环节放松管制，保障市场秩序的公平公正；对自然垄断性环节，则做好成本和价格监管，厘清电网企业输配成本，核定油气管网输送成本等。

3. 在资源保护方面，处理好经济发展和资源保护的关系

企业追求经济利益最大化，消费者追求个人效用最大化，往往

忽视资源保护和永续利用。目前我国资源无序开发、破坏和浪费问题严重，作为市场失灵领域，在促进资源能源的保护和可持续开发方面，政府责无旁贷。应通过法律、经济和必要的行政手段，进一步完善资源管理体制，健全资源资产产权制度和用途管制制度，明确权责，有效监管，促进资源有序开发；大力推动能源节约，提高能源利用效率，减少能源消耗，实现资源能源约束下的经济持续健康发展。

4. 在利益协调方面，处理好中央和地方，能源输出地和能源输入地，以及政府、企业和民众的关系，发挥好各自积极性

我国能源企业多为央企和国企，涉及中央和地方税收分成，利益不均衡已引发一些地方政府和企业之间的矛盾。我国能源富集区多在西部，而能源消费区集中在东部，能源初级产品和制成品之间的价差，以及能源开采、环境污染等问题也使得东西部之间出现利益分配和利益补偿的问题。此外，为改善大气污染和治理环境，清洁能源的使用成本和环境治理成本需要建立全社会的价值补偿和分担机制。政府应从理顺中央和地方财政和税收体制，以及理顺能源产品价格及补偿机制等方面，协调好不同类型企业之间、不同区域之间、不同主体之间的利益关系，在市场失灵的领域施展作为。

五　健全能源法律法规体系

成熟的市场化国家能源体制的运行建立在完备的法律体系基础之上。目前，我国能源法律体系不完善，法制建设滞后问题较为突出：一是结构不完整，能源法缺位。作为能源基本法，《能源法》在整个法律体系中起着统领全局的作用，现在仅向国务院报送了《能源法》（送审稿），但尚未正式推出。我国还没有石油、天然气法，同时也缺少天然气供应法、热力供应法等能源公共事业法，缺乏对能源产品销售、服务的规范，这些都使得中国在石油、核能等重要能源领域的建设、管理和运营方面不能有效规范和依法监管。二是内容不健全。部分法律内容也已与现阶段市场经济发展和节能减排形势不相适应。如《电力法》中缺少有关电力交易规则、电价形成机制、电力建设的规定，无法支持新能源等分布式能源的发展；《煤炭法》中也有诸多内容已无法适应当前煤炭工业的发展，需要尽快对其进行修改和完善；此外，法律法规的制定过于原则化，可操作性比较差，必须配套以相应细则、标准才能得以实施，而目前仍有很多法律法规缺乏必要的实施细则和配套法规。三是各种法律缺乏必要的衔接，法律执行效果不佳，对违规行为恶劣、无视规章制度的企业缺乏震慑性处罚手段，存在企业违规成本低、执法机构监管缺位、执法不严等问题。

为统筹推进能源立法工作，要立足我国国情和能源特点，构建以《能源法》为统领的能源法律体系。参照发达国家经验，按照先急后缓、相互支撑的原则，尽快推出能源基本法，制定《石油法》《天然气法》《原子能法》等，制定《核电管理条例》《海洋石油天然气管道保护条例》《国家石油储备管理条例》等法规规章。根据改革与发展的需要，尽快完成《煤炭法》及《电力法》等的修改，完善能源专门法的体系和内容，鼓励新能源"分散上网，就地消纳"，构建有利于分布式能源发展的法律和政策体系。此外，还要提高法律法规的可操作性，并完善相关的实施细则和配套法规，以保障能源基本法和能源专门法的贯彻实施。

六　构建现代能源市场体系

改革是能源产业科学发展、建立现代能源市场体系、实现从能源大国到能源强国转变的必然选择。面对能源领域因市场化不到位而产生的一系列矛盾和障碍，只有坚持市场化改革方向，坚定不移地推进能源体制改革才是解困之道。我国能源市场建设进展不同步，煤炭生产和销售已经放开，价格实现了市场化，区域煤炭市场初步建立；电力体制改革取得新进展，基本实现了政企分开、厂网分开、主辅分离，电力市场建设尚处于探索阶段；石油天然气行业基本实现了上下游、内外贸一体化，运营效率得到提高，石油天然气期货市场也处于摸索阶段。

构建现代能源市场体系，是提高市场运行效率和产业竞争力的客观要求。我国能源市场体系建设的基本目标是：坚持能源市场化改革方向，通过深化改革，充分发挥市场配置资源的基础性作用，稳步推进能源体制改革，完善政府宏观调控，强化市场监管，逐步建立起产业协调发展、市场结构合理、宏观调控科学、市场监管有效的，与中国国情相适应的统一、开放、竞争、有序的新型能源市场体系。主要任务是：形成比较完整的能源法体系，使能源发展和能源管理体制的改革有法可依；形成吸引社会资本进入能源投资领域的新机制，形成公平公正的市场竞争秩序；形成以市场为基础的能源定价新机制；形成综合与分类相结合的能源监管体制。

用改革的手段来构建现代能源市场体系，必须打破行业垄断和地区封锁，鼓励能源上下游产业相互融合，形成全国统一的能源大市场和各具特色的区域能源市场。建立和完善公开、公平、公正的能源现货及中远期合约市场，逐步建立现代能源期货市场。进一步加强和完善能源市场基本交易制度建设，积极推进电子交易市场建设。有效调节能源供需，提供价格合理、安全可靠的能源产品，满足国民经济较快增长对能源的需求。进一步完善能源市场监管，防止能源市场上垄断势力的强化，同时确保能源价格和能源市场不会发生过大波动。有序开放我国能源期货市场，逐步形成具有国际影响力的区域能源市场中心。

从中长期看，我国需要完成煤、电、油、气四个国内市场的构建，夯实与此相关的其他市场建设，并加强国际合作，注重与国际能源市场的对接。具体分述如下。

现代煤炭市场体系建设。建立以全国煤炭交易中心为主导、以区域煤炭交易中心为辅助、以地方煤炭市场为补充的合理布局、规范有序、健康发展的现代煤炭交易市场体系。全国煤炭交易中心与各区域性煤炭交易市场之间建立密切联系、协调发展的合作机制，形成分布于煤炭生产地、煤炭消费地、煤炭集散地、煤炭中转港的合理布局、密切联系的区域煤炭交易中心体系。建立与国际煤炭市场接轨的现代煤炭交易市场体系，形成具有国际影响力的区域煤炭交易市场中心。积极发挥促进煤炭交易、发现合理价格信号、推动煤炭经济健康增长的现代煤炭市场体系功能（见图9-1）。

现代石油市场体系建设。开放原油和成品油进口，实现成品油市场定价。在石油现货市场、中远期合约市场不断完善的基础上，建立期货市场，丰富石油期货品种，为国内的石油生产企业、用户和贸易商提供规避风险的工具和场所；进一步发挥期货市场的作用，以减少国际石油价格波动对我国经济的冲击，争夺重要石油商品的

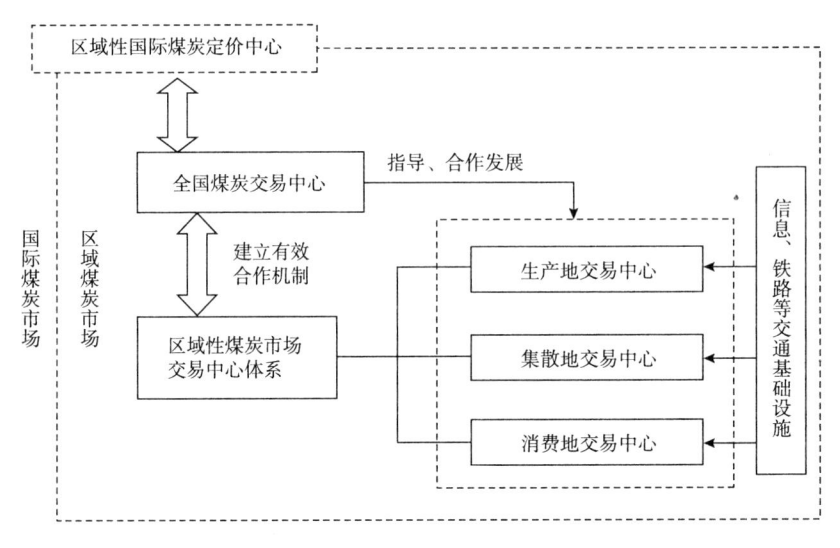

图 9-1 我国现代煤炭市场体系框架

国际话语权。完善石油市场制度，培育多元市场主体，加快形成统一开放、竞争有序、公开公正的现代石油市场体系。加快国际区域性炼油中心和储运中心的建设，逐步形成辐射东亚地区的石油中转、加工、交易和定价中心，力争形成与纽约商品交易所 WTI 原油期货价格并重的石油基准价格，增强我国对国际石油市场的影响力（见图 9-2）。

现代电力市场建设。根据国家、区域和省内电力资源优化配置的特点，设计各自的交易模式，并开展相应的交易，各级市场互为补充，交易品种分工明确。各级市场均以中长期合约交易为主、短期多品种交易为辅。完善和开放省级电力市场，推进双边长期合同交易、项目招投标和非区域竞价机组竞价交易，以及开展发电权交易、水火置换等多种形式的短期交易，实现省内电力供应的安全、经济、可靠。积极发展区域电力市场，组织开展发电企业与电力企业直接交易，推动市场化的双边合同交易和短期集中竞价交易，实

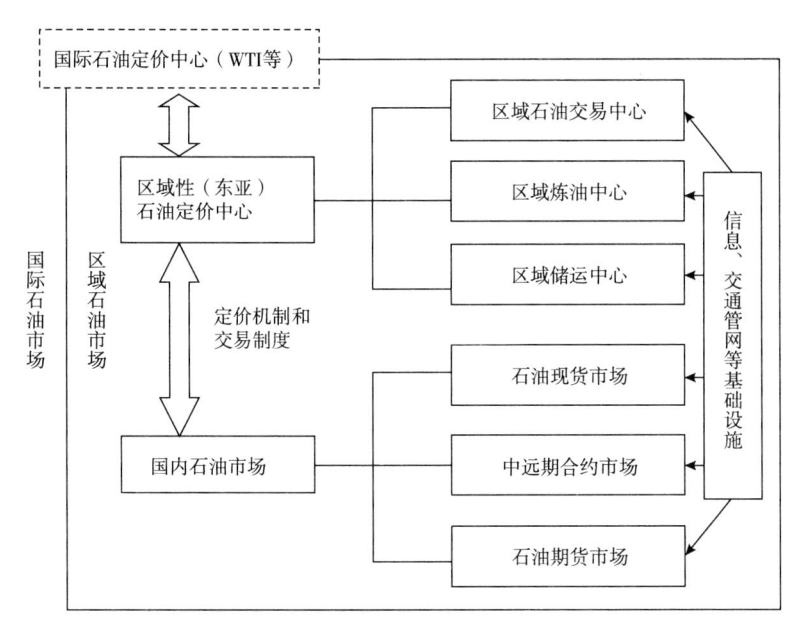

图 9-2　我国现代石油市场体系框架

现区域优化调度和能源资源区域优化配置。积极培育全国电力市场，大力推进大用户直购电，推进区域间电力交易，实现跨区域送电、区域间电力互济和区域间备用共享，促进电力资源在全国范围内的优化配置，并加强与周边国家联网，促进电力进出口贸易的开展。最终形成国家和区域及省级市场有机融合、统一开放的电力市场体系（见图9-3）。

现代天然气市场体系建设。逐步理顺天然气市场体系关系，实现政企分开，逐步实现天然气市场定价，发挥政府维护市场的公平与服务、监管市场职能。以能源分区优化为基础，建立地区综合能源公司，形成天然气与其他能源竞争共赢的市场体系，在东部、南部的经济发达地区，积极引进国际LNG资源，建立"沿海气态能源战略发展区"。实现天然气上下游市场的开放，鼓励多种资本进入，实现两个市场的自由竞争。完善天然气储运设施建设，建立独立的

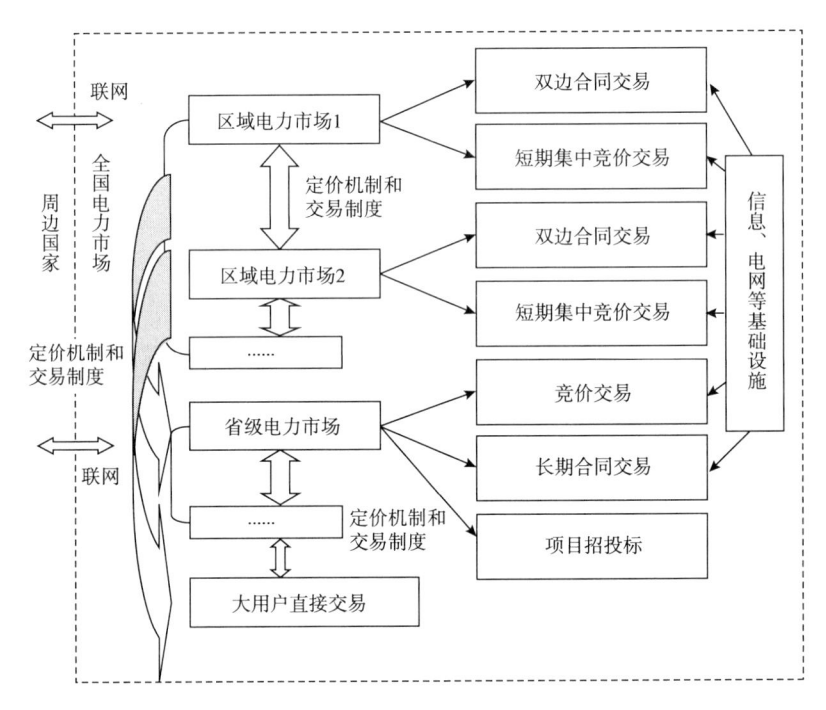

图 9-3 我国现代电力市场体系框架

管输公司，以实现天然气管输领域的有效监管。积极推进天然气中远期合约市场、现货市场和期货市场，为国内的天然气生产企业、用户和贸易商提供规避风险的工具和场所（见图9-4）。

其他市场建设。根据我国经济社会和能源需求发展的实际，逐步探索能源生产污染物排放额交易、可再生能源配额交易、绿色证书交易、白色证书交易、碳排放交易、CDM 交易、环境容量交易。

在积极构建国内能源市场体系建设的同时，也要注重与国际能源市场的对接，加强国际能源合作，积极参与全球能源治理。在全球气候变暖的大背景下，全球能源生产和消费格局正悄然而动，尤其是美国页岩气革命的兴起，使美国正逐渐由世界第一大石油进口国转变为世界第一大石油生产国。为应对国际能源格局的新变化，以及由此带来的国际政治、经济格局变动对国内经济的影响，最大

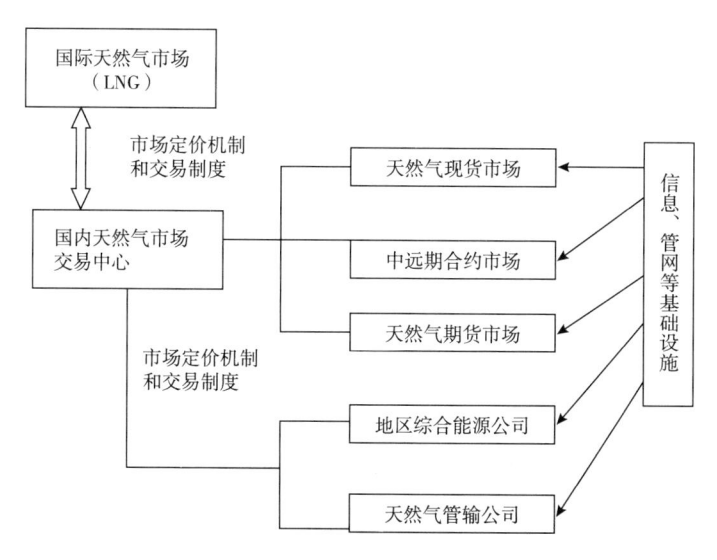

图 9-4 我国现代天然气市场体系框架

限度地保障能源安全，中国需要积极参与全球能源治理。一方面通过加入国际能源机构、参与全球多边合作等方式，以获取稳定的外部能源供应，争取更多的话语权和定价权。另一方面可以加强与欧美等国家的合作，引进发达国家先进的可再生能源、节能技术，加强与发达国家在预测预警、价格协调、金融监督等方面的合作，促进中国低碳经济转型，并通过参与全球能源治理，减少中国与欧美国家的贸易争端。

后 记

本书系在中国国际经济交流中心(以下简称"国经中心")年度基金课题"中国能源生产与消费革命研究"基础之上整理而成。国家能源委员会专家咨询委员会主任、国家能源局原局长张国宝担任课题指导,对课题研究的主要观点给出了重要指导意见。国经中心吴越涛博士担任课题组长并负责第二章,国经中心研究员王刚负责第一章,国经中心景春梅博士负责第三章、第九章,清华大学核能与新能源研究院欧训民博士负责第四章,国家发改委能源研究所苗韧博士负责第五章,国经中心曾少军博士负责第六章、第七章,华能集团技术经济研究院张斌博士负责第八章,全书由吴越涛博士负责统稿和审定。

本课题研究过程中得到国家发改委能源研究所、清华大学和华能集团公司的大力支持,国家发改委能源研究所所长韩文科、清华大学原常务副校长何建坤教授和华能集团公司副总经理张廷克等专家领导,多次参与课题的讨论,并给予了热情指导和有价值的意见建议。本研究还邀请来自国家能源局、国务院研究室、中国能源研究会、国家能源委员会专家咨询委员会、国际能源俱乐部、中国建筑科学研究院、国家统计局、国家西部开发办、国家节能中心等机构熟悉能源工作的老领导以及资深专家学者，进行多次座谈，从中得到了很多启发与裨益。

为了使研究更接近能源产业的实际，课题组先后赴中石化北京总部、西安热工院、金风科技、江汉油田涪陵页岩气勘探井区、重庆忠县、四川达州普光气田、上海宝钢、上海外高桥第三发电厂、浙江省政府咨询委、绍兴精工集团等地，进行了实地调研。课题部分内容的写作和调研，得到了全联新能源商会秘书处人员及部分会员企业的支持。课题的研究与修改，还得到了国经中心基金课题中期及结题评审专家组成员的专业指导。

谨此向所有给予本研究以帮助的单位和专家，表示衷心感谢。由于能力所限，本研究中一定还存在不少问题和纰漏，敬请大方之家批评指正。

图书在版编目(CIP)数据

中国能源生产与消费革命/中国国际经济交流中心课题组著.
—北京:社会科学文献出版社,2014.6
(CCIEE 智库丛书)
ISBN 978-7-5097-5866-3

Ⅰ.①中… Ⅱ.①中… Ⅲ.①能源经济-研究-中国
Ⅳ.①F426.2

中国版本图书馆 CIP 数据核字 (2014) 第 067161 号

·CCIEE 智库丛书·
中国能源生产与消费革命

著　　者 / 中国国际经济交流中心课题组

出 版 人 / 谢寿光
出 版 者 / 社会科学文献出版社
地　　址 / 北京市西城区北三环中路甲 29 号院 3 号楼华龙大厦
邮政编码 / 100029

责任部门 / 皮书出版分社 (010) 59367127　　责任编辑 / 宋　静　吴　敏
电子信箱 / pishubu@ssap.cn　　　　　　　　责任校对 / 黄　利
项目统筹 / 邓泳红　吴　敏　　　　　　　　责任印制 / 岳　阳
经　　销 / 社会科学文献出版社市场营销中心 (010) 59367081　59367089
读者服务 / 读者服务中心 (010) 59367028

印　　装 / 北京季蜂印刷有限公司
开　　本 / 787mm×1092mm　1/16　　　印　张 / 15.5
版　　次 / 2014 年 6 月第 1 版　　　　　字　数 / 187 千字
印　　次 / 2014 年 6 月第 1 次印刷
书　　号 / ISBN 978-7-5097-5866-3
定　　价 / 59.00 元

本书如有破损、缺页、装订错误,请与本社读者服务中心联系更换

▲ 版权所有　翻印必究